"十四五"职业教育国家规划教材

"十四五"职业教育河南省规划教材

微课版

现代企业内部控制概论

（第五版）

新世纪高职高专教材编审委员会 组编

主　编　孙德营　王永林
副主编　杨发军　张志萍

大连理工大学出版社

图书在版编目(CIP)数据

现代企业内部控制概论 / 孙德营，王永林主编. --5版. -- 大连：大连理工大学出版社，2022.1(2025.6重印)
新世纪高职高专大数据与会计专业系列规划教材
ISBN 978-7-5685-3706-3

Ⅰ.①现… Ⅱ.①孙… ②王… Ⅲ.①企业内部管理－高等职业教育－教材 Ⅳ.①F272.3

中国版本图书馆 CIP 数据核字(2022)第 023419 号

大连理工大学出版社出版

地址：大连市软件园路80号　邮政编码：116023
营销中心：0411-84707410　84708842　邮购及零售：0411-84706041
E-mail:dutp@dutp.cn　URL:https://www.dutp.cn
大连永盛印业有限公司印刷　　大连理工大学出版社发行

幅面尺寸：185mm×260mm　　印张：16.5　　字数：423千字
2008年7月第1版　　　　　　　　　　　2022年1月第5版
2025年6月第8次印刷

责任编辑：郑淑琴　　　　　　　　　　责任校对：刘俊如
封面设计：对岸书影

ISBN 978-7-5685-3706-3　　　　　　　定　价：51.80元

本书如有印装质量问题，请与我社营销中心联系更换。

前言 Preface

《现代企业内部控制概论》(第五版)是"十四五"职业教育国家规划教材,也是新世纪高职高专大数据与会计专业系列规划教材之一。

在全球化背景下,越来越多的国家意识到,强化企业内部控制系统将有助于防止和管理风险,提高运营的效率和效果,确保财务报告的可靠性,提高企业战略目标的能力并维护投资者的合法权益。

自2008年五部委联合发布《企业内部控制基本规范》以来,国家陆续出台了多项关于内控、风控体系建设方面的政策,为企业内部控制体系提供了一个全视角的控制要素集合,对我国企业提升管理水平,真正让企业做到现代化、科学化和精细化有着非常积极的作用。科学的内部控制体系将推动企业进一步完善公司治理结构和内部约束机制,从而不断提高经营管理水平和可持续发展能力。

本教材从内部控制的产生与发展谈起,在结合内部控制政策规范体系、介绍内部控制基本理论的基础上,以现代企业内部控制与风险管理为主线,引进新的概念和内控体系,结合情境,将现代企业内部控制体系中关于审批、授权、关键控制点设置等一整套和公司制度、流程相结合的要求进行案例分析,既强调内部控制制度的设计,也强调内部控制制度的执行,力争将有关内部控制的先进理论及实践经验融入教材。

本教材定位为高职院校财经类各专业、企业管理者及其他经济管理专业教学用书,亦可作为现代企业内部员工的培训用书。

本教材主要特点如下:

1. 以企业内部控制价值观为立足点

本教材全面贯彻党的二十大精神,落实立德树人根本任务,融入思政教育理念。内部控制本身的合法合规性得以全面施展,探索构建法律、合规、内控、风险管理协同运作机制,提高现代企业管理效能是教材编写的重点。本教材将内部控制自身所体现的价值观作为思政元素融入教材内容和案例,能够更好地落实立德树人任务。

2. 以企业内部控制基本规范为中心

本教材内容以《企业内部控制基本规范》为框架，结合企业内部控制配套指引而展开，考虑了应用指引、评价指引及审计指引的内容，同时参照《小企业内部控制规范（试行）》部分内容，注重吸收各项规范或指引的精髓，将会计控制与管理控制更恰当地融为一体，对现代企业内部控制制度的设计与控制方法进行更有力的论证，体现了新经济环境下现代企业内部控制的新需求。

3. 突出"概论"性质，强化应用

既然是概论，就要概而论之，所以本教材务求全、广，而把深度放在其次。凡是符合现代企业需要的内部控制知识，都尽可能地涉及，以期读者对现代企业内部控制构架有一个整体的概念，在此基础上更关注其功能性和实用性。本教材不仅介绍企业内部控制基本知识，还将企业参编人员提供的内部控制及风险管理案例穿插到教材中，利用多项教材元素的更新和增加，构建更加丰富的教材元素和更具弹性的课程教材体系，为教师和学生多元化使用教材提供支持，进而强化教材的职业性。

本教材由济源职业技术学院孙德营、山西财贸职业技术学院王永林任主编；河南新阳光会计师事务所有限公司杨发军、济源职业技术学院张志萍任副主编；商丘职业技术学院闫杰生、焦作大学张文明、济源职业技术学院钟铃、段丽娜、邱三平、常慧萍参与了本教材的编写。具体编写分工如下：孙德营编写学习情境三和学习情境四，王永林编写学习情境十一和学习情境十二，杨发军编写企业内部控制导读和学习情境八，张志萍编写学习情境一，闫杰生编写学习情境九，张文明编写学习情境十，钟铃编写学习情境五，段丽娜编写学习情境二，邱三平编写学习情境七，常慧萍编写学习情境六。

在编写本教材的过程中，编者参考、引用和改编了国内外出版物中的相关资料以及网络资源，在此表示深深的谢意！相关著作权人看到本教材后，请与出版社联系，出版社将按照相关法律的规定支付稿酬。

由于编者水平及视野所限，如有不当之处，敬请读者批评指正。

编　者

所有意见和建议请发往：dutpgz@163.com
欢迎访问职教数字化服务平台：https://www.dutp.cn/sve/
联系电话：0411-84707492　84706104

目录 Contents

企业内部控制导读 …………………………………………………………………… 1

学习情境一　货币资金的内部控制 ………………………………………………… 20
　　任务一　岗位分工与授权批准 ………………………………………………… 22
　　任务二　现金内部控制 ………………………………………………………… 26
　　任务三　银行存款内部控制 …………………………………………………… 30
　　任务四　票据管理 ……………………………………………………………… 34
　　任务五　印章管理 ……………………………………………………………… 37
　　习　题 …………………………………………………………………………… 39

学习情境二　销售与收款的内部控制 ……………………………………………… 42
　　任务一　岗位分工与授权批准 ………………………………………………… 45
　　任务二　销售与发货控制 ……………………………………………………… 47
　　任务三　销售与收款控制 ……………………………………………………… 50
　　习　题 …………………………………………………………………………… 59

学习情境三　采购与付款的内部控制 ……………………………………………… 63
　　任务一　岗位分工与授权批准 ………………………………………………… 65
　　任务二　请购与审批控制 ……………………………………………………… 68
　　任务三　采购与验收控制 ……………………………………………………… 74
　　任务四　付款控制 ……………………………………………………………… 78
　　习　题 …………………………………………………………………………… 85

学习情境四　存货的内部控制 ……………………………………………………… 88
　　任务一　岗位分工与授权批准 ………………………………………………… 90
　　任务二　存货的取得、验收与入库控制 ……………………………………… 94
　　任务三　存货仓储与保管控制 ………………………………………………… 97
　　任务四　存货领用、发出与处置控制 ………………………………………… 100
　　习　题 …………………………………………………………………………… 102

学习情境五　成本费用的内部控制 ………………………………………………… 105
　　任务一　成本费用内部控制制度 ……………………………………………… 107
　　任务二　成本费用业务控制 …………………………………………………… 108
　　任务三　成本费用控制方法 …………………………………………………… 115
　　习　题 …………………………………………………………………………… 119

学习情境六　预算环节的内部控制 ………………………………………………… 122
　　任务一　岗位分工与授权批准 ………………………………………………… 124
　　任务二　预算编制内部控制 …………………………………………………… 126

任务三　预算执行与调整内部控制 …………………………………………… 132
　　　任务四　预算考核与监督内部控制 …………………………………………… 134
　　习　题 …………………………………………………………………………………… 137
学习情境七　工程项目的内部控制 ……………………………………………………… 141
　　　任务一　岗位分工与授权批准控制 …………………………………………… 144
　　　任务二　项目决策控制 ………………………………………………………… 147
　　　任务三　业务实施与概预算控制 ……………………………………………… 152
　　　任务四　价款支付与工程竣工验收决算控制 ………………………………… 154
　　习　题 …………………………………………………………………………………… 157
学习情境八　固定资产的内部控制 ……………………………………………………… 162
　　　任务一　岗位分工与授权批准 ………………………………………………… 164
　　　任务二　固定资产取得与验收控制 …………………………………………… 165
　　　任务三　固定资产使用与维护控制 …………………………………………… 168
　　　任务四　固定资产处置与转移控制 …………………………………………… 172
　　习　题 …………………………………………………………………………………… 175
学习情境九　对外投资的内部控制 ……………………………………………………… 179
　　　任务一　职责分工与授权批准控制 …………………………………………… 181
　　　任务二　对外投资预算控制和可行性研究与决策控制 ……………………… 183
　　　任务三　对外投资执行控制 …………………………………………………… 185
　　　任务四　对外投资处置控制 …………………………………………………… 188
　　习　题 …………………………………………………………………………………… 191
学习情境十　筹资的内部控制 …………………………………………………………… 194
　　　任务一　岗位分工与授权批准 ………………………………………………… 196
　　　任务二　筹资决策控制 ………………………………………………………… 198
　　　任务三　筹资执行控制 ………………………………………………………… 202
　　　任务四　筹资偿付控制 ………………………………………………………… 203
　　习　题 …………………………………………………………………………………… 206
学习情境十一　担保业务的内部控制 …………………………………………………… 210
　　　任务一　岗位分工与授权批准 ………………………………………………… 214
　　　任务二　担保评估与审批控制 ………………………………………………… 217
　　　任务三　担保财产保管与记录控制 …………………………………………… 220
　　　任务四　担保合同的履行 ……………………………………………………… 222
　　习　题 …………………………………………………………………………………… 223
学习情境十二　会计信息系统的内部控制 ……………………………………………… 228
　　　任务一　信息系统内部控制的内容 …………………………………………… 229
　　　任务二　信息系统内部控制的实施 …………………………………………… 233
　　习　题 …………………………………………………………………………………… 245
参考文献 …………………………………………………………………………………… 249
附录　企业内部控制基本规范 …………………………………………………………… 251

企业内部控制导读

学习目标及素质目标

1. 理解内部控制的含义,了解企业开展内部控制的意义;
2. 了解企业内部控制基本内容;
3. 结合内部控制应用指引了解企业内部控制的范围;
4. 树立企业内部控制的法制观念;
5. 树立企业内部管理的风险意识;
6. 弘扬中华悠久历史,增强民族自豪感。

企业内部控制制度是运用现代企业管理的系统理论、信息理论、控制理论,按照企业发展规律的基本要求建立起来的一种经营管理体制,是企业加强经营管理、实施内部控制的基本方式。体现着现代企业经营管理职能的全部需求,对于改善企业经营管理、治理与防止企业弊病、保障企业财产安全、提高企业工作效率和经济效益、保障企业长期生存和发展,具有十分重要的作用。

一、内部控制概念的演变

内部控制理论的发展经过了一个漫长的时期,大致可以区分为内部牵制、内部控制制度、内部控制结构与内部控制整体框架等四个阶段。在不同的发展阶段,内部控制都有其不同的含义,并且其概念都在原有的基础上向更科学、合理、完善的方面演变和发展。

(一)"内部牵制"阶段

内部控制系统的最初形式是内部牵制系统。据史料记载,早在公元前 3600 年以前的美索不达米亚文化时期,就已经出现了内部控制的初级形式——内部牵制的实践。到 15 世纪末,随着资本主义经济的初步发展,内部牵制也发展到一个新的阶段,以意大利出现的复式记账方法为标志,内部牵制渐趋成熟。18 世纪工业革命以后,企业规模逐渐扩大,公司制企业开始出现。20 世纪初期,资本主义经济迅猛发展,股份有限公司的规模迅速扩大,生产资料的所有权与经营权逐渐分离。为了提高自己的市场竞争力,攫取更多的剩余价值并防范和揭露错弊,美国的一些企业逐渐摸索出一些组织、调节、制约和检查企业生产经营活动的办法。

一般来说,内部牵制机能的执行大致可分为以下四类:

(1)实物牵制。例如把保险柜的钥匙交给两个以上的工作人员持有,除非同时使用这两把以上的钥匙,否则保险柜就打不开。

(2)机构牵制。例如保险柜的大门除非按正确程序操作,否则就打不开。

(3)体制牵制。采用双重控制预防错误和舞弊的发生。

(4)簿记控制。定期将明细账与总账进行核对。

内部牵制基于以下两个基本假设:

第一,两个或两个以上的人或部门无意识地犯同样错误的可能性很小;

第二,两个或两个以上的人或部门有意识地合伙舞弊的可能性远低于一个人或一个部门舞弊的可能性。

实践证明这些假设是合理的。1912年蒙可马利在其出版的《审计——理论与实践》一书中指出,所谓内部牵制是指一个人不能完全支配账户,另一个人也不能独立地加以控制的制度,即必须进行组织上的责任分工和业务上的交叉控制,以便相互牵制,防止发生错误或舞弊,这可以说是现代内部控制的雏形。

(二)"内部控制制度"阶段

20世纪40年代是内部控制发展的一道分水岭。工业革命在欧美各国的相继完成,极大地推动了生产关系的重大变革。尤其是进入20世纪以后,生产的社会化程度空前提高,股份公司也相应迅速发展起来,市场竞争日益加剧,资本家为了攫取超额剩余价值,通过扩大生产规模,采用新技术、新工艺、新设备等手段降低生产成本,这迫切需要在企业管理上采用更为完善、更为有效的控制方法;另一方面,为了适应当时社会经济关系的要求,保护投资者和债权人的经济利益,西方各国纷纷以法律的形式要求强化对企业财务会计资料以及各种经济活动的内部管理。

第二次世界大战以后,伴随着自然科学技术的迅猛发展及其在企业中的普遍应用,企业生产过程的连续化、自动化程度以及生产的社会化程度空前提高,许多产品和工程需要极大规模的分工与协作并辅之以极其复杂的生产过程和激烈的竞争环境,管理者一方面要实行分权管理,以调动员工积极性,提高经济效益;另一方面又需要采取比单纯的内部牵制更为完善的控制措施,以达到有效经营的目的。因此,以账户核对和职务分工为主要内容的内部牵制,从20世纪40年代开始逐步演变为由组织结构、岗位职责、人员条件、业务处理程序、检查标准和内部审计等要素构成的较为严密的内部控制系统。

1958年美国注册会计师协会(AICPA)所属的审计程序委员会(CPA)发布第29号审计程序公报,将内部控制分为内部控制与内部管理控制两类,其中内部控制涉及与财产安全和会计记录的标准性、可靠性有直接联系的方法和程序,内部管理控制主要是与贯彻管理方针和提高经营效率有关的方法和程序。后来经过审计与会计界的不断探索,1986年最高审计机关国际组织在第十二届国际审计会议上发表的《总声明》中赋予内部控制以新的定义:"内部控制作为完整的财务和其他控制体系,包括组织结构、方法程序和内部审计。它是由管理者根据总体目标而建立的,目的在于帮助企业经营活动合理化,具有经济性、效率性和效果性;保证管理决策的贯彻;维护资产和资源的安全;保证会计记录的准确和完整,并提供及时、可靠的财务和管理信息。"可见内部控制的含义较以前更为明晰和规范,涵盖范围日趋广泛,而且包括了内部审计等重要内容。

(三)"内部控制结构"阶段

进入 20 世纪 80 年代以来,内部控制的理论研究又有了新的发展,人们对内部控制的研究重点逐步从一般含义向具体内容深化,其标志是美国 AICPA 于 1988 年 5 月发布的《审计准则公告第 55 号》(SAS55)。在公告中,以"内部控制结构"概念取代了"内部控制制度",并指出:"企业内部控制结构包括为企业提供取得特定目标的合理保证而建立的各种政策和程序。"公告认为内部控制结构由下列三个要素组成:控制环境、会计制度和控制程序。

1. 控制环境

控制环境是指对建立、加强或削弱特定政策与程序的效率有重大影响的各种因素。包括管理者的思想和经营作风、组织结构、董事会及其所属委员会、审计委员会发挥的职能、确定职权和责任的方法等。

2. 会计制度

会计制度是指为认定、分析、归类、记录、编报各项经济业务,明确资产与负债的经管责任而规定的各种方法。包括鉴定和登记一切合法的经济业务,对各项经济业务进行及时、恰当的分类,将各项经济业务按照适当的货币价值计价等。

3. 控制程序

控制程序是指管理当局所制定的政策和程序,用以保证达到一定的目的。包括经济业务和活动的批准权、明确各员工的职责分工、充分的凭证、账单设置和记录、资产和记录的接触控制等。如指派不同的人员分别承担业务批准、业务记录和财产保管的职责。

在这三个构成要素中,会计制度是内部控制结构的关键要素,控制程序是保证内部控制结构有效运行的机制。这一概念特别强调了管理者对内部控制制度的态度、认识和行为等控制环境的重要作用,指出这些环境因素是实现内部控制目标的环境保证,要求审计师在评估控制风险时不仅要关注会计制度与控制程序,还应对单位所面临的内外环境进行评估。

(四)"内部控制整体框架"阶段

进入 20 世纪 90 年代以后,对于内部控制的研究进入了一个新阶段。1992 年 9 月,美国注册会计师协会与美国会计学会、财务执行官协会共同组成的资助组织委员会(COSO)发布了指导内部控制实践的纲领性文件 COSO 研究报告——《内部控制——整体框架》,即"COSO 报告",并于 1994 年进行了增补。这份报告堪称内部控制发展史上的又一里程碑。

COSO 报告提出:"内部控制是由企业董事会、管理当局以及其他人员为实现财务报告的可靠性、经营活动的效率和效果、相关法律法规的遵循等三个目标而提供合理保证的过程。"同时提出内部控制整体框架包括控制环境、风险评估、控制活动、信息与沟通和监督五个相互联系的要素。

1. 控制环境

控制环境是对企业内部控制的建立和实施有重大影响的因素的总称,包括治理职能和管理职能,以及治理层和管理层对内部控制及其重要性的态度、认识和措施。控制环境构成了一个单位的控制氛围,是影响内部控制其他要素的基础。其内容有:

(1)员工的诚实性和道德观。诚信和道德价值观念是内部控制能否有效运行的基础。

(2)员工的胜任能力。某一职位的人员需要具备一定的知识和能力,如雇员是否能胜任质量管理要求。

(3)治理层的参与程度。董事会、监事会和审计委员会对内部控制及其重要性的态度、认识和措施及如何监督内部控制的有效性,将影响内部控制的执行。

(4)管理理念和经营方式。管理理念是指管理层对内部控制的态度,经营方式是指管理层对风险的态度和追求利润的风格。管理层重视内部控制,有利于内部控制的有效执行。

(5)组织结构。组织结构是指计划、指导和控制经营活动的整体框架,合理的组织结构有助于建立良好的控制环境。

(6)授予权利和责任的方式。如通过书面的方式明确职权的划分,并传达到各有关人员,使各个部门及其成员清楚自己拥有的权利和应承担的责任。

(7)人力资源政策和实施。人力资源政策与实施包括人员的招聘、考核、培训、升迁和奖励等制度,直接影响着人员的素质,如关于雇佣、培训、提升和奖励雇员的政策。

2. 风险评估

风险评估是指管理层识别和分析对经营、财务报告、符合性目标有影响的内部或外部风险,并采取一定的措施,包括风险识别和风险分析。现代企业风险主要来自:

(1)经营环境的变化。经营环境的变化会导致竞争压力的变化以及重大的相关风险。

(2)聘用新的人员。新员工可能对内部控制有不同的认识和关注点。

(3)采用新的或改良的信息系统。信息系统的重大变化会改变与内部控制相关的风险。

(4)新技术的应用。将新技术运用于生产过程和信息系统可能改变与内部控制相关的风险。

(5)业务的快速发展。快速的业务扩张可能会使内部控制难以应对,从而增加内部控制失效的可能性。

(6)新行业、产品或经营活动的开发。进入新的业务领域和发生新的交易可能会带来新的与内部控制相关的风险。

(7)企业改组。企业重新改组可能带来裁员以及管理职责的重新划分,将影响与内部控制相关的风险。

(8)海外经营。海外扩张或收购会带来新的并且往往是特别的风险,进而可能影响内部控制,如外币交易的风险。

(9)新会计方法的应用。采用新的或变化了的会计准则可能会增加财务报告发生重大错报的风险等。

3. 控制活动

控制活动是指对所确认的风险采取必要的措施,以保证单位目标得以实现的政策和程序。实践中,控制活动形式多样,可将其归结为以下几类:

(1)授权。授权的目的在于保证交易在管理层的授权范围内进行,它包括一般授权和特别授权。比如,营销部门可以根据已经形成的有关销售政策、信用额度与客户进行交易,这属于一般授权;重大资本支出、股票发行的授权属于特殊授权。

(2)业绩评价。业绩评价是指将实际业绩与其他标准,如前期业绩、预算和外部基准尺度进行比较;将不同系列的数据相联系,如经营数据和财务数据,对功能或运行业绩进行评价。

(3)信息处理。信息处理是指保证业务在信息系统中正确、完全和经授权处理的活动,包括一般控制和应用控制。一般控制与信息系统的设计和管理有关,例如保证软件完整的程度、系统文件和数据维护等;应用控制与个别数据在信息系统中处理的方式有关,例如保证业务正确性和已授权的程序。

(4)实物控制。实物控制也称为资产和记录接近控制,这些控制活动包括实物安全控制、对计算机以及数据资料的接触予以授权、定期盘点以及将控制数据予以对比。实物控制中防止资产被盗的程序与财务报告的可靠性有关。

(5)职责分离。职责分离是指将各种功能性职责分离,以防止单独作业的雇员从事或隐藏不正常的行为。一般来说,下面的职责不相容:业务授权、业务执行、业务记录、资产保管、对业绩的独立检查等;手工会计系统内的职责分工,如总账与明细账应由不同的人来记录;CIS系统内的职责分工,如系统分析、程序开发、电脑操作、数据控制、资料保管相分离等。

4.信息与沟通

信息与沟通是指为了使职员能执行其职责,企业必须识别、捕捉、交流外部和内部信息。外部信息包括市场份额、法规要求和客户投诉等信息;内部信息包括会计制度。有效的会计制度应包括:

(1)可以确认所有有效业务的方法和记录;
(2)序时详细地记录业务以便归类,提供财务报告;
(3)采用恰当的货币价值来计量业务;
(4)确定业务发生时期以保证业务记录于合理的会计期间,在财务报告中恰当地披露业务。

沟通包括使员工了解其职责,保证对财务报告的控制。沟通的方式有政策手册、财务报告手册、备查簿以及口头交流或管理示例等。

5.监督

对控制的监督是指企业评价内部控制在一段时间内运行有效性的过程,该过程包括及时评价控制的设计和运行,以及根据情况的变化采取必要的纠正措施。包括持续的监督活动、内部审计和评价。以上监督内容通常由内部审计部门或人事部门执行,他们定期或不定期地对内部控制的设计和执行情况进行检查和评价,与有关人员交流内部控制强弱方面的信息,并提出改进意见,以保证内部控制按设计执行并随环境的变化而变化。

上述五个方面内容广泛,相互关联。控制环境是其他控制要素的基础,如果控制环境漏洞百出,企业的内部控制就不可能有效;在规划控制活动时,必须对企业可能面临的风险进行细致的分析;风险评估和控制活动必须借助于信息与沟通;内部控制的设计和执行必须得到有效的监督。

(五)企业风险管理整体框架阶段

2004年,COSO委员会在借鉴以往有关内部控制研究报告基本精神的基础上,结合《萨班斯——奥克斯利法案》在财务报告方面的具体要求,发表了新的研究报告——《企业风险管理框架》。

COSO对风险管理框架的定义是:"企业风险管理是一个过程,它由一个主体的董事会、管理当局和其他人员实施,应用于战略制定并贯穿于企业之中,旨在识别可能会影响主体的潜在事项,管理风险以使其在该主体的风险容量之内,并为主体目的实现提供合理的保证。《企量风险管理框架》中将内部控制的要素进一步扩展为内部环境、目标设定、事项识别、风险评结、风险应对、控制活动、信息与沟通、监控。"

与1992年COSO报告提出的内部控制整体架构相比,企业属险管理架构增加了四个概念和三个要素,即"风险组合观""战略目标""风险偏好"和"风险容忍度"的概念,以及"目标设定""事项识别"和"风险应对"要素。

总的来讲,《企业风险管理框架》强调在整个企业范围内识别和管理风险的重要性。COSO委员会强调风险管理框架必须和内部控制框架相一致,把内部控制目标和要素整合到企业全面风险管理过程中。因此,风险管理框架是对内部控制框架的扩展和延伸,它涵盖了内部控制,并且比内部控制更完整、有效。企业风险管理整合框架如图1-0所示。

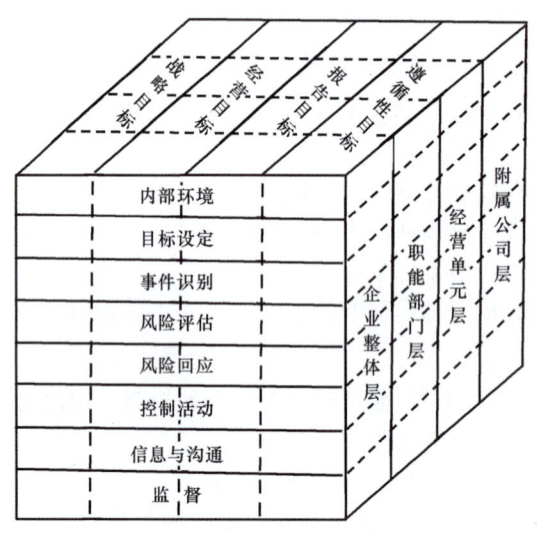

图1-0 企业风险管理整合框架图

需要说明的是,企业风险管理框架虽然较晚于内部控制整体框架产生,但是它并不是要完全替代内部控制整体框架。在企业管理实践中,内部控制是基础,风险管理只是建立在内部控制基础之上的、具有更高层次和更有综合意义的控制活动。如果离开良好的内部控制系统,所谓的风险管理只能是一句空话而已。

二、内部控制的性质与作用

(一)内部控制的性质

内部控制是企业领导和组织企业开展经济活动,建立纵横联系的程序和方法,是分工协调、互相配合、监督检查、纠正错误、提高效率、贯彻方针政策、完成计划、保护资产安全与完整的一种控制方式。

1. 内部控制的特征

内部控制是一种特殊形式的管理制度,它与一般的管理制度不同。一般管理制度是以管理某种经济事项为内容的一种规章制度。而内部控制制度则是以一个企业、一个单位的经济活动为总体,采取一系列专门的方法、措施和程序,达到一种能实现自我检查、自我调整和自我制约目的的特殊管理制度,它是企业内部管理的一系列方法、程序和制度的总称。与一般的管理制度相比,内部控制制度具有以下特征:

(1)内部控制形成一种树状结构系统

我们将一个企业或一个单位作为一个树干,则下面的生产经营部门为树的枝叶。将一个企业的生产经营活动看作一个总体,则构成生产经营活动的人、财、物、信息、技术、供、产、销以及会计、统计、计划、预算、审计等各个因素,就构成了这个总体的所属系统。对一个机关而言,其行政管理活动是一个总体,机构设置、人事管理、决策、执行、检查、反馈等行政管理内容或环节构成了总体的所属系统。内部控制的建立和实施,正是通过这种树状结构系统来实现的。也就是说,一个企业是以各个所属系统来建立和实施内部控制制度的。

(2)内部控制的主体是单位内部人员

对企业的控制可来自很多方面,如接受审计部门的审计,接受财政部门的检查等,但这些控制是来自企业外部的,由独立于企业的外部人员来进行,但内部控制属于单位内部管理制度,因此,内部控制的主体也只能是单位内部人员,它包括经营管理者及广大的职工。内部控制主体具有制定者与执行者的双重身份,如财会人员,他们制定了"现金的管理制度",而他们也是该制度的执行者。在内部控制主体中,因人员各自所处的地位不同,其控制的任务也不同。

(3)内部控制的客体是单位内部的经济活动

客体指的是实施的对象。在内部控制中,客体主要指内部控制系统中的受控系统,它体现为单位内部的人、财、物等基本要素及其在经营管理过程中所形成的一系列组合关系和组合方式。内部控制要求根据单位内部各项经济活动过程的环节,使各项经济活动在各个职能部门和环节之间保持分工、协调、均衡和衔接,自动监督检查,纠正错误,使各项经济活动按照既定的方针、政策、计划的要求正常进行。

由于在企业内部控制中,企业员工既是内部控制的主体,同时又是内部控制的客体,因此,在内部控制中,应做到主体和客体的统一。

(4)内部控制是一种以职责分工为基础的控制手段

内部控制的手段和方法多种多样,但实施内部控制则主要是以职责分工为基础设计控制手段来对经济业务活动进行制约和协调。例如,企业内部普遍实行的部门或岗位责任制、目标责任制、钱账物分管制度、预算制度、经济活动或业务处理规程等都是具体的内部控制手段。

2. 内部控制制度不同于内部牵制制度

企业的内部牵制制度很容易和企业内部控制制度相混淆,但两者是有明显区别的。

内部控制是从企业的整体出发,组织经济活动,建立较为严密而又完善的控制体系,以提高企业经济活动的效率和效益,保证计划的正确实施与完成;内部牵制仅限于在企业的购销业务、资金收支与凭证传递的环节等方面,建立牵制的程序,防止错误和舞弊的发生,内部牵制制度是内部控制制度的一种方式。两者的主要区别表现在:

(1)建立的目的不同

内部控制制度建立的目的是提高效率和效益,保证计划的完成和方针、政策的实施,防止弊病的发生;内部牵制制度建立的目的是防止错误与舞弊的发生。

(2)应用范围不同

内部控制制度可以应用于企业人、财、物、技术、信息、购、产、销、存、组织机构、管理、行政等各个方面的一切活动,范围广泛;内部牵制制度应用于资金收支、凭证的转移、传递和实物的收发等,范围较小。

(3)体系不同

内部控制制度有较严密完整的体系,如人事控制系统、采购控制系统、生产控制系统、销售控制系统等;内部牵制制度没有完整的体系,仅根据资金收支、凭证传递的环节建立一般的牵制手续。

(4)方法不同

内部控制制度实施的方法很多,包括建立程序、制定标准、原则、实施牵制、观察、考核、分析、检查、核算、记录、预测、报告等;内部牵制制度主要采用查对、验证、更正等方法。

(5)作用不同

内部控制制度的作用大且广泛,它在企业内部各个方面发挥着重要作用;内部牵制制度仅能防止错弊,作用较小。

(二)内部控制制度的作用

实践证明,一个企业如果有一套完善而又严密的内部控制制度,那么会使该企业的组织合理,职能部门和人员分工明确,目标集中,职责分明,权限适度,纪律严明,秩序井然,效率高,经济效益好;反之,则会使企业浪费严重,效率不高,效益不好等。可见,一个企业经营管理的成败,与内部控制制度的完善严密与否有着内在的联系,内部控制制度具有以下重要作用:

1. 规范会计行为,保证会计信息的真实和完整

对企业来说,会计信息是否真实和完整,是企业能否有效进行经济分析和准确预测与决策的基础。如果会计信息真实、完整而且具有相关性,那么就为企业决策提供了较好的信息基础。要保证会计信息的真实、完整,就必须建立、健全企业的内部控制制度,可以说,内部控制是会计信息真实、可靠的制度保障。健全、完善的内部控制可以通过程序控制、手续控制、凭证编号、复核和核对等措施,使会计信息加工中各个环节相互牵制、相互制约,以避免错误的发生,而且即使发生了错误记录,内部控制也可以自动地发现和纠正这种错误,从而保证最终报送出去的会计信息是真实、完整的。

2. 维护资产的安全和完整

防止贪污、舞弊,保证企业资产的安全和完整,是内部控制的基本使命和任务之一,也是内部控制产生的最原始的动因。在企业经营过程中,企业的财产物资时刻可能遭到偷盗、侵占和挪用，对于这种偷盗、侵占和挪用，企业的内部人员更加具有便利条件和隐蔽性，内部控制就是防范企业内部人员侵占和挪用公司财产物资的一种有效制度。因为在内部控制运行中，它通过"管账不管钱、管物不管账"，即出纳、会计、保管的三分立，以及授权与执行、执行与记录、总账与明细账等不相容岗位的分离，可以在企业财产物资的接受、储存和运送过程中形成严密的相互牵制关系，从而防止有关人员侵占或挪用企业的财产物资。

3. 提高工作效率和经营成效

现代企业是一个有着复杂分工体系的经济组织。首先，在企业内部设有很多部门，如计划部、生产部、财务部、销售部、投资部等；其次，每个部门内部又分为很多岗位，如财务部中的成本岗、出纳岗、工资岗等，而且每个岗位又可能有若干工作人员。这样，企业中的各部门和各岗位之间就沿着企业的业务链或业务流程，形成了纵向的上、下游岗位之间和横向的部门之间的相互交叉和相互衔接的关系，而这种交叉和衔接的关系必然会使相邻岗位之间存在着工作上的相互重叠，并由此导致相互推诿、各不负责等现象的出现，从而降低企业的工作效率。内部控制就是基于上述情况而设计的严格划分岗位职责、明确岗位分工、防止相互推诿和不负责任的一种控制制度。

4. 保证国家法律、法规和企业内部规章制度的贯彻执行

现实中无论是何种法律、制度，总是有大部分人遵守，同时也有少部分人违反。对于后者，从管理的角度来讲，必须进行控制和纠正，否则，任何一项法律、制度都无法执行下去，即使它本身的设计可能是科学、合理的。内部控制正是为保证其他法律、制度得到遵守所制定的一种制度，而用一种制度来保证另一种制度的实施，正是制度管理的精髓所在，也是内部控制管理的灵魂所在。

5. 为宏观经济运行提供良好的微观基础

社会经济系统由宏观和微观两个层面的经济系统构成。微观经济系统主要是指企业的生产经营系统。对一个国家来说，如果没有经济效益高、可持续发展能力强的企业作为基础或支撑，那么这个国家的社会经济系统就不可能顺利地发展，甚至可能会陷入经济危机之中。所以，构造良好的微观经济基础对国民经济的发展至关重要，而构造良好的微观经济基础的关键就是建立健全良好的内部控制制度。

（三）内部控制制度的局限性

内部控制的主要作用在于维持企业健康、稳定的发展，避免经济风险。然而，应该明确内部控制并非绝对有效，无论其设计和运行得多么完善，都无法清除其本身所固有的局限性：一般来说，设置内部控制要受成本效益原则的限制；内部控制可能因为有关人员相互沟通、内外串通而失效；人们在执行控制职责时不可能始终正确无误，有时会出现人为错误；高层管理人员的越权挪用、管理部门或主要管理者的弄虚作假等都可能使内部控制制度失效。因此，应该在一定内部控制的基础上尽可能使其发挥积极作用。

三　我国企业内部控制的产生与发展

内部控制对于我国来说，并非完全是"舶来品"，我国很早就有了事实上的控制，在《周礼》一书中记载了我国早期内部控制的思想,即在对钱物的处理上要实行互相牵制的原则。但现代意义上的内部控制加以成文式的规定,则是在 20 世纪 80 年代以后。

(一)我国企业内部控制的发展过程

内部控制作为公司治理的关键环节和经营管理的重要举措,在企业的发展壮大中具有举足轻重的作用。但从现实情况看,我国许多企业管理松弛、内控弱化、风险频发、资产流失、营私舞弊、损失浪费等问题是由内部控制缺陷引起的。

1. 产生并初步发展

进入 20 世纪 90 年代以后,资本市场在我国迅速发展,由此而来的公司治理和信息披露成为困扰政府和公司利益相关者的问题。

1999 年修订的《会计法》第一次以法律的形式对建立健全内部控制提出原则要求,第 27 条规定:各单位应当建立、健全本单位内部会计监督制度。财政部从 2001 年开始连续制定发布了《内部控制规范——基本规范》等七项内部控制规范。审计署、国资委、证监会、原银监会、原保监会以及上海证券交易所、深圳证券交易所等也从不同角度对加强内部控制提出明确要求。

2003 年 12 月,审计署发布第 5 号令《审计机关内部控制测评准则》,提出建立健全内部控制并保证其有效实施是被审计单位的责任。该准则借鉴 COSO 报告,将内部控制定义为被审计单位为了维护资产的安全、完整,确保会计信息真实、可靠,保证其管理或者经营活动的经济性、效率性和效果性并遵守有关法规,而制定和实施相关政策、程序和措施的过程。

2. 上市公司发展的需求

我国上市公司自从 1990 年 12 月上海证券交易所正式挂牌以来,在随后短短十几年时间里经历了快速的发展,但是由于历史积累的原因,21 世纪初期,我国上市公司国有股一股独大,相应的国有产权所有者和上市公司经营者之间信息不对称、激励约束等诸多因素导致上市公司经营的低效和管理的混乱,上市公司本身及其上级监管部门在不断寻求解决问题的方法。2000 年前后,安然、世通等财务舞弊和会计造假案件的发生,曾严重冲击了美国乃至国际资本市场的正常秩序。而国内发生的郑百文、银广夏、科龙、草原兴发等财务造假事件也给社会造成了恶劣影响。在这种情况下,完善企业内部控制,加强舞弊防范成为经济社会发展的迫切要求。

研究结果表明,内部控制存在缺陷是导致企业经营失败并最终铤而走险、欺骗投资者和社会公众的重要原因。为此,许多国家通过立法强化企业内部控制,内部控制日益成为企业进入资本市场的"入门证"和"通行证",我国境外上市企业纷纷花巨资聘请海外机构设计内部控制制度,以适应上市地的监管要求。

面对国内上市公司对加强内部控制的迫切需求和国际资本市场大力加强内部控制的新要求,证监会高度重视上市公司的治理与内控建设,要求上市公司要加强内部控制制度建设,强化内部管理。2006 年,上海和深圳证券交易所根据证监会《关于提高上市公司质量意见》等法规,制定并发布了《上市公司内部控制指引》,明确要求在本所上市的公司应当建立健全内部控制制度。同年 6 月,中央国资委根据《企业国有资产监督管理暂行条例》出台了《中央企业全面风险管理指引》,旨在进一步加强和完善国有资产监管工作,深化企业改革,加强风险管理,促进企业持续、稳定、健康发展。2007年3月,证监会出台了《关于开展加强上市公司治理专项活动有关事项的通知》,要求上市公司本着实事求是的原则,严格对照《公司法》《证券法》等有关法律、行政法规以及内部规章制度,对公司重要治理事项进行自查。

3. 金融机构发展的需求

2000年以后,国内商业银行相继发生多起舞弊案件,充分暴露了国内商业银行内部控制存在的弊端,为促进商业银行建立和健全内部控制体系、防范金融风险、保障银行体系安全稳健运行,中国人民银行于2002年9月7日制定并发布了《商业银行内部控制指引》,2004年12月原银监会又发布《商业银行内部控制评价试行办法》,突出了内部控制体系的概念,强调内部控制过程和结果评价,体现了预防为主的监管思路。2007年6月,原银监会重新修订了《商业银行内部控制指引》,明确规定,除商业银行外,其他金融机构也需参照执行本指引。其目的是促进商业银行建立和健全内部控制体系、防范金融风险、保障银行体系安全稳定运行。

4. 国家宏观管理的需求

2004年年底和2005年6月,国务院领导连续两次就强化企业内部控制问题做出重要批示,其中,2005年6月,在财政部、国资委和证监会联合上报的《关于借鉴〈萨班斯法案〉完善我国上市公司内部控制制度的报告》上做出批示,同意"由财政部牵头,联合证监会及国资委,积极研究制定一套完整公认的企业内部控制指引";2006年3月,时任总理温家宝在十届全国人大四次会议上做政府工作报告时强调,要"完善公司治理,健全内控机制"。根据国务院批示,2006年7月,财政部、国资委、证监会、审计署、原银监会和原保监会联合发起成立企业内部控制标准委员会和咨询委员会,许多监管部门、大型企业、行业组织、中介机构、科研院所的领导和专家学者积极参与,为构建我国企业内部控制标准体系提供了组织和机制保障;与此同时,按照科学民主决策精神,公开选聘了86名咨询专家,组织开展了一系列内部控制科研课题,为构建我国内控标准体系提供技术支撑和理论支持。2006年11月8日,企业内部控制标准委员会发布了《企业内部控制规范——基本规范》和17个具体规范的征求意见稿,面向咨询专家和社会公众广泛征求意见。2008年6月28日,五部委联合发布了我国首部《企业内部控制基本规范》,于2009年7月1日起首先在上市公司范围内实行,并鼓励非上市的其他大中型企业执行。这是我国继实施与国际接轨的企业会计准则和审计准则之后,在会计审计领域又一次推出的与国际接轨的重大改革,也使我国企业内部控制规范化工作跨入新的发展阶段。

(二)企业内部控制规范的学习和运用

《企业内部控制基本规范》科学地构建了一套内部环境优化、风险评估科学、控制措施得当、信息沟通迅捷、监督制约有力的内部控制标准框架。无论作为巩固企业防范风险舞弊的"防火墙",还是铸牢促进资本市场健康稳定发展的"安全网",都将发挥十分重要的基本作用。

1. 内部控制设计的步骤

内部控制设计的步骤可以用图1-1描述:

```
┌─────────────────────────┐
│ 了解和评估企业的控制环境 │←┐
└───────────┬─────────────┘ │
            ↓               │
┌─────────────────────────┐ │
│   建立内部控制结构       │←┤
└───────────┬─────────────┘ │
            ↓               │
┌─────────────────────────┐ │
│  确定各业务循环的流程    │←┤
└───────────┬─────────────┘ │
            ↓               │
┌─────────────────────────┐ │
│   识别关键控制点         │─┘
└─────────────────────────┘
```

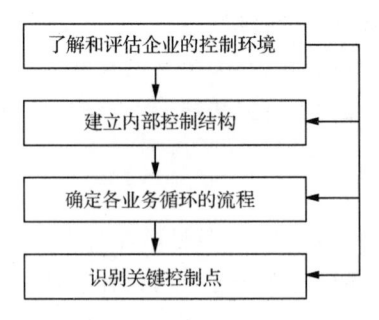

图 1-1　内部控制设计的步骤示意图

(1) 了解和评估企业的控制环境

控制环境是指对内部控制的效果起到促进或削弱的因素，企业在设计内部控制制度时，首先就应当对内部条件和外部环境进行研究和分析。各个企业的内部控制虽然有相同的原则和相近的内容，但是由于各个企业对这些原则的使用、内容的融合不同，还会存在一定的差异，在设计的过程中，要具体根据企业的经营活动情况来具体设计控制制度。企业的组织形式不同，决定了各种资源的使用过程和业务流程不同，个体企业的内部控制更加关注对人员行为的约束，而股份有限公司内部控制的设计要结合公司治理结构进行。

(2) 建立内部控制结构

企业在设计内部控制制度时，要坚持整体与局部、宏观和微观相结合，首先建立内部控制的结构，然后针对每个业务部门的机构设置情况进行考察，合理地划分企业的组织结构，防止职能之间的重叠，从而避免造成资源的重复使用和浪费。

(3) 确定各业务循环的流程

根据制造业企业内部控制的流程内容，可以将企业的主要业务循环划分为：资金、采购、销售、存货、筹资等。这些均是企业重要的经营活动，而且由于企业性质的不同，又具有各不相同的业务流程。

(4) 识别关键控制点

内部控制的设计要受到经济型原则的制约，不可能面面俱到，因此只能抓住关键的控制环节才能建立有效的内部控制制度，关键的控制点是指业务流程和企业经营活动中容易产生风险的环节，要想找到关键控制点首先要对各个业务流程进行风险评估，经过风险排序后确定关键点。

2. 内部控制设计中应注意的问题

(1) 控制活动与控制目标的一致性

企业内部控制设计在确定了关键控制点、业务流程和控制内容后，就要针对这些内容采取相应的控制措施或控制活动，控制活动是内部控制设计是否有效的关键。企业的控制活动是否有效，衡量的标准就是控制活动能否与控制目标保持一致。

(2) 保证内部控制的有效实施

在实际工作中，很多企业都有较为完善、合理的内部控制框架或制度，却无法有效发挥作用，仍然会在执行过程中出现问题，所以，为了保证企业内部控制的有效实施，应该妥善处理两个问题：注重内部控制设计的制衡机制；在内部控制设计中合理使用激励手段。

（3）形成内部控制的企业文化

内部控制中的内部环境包括单位文化，而单位文化包括单位整体的风险意识与风险管理理念、董事会与经理层的诚信和道德价值观念、单位全体员工的法制观念等。所以企业文化关系到企业的管理层和企业员工。对企业的各级管理者和员工进行内部控制培训，让他们清楚自己在内部控制体系中的地位、作用和责任。

四 我国现行企业内部控制的基本框架与规范体系

本着立足我国实际、借鉴国际惯例的原则，我国初步搭建了企业内部控制体系的基本框架结构，主要是由基本规范、配套指引和企业内部控制制度构成。

（一）基本规范

2008年6月28日，五部委联合发布了我国首部《企业内部控制基本规范》，它在内部控制规范体系中处于最高层次，起统驭作用。该规范描述了企业建立和实施内部控制体系必须建立的框架结构，规定了内部控制的定义、目标、原则、要素等基本要求，是制定应用指引、评价指引、审计指引和企业内部控制制度的基本依据。

（二）配套指引

2010年4月26日，财政部会同证监会、审计署、国资委、原银监会、原保监会等部门在北京召开联合发布会，隆重发布了《企业内部控制配套指引》（以下简称配套指引）(此次发布18项)、《企业内部控制评价指引》和《企业内部控制审计指引》组成。其中，应用指引是对企业按照内控原则和内控"五要素"建立健全本企业内部控制所提供的指引，在配套指引乃至整个内部控制规范体系中占据主体地位；企业内部控制评价指引是为企业管理层对本企业内部控制有效性进行自我评价提供的指引；企业内部控制审计指引是为注册会计师和会计师事务所执行内部控制审计业务的执业准则。三者之间既相互独立，又相互联系，形成一个有机整体。

1. 应用指引

主要包括两方面内容：

一是针对企业主要业务与事项的应用指引，可以划分为三类，即内部环境类指引、控制活动类指引、控制手段类指引，这三类指引基本涵盖了企业资金流、实物流、人力流和信息流等各项业务和事项。目前发布的内部环境类指引有5项，包括组织架构、发展战略、人力资源、社会责任和企业文化；控制活动类指引有9项，包括资金活动、采购业务、资产管理、销售业务、研究与开发、工程项目、担保业务、业务外包和财务报告；控制手段类指引有4项，包括全面预算、合同管理、内部信息传递和信息系统。

二是针对特殊企业和行业的应用指引，比如：商业银行、保险公司、证券公司、信托公司、基金公司、期货公司等金融类企业。由于其经营业务特殊，涉及金融风险，与经济发展和金融安全关系重大，在内部控制方面，除遵循一般的内部控制要求外，有必要规定特殊应用指引，构成应用指引的组成部分。

2. 评价指引

为促进企业全面评价内部控制的设计与运行情况，规范内部控制评价程序和评价报告,揭示和防范风险,根据《企业内部控制基本规范》第四十六条:"企业应当结合内部监督情况,定期对内部控制的有效性进行自我评价,出具内部控制自我评价报告"的要求,专门制定了《企业内部控制评价指引》,它是为企业管理层对本企业内部控制有效性进行自我评价提供的指引。

3. 审计指引

为了规范注册会计师内部控制审计业务,明确工作要求,保证执业质量,根据《企业内部控制基本规范》《中国注册会计师鉴证业务基本准则》及相关执业准则,财政部制定了《企业内部控制审计指引》,它是为注册会计师和会计师事务所执行内部控制审计业务的执业准则。

(三)企业内部控制制度

总体而言我国内部控制规范体系属于通用性框架体系,在具体实践中,企业的情况千差万别,各种因素十分复杂,各企业必须根据基本规范和配套指引,结合企业经营特点和管理要求,建立健全本企业内部控制制度,只有这样才能把企业内部控制规范体系落实到实处。

企业内部控制规范体系见图 1-2。

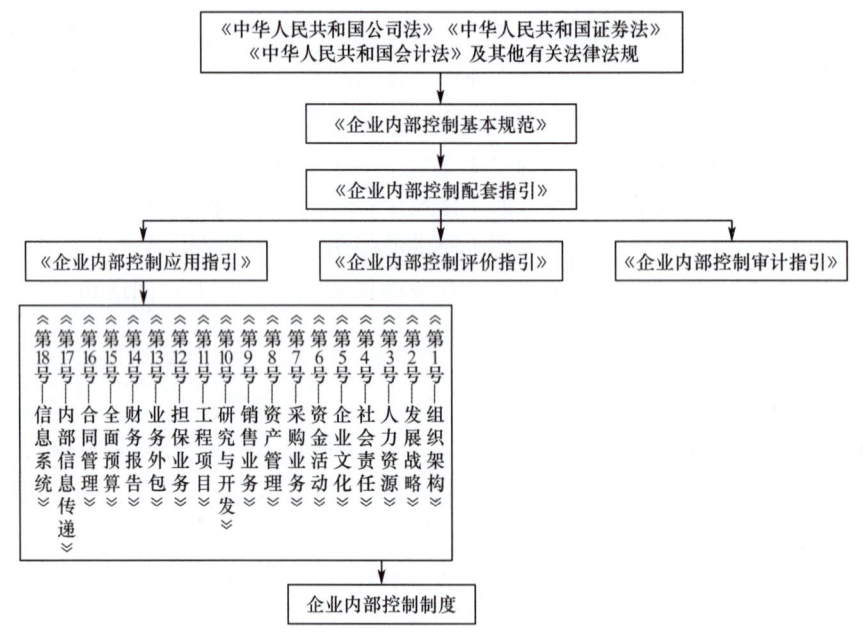

图 1-2 企业内部控制规范体系

典型案例

【案例资料】 湖南某电缆厂在 1992 年以前是一个年产值 25 亿元的全国大型一类电线电缆骨干企业,曾位居全国 500 家重点企业之列。1995 年 5 月后,以陈某为首的一批蛀虫钻进了"湘缆",从此该公司陷入困境,至 1998 年上半年,集团产值较上年同期下降 55%,销售收入下降 70%,增加亏损 5 000 余万元,职工生活无保障,集团决策层 9 名领导中有 8 名提出集体辞职。同年 9 月上旬,由国务院派出的稽查特派员来"湘缆"查办此案。审计表明,"湘缆"集团实有资产 10.46 亿元,总负债达 12.02 亿元,严重资不抵债。检察机关进一步查明,作为党委书记兼总经理的陈某主管"湘缆"1 000 天,国有资产大量流失,"湘缆"竟亏损 3.61 亿元,平均每天亏损 36 万元。

后来湖南省审计厅和湘潭市审计局经过 1 年零 5 个月的艰辛工作,对"湘缆"集团 28 家全资和控股子公司的资产、负债和损益情况进行了全面审计,并与有关部门密切配合,延伸审计调查了与"湘缆"集团有经济往来的乙公司等 7 家由陈某等人私营、合伙经营公司的账目,彻底查明了以陈某为首的特大经济犯罪案的主要犯罪事实:他们利用职务之便,采取狡诈的手段,挪用公款 90 次,总计金额 4 700 余万元,虚开增值税专用发票 113 份,造成国家税收实际损失 175 万元,偷税 45 万余元。"湘缆"被迫进入破产清算程序。

【案例思考】 针对以上案例分析讨论"湘缆"破产的原因,其中关键性原因是什么?此案例告诉我们什么道理?

【案例分析】 "湘缆"破产的原因是多方面的,而其内部控制制度的缺陷和功效失灵是导致"湘缆"破产的关键性原因。

1."湘缆"的控制环境

控制环境是指对企业控制的建立和实施有重大影响的多种因素的统称,控制环境的好坏直接决定着企业其他控制能否实施以及实施效果的好坏。

(1)"湘缆"的董事会。国企改革和发展的方向是建立现代企业制度,公司治理结构是现代企业制度的核心:要采取有效措施改善公司的治理结构,避免并切实解决经营管理者"内部人控制"问题,强化约束和激励机制,形成股东会授权、董事会决策、监事会监督、经理层执行的职责明确、岗位清晰、各司其职、各负其责、互相制衡、协调高效的运行机制。在"湘缆",陈某从 1995 年 5 月起以国家工作人员的身份到"湘缆"任职,作为国有独资企业"湘缆"集团总公司的领导,陈某集党委书记、厂长、总经理于一身,监事会、董事会不过是摆设,这些内部监督机构不能也不敢履行职责,权力约束机制起不到应有的制衡与监督作用。

(2)"湘缆"经营者的品行操守。企业管理当局与职工的能力与操守,对于内部控制的成效有着举足轻重的影响,再好的内部控制,也不能防范存心破坏制度谋取私利的人,内部控制也有其自身的局限性。而陈某是如何坐上"湘缆"总经理宝座的呢?1992 年 10 月,陈某在申请辞职未获批准的情况下弃厂离职,参加由 A 公司等公司合资筹建的乙公司,并利用他们原在"湘缆"掌握的技术和业务关系,挤占"湘缆"的市场,陈某这样一个不守厂规、背弃"湘缆"、私欲膨胀的人,利用关系、弄虚作假、投机钻营,一度成为湖南有名的企业家。

(3)"湘缆"的组织机构。在陈某如愿以偿地登上"湘缆"总经理宝座的同时,私营公司老板的担子还挑在肩上,陈某利用双边兼职这一便利条件,肆无忌惮地谋取私利,以采取"高进低出"手段从私营企业购进高价原材料,而后将"湘缆"产品低价售给其私营企业,如此一进一出,让利给其私营企业,非法牟利,损害国家利益。

(4)"湘缆"的人事政策。①唯我独尊。顺我者昌,逆我者亡。陈某对不听命令的财务人员,随意撤换,对内审部门提供的不合意的审计报告不予签发,内审机构形同虚设,"湘缆"原来的审计处处长因为审计了他原来任职的公司,揭露了亏损的真实情况而被撤职。

②任人唯亲。陈某将私营公司的亲信和骨干都安插到"湘缆"的各个重要岗位任职。

(5)"湘缆"的内部审计。从"湘缆"内审的情况来看,陈某上台前几年,七个审计人员每年可以为企业挽回近千万元的损失,而陈某上台后,内部审计监督职能名存实亡。

2."湘缆"的会计系统

在"湘缆"集团,会计系统被陈某随意控制,对不听命令的财务人员随意撤换,会计系统已经失去其监督作用,而成了陈某的专用工具,陈某可以为所欲为。

3."湘缆"的控制程序

在"湘缆"集团,管理相当混乱,各项制度形同虚设,陈某及其同伙利用职务之便,随意胡作非为,侵占公款43万余元,虚开增值税专用发票113份,造成国家税收实际损失175万元,偷税45万余元。

【教训与启示】 陈某一案已经尘埃落定,陈某及其同伙受到了应有的惩罚。但是它给国家、企业、职工造成的损失不可估量,它留给人们更多的教训与启示。"湘缆"的教训时刻提醒人们加强控制与监督:建立健全完善有效的内部控制制度,改善企业的控制环境,建立严密有效的会计系统,设立良好的控制程序。同时还应该充分认识到内部控制的局限性:(1)内部控制可能因管理人员滥用职权或屈从于外部压力而失效;(2)内部控制可能因有关人员相互勾结、内外串通而失效;(3)内部控制的运行受制于成本与效益原则,一般为常规业务活动而设计;(4)内部控制是否有效,受制于执行人员的专业胜任能力和可信赖程度等。企业管理当局应关注内部控制的局限性,充分认识到再好的内部控制也不能保证预防串通舞弊事件的发生,只有这样,才能增强防范意识,降低风险,确保国有资产的保值增值。

习题

一、单项选择题

1.通常所说的"三重一大"是指(   )。
A.重大决策、重大投融资、重大担保、大额资金支付业务
B.重大投融资、重大事项、重要人事任免、大额资金支付业务
C.重大担保、重大事项、重要人事任免、大额资金支付业务
D.重大决策、重大事项、重要人事任免、大额资金支付业务

2.为了使员工了解企业内部组织架构设置及权责配置情况,企业应当制订相关制度或文件。下列文件中属于反映企业内部权限配置的文件是(   )。
A.组织结构图   B.业务流程图
C.岗(职)位说明书   D.权限指引

3.下列选项中,批准公司发展战略的公司内部机构是(   )。
A.总经理办公会   B.战略委员会   C.董事会   D.股东(大)会

4.为保证企业按照计划引进人力资源,企业每年应当根据人力资源规划和生产经营实际需要,制定的计划是(   )。
A.企业发展战略   B.年度生产经营计划
C.人力资源需求计划   D.资金计划

5.企业发生重大安全生产事故,应当及时启动( )。
A.快速反应机制　　B.危险警报　　　　C.应急预案　　　　D.应急演练
6.为促进企业长期稳定发展,企业在打造品牌时应当作为核心的是( )。
A.企业团队　　　　B.企业产业链　　　C.主业　　　　　　D.辅业
7.企业编制财务报告,应当重点关注会计政策和( )
A.会计计量　　　　B.会计准则　　　　C.会计方法　　　　D.会计估计
8.企业应当定期召开财务分析会议,全面分析企业的经营管理状况和存在的问题,不断提高经营管理水平。在财务分析和利用工作中发挥主导作用的是
A.董事长　　　　　　　　　　　　　B.总经理
C.财务部负责人　　　　　　　　　　D.总会计师或分管会计工作的负责人
9.( )或分管会计工作的负责人应当在财务分析和利用工作中发挥主导作用。
A.董事长　　　　B.总经理　　　　C.总会计师　　　　D.财务主任
10.下列机构中,应当对内部控制评价报告的真实性负责的是( )。
A.股东会　　　　B.董事会　　　　C.监事会　　　　D.总经理办公会
11.企业内部控制评价中的重大缺陷应当由( )予以最终认定。
A.股东(大)会　　B.董事会　　　　C.监事会　　　　D.经理层
12.注册会计师应当对( )的有效性发表审计意见。
A.全面内部控制　　　　　　　　　　B.公司层面内部控制
C.业务层面内部控制　　　　　　　　D.财务报告

二、多项选择题
1.下列各项中属于我国企业内部控制应用指引的有( )
A.控制制度类指引　　　　　　　　　B.内部环境类指引
C.控制活动类指引　　　　　　　　　D.控制手段类指引
2.下列各项中属于企业控制手段类指引的有( )。
A.组织架构　　　　B.合同管理　　　C.全面预算　　　D.社会责任
3.组织架构的风险包括哪两个方面( )。
A.治理结构的风险　　　　　　　　　B.组织机构方面的风险
C.缺乏执行力的风险　　　　　　　　D.机构形同虚设的风险
4.在董事会下需要设立哪些专门委员会( )。
A.战略委员会　　　　　　　　　　　B.审计委员会
C.提名委员会　　　　　　　　　　　D.薪酬与考核委员会
5.按照规范要求"三重一大"必须实行集体决策,下列属于集体决策的有( )。
A.董事会决策　　　　　　　　　　　B.总经理办公会决策
C.董事长决策　　　　　　　　　　　D.股东会决策
E.联签制度　　　　　　　　　　　　F.决策会议
6.发展战略涉及的风险有哪些( )
A.战略制定的风险　　　　　　　　　B.战略实施的风险
C.战略调整的风险　　　　　　　　　D.战略考核的风险

7. 战略目标制定要关注的问题（　　）
A. 战略目标制定的方法　　　　　　　　B. 战略目标制定的风险
C. 战略目标制定的时间　　　　　　　　D. 战略目标制定过程中需要考虑的因素

8. 下列选项中，属于公司外部环境分析的有（　　）。
A. 宏观环境分析　　　　　　　　　　　B. 微观环境分析
C. 行业环境及竞争对手分析　　　　　　D. 经营环境分析

9. 企业应当根据人力资源能力框架要求，明确各岗位的职责权限、任职条件和工作要求，遵循（　　）的原则，通过公开招聘、竞争上岗等多种方式选聘优秀人才。
A. 以能为先　　B. 以德为先　　C. 德才兼备　　D. 公开、公平、公正

10. 企业应当建立岗位轮换制度，下列岗位中应当进行轮换的有（　　）。
A. 董事长　　　B. 总经理　　　C. 部门经理　　D. 采购员
E. 出纳员

11. 企业应当积极培育具有自身特色的企业文化，企业特色文化的内容包括（　　）。
A. 以规模扩张为先导的成长路径　　　　B. 体现企业特色的企业愿景
C. 积极向上的企业价值观　　　　　　　D. 诚实守信的经营理念
E. 履行社会责任和开拓创新的企业精神　F. 团队协作和风险防范意识

12. 企业特色文化内容不包括（　　）。
A. 积极向上的价值观　　　　　　　　　B. 体现国家的产业政策
C. 团队协作和风险防范意识　　　　　　D. 以扩张为先导的成长路径

13. 财务报告流程由（　　）所组成。
A. 财务报告编制流程　　　　　　　　　B. 财务报告对外提供流程
C. 财务报告分析利用流程　　　　　　　D. 财务报告审计流程

14. 企业在编制年报前，应当完成的工作有（　　）。
A. 凭证审核　　B. 账簿登记　　C. 资产清查　　D. 债权债务核实
E. 减值测试

15. 财务合并报表主要反映企业（　　）。
A. 财务状况　　B. 经营成果　　C. 现金流量　　D. 管理层情况

16. 内部控制的评价原则包括（　　）。
A. 全面性　　　B. 重要性　　　C. 客观性　　　D. 谨慎性

17. 内部控制评价应当遵循重要性原则，应当重点关注的内容有（　　）。
A. 重要业务单位　B. 重要业务人员　C. 重大业务事项　D. 保密事项
E 高风险领域

18. 内部控制评价现场测试的方法有（　　）。
A. 抽样　　　　B. 实地查验　　C. 调查问卷　　D. 个别访谈

三、判断题

1. 监事会对董事会负责，监督企业董事、经理和其他高级管理人员依法履行职责。
（　　）

2. 企业设立合理的组织机构后还要明确岗位设置，同时明确岗位职责。（　　）

3. 企业下面有子公司的要对其进行关注,特别关注海外、异地的子公司。（   ）
4. 企业应当定期开展对组织架构的评估,以发现组织架构存在的缺陷并进行改进。
（   ）
5. 核心竞争力是指能为企业带来相对于竞争对手存在竞争优势的能力。（   ）
6. 企业应当根据发展战略,制定年度工作计划,编制发展标准,将年度目标分解、落实;同时完善发展战略管理制度,确保发展战略有效实施。（   ）
7. 企业对外报送的财务报表应当由企业负责人、总会计师或分管会计工作的负责人和财务部门负责人签名并盖章。（   ）
8. 财务报告的结构分析主要是分析企业的资产分布、负债水平和所有者权益结构。
（   ）
9. 负责内部控制评价的部门包括授权的内部审计部门或者授权专业机构。（   ）
10. 注册会计师可以将内部控制审计与财务报表审计整合进行,也可以单独进行内部控制审计。（   ）

四、思考题

1. 内部控制整体框架包括的内容有哪些?各有哪些特征?
2. 内部控制的性质有哪些?
3. 企业内部控制应该怎样设计?
4. 解释:《企业内部控制应用指引》
5. 企业内部控制的目标有哪些?
6. 企业内部控制如何实施?

学习情境一　货币资金的内部控制

学习目标及素质目标

1. 掌握岗位的设置分工以及授权批准制度；
2. 重点掌握现金和银行存款的具体内部控制制度；
3. 掌握票据和印章的具体管理制度；
4. 养成日清月结的良好习惯；
5. 建立诚信体系，形成正确的价值观。

情境导入

应用指引资金活动

一、货币资金的概念及特点

（一）货币资金的概念和内容

货币资金是指企业在资金运动过程中停留在货币阶段的那一部分资金，是以货币形态存在的资产，包括现金、银行存款和其他货币资金。

现金是指企业的库存现金，包括库存人民币和各种外币；银行存款是指企业存入银行和其他金融机构的各种存款；其他货币资金是指现金和银行存款以外的货币资金，包括外埠存款、银行汇票存款、银行本票存款、信用卡存款、信用证保证金存款、存出投资款等。就其本质而言，其他货币资金大多属于银行存款的范畴，只是承诺了专门用途，不能像一般的银行存款那样可以随时安排使用。

（二）货币资金的特点

货币资金的特点是流动性很强，是速动资产的重要组成部分。其中，现金是所有资产中流动性最强的一项资产。正因为货币资金具有很强的流动性，尤其现金及银行存款随时可以用于购买商品、劳务和清算债务，是不法分子极欲侵占的对象，因此，企业应加强货币资金的内部控制。

二、货币资金控制应重点关注的风险

1. 货币资金管理违反国家法律法规，可能遭受外部处罚、经济损失和信誉损失；
2. 货币资金管理未经适当审批或超越授权审批，可能因重大差错、舞弊、欺诈而导致损失；

3. 银行账户的开立、审批、使用、核对和清理不符合国家有关法律法规要求，可能导致受到处罚造成资金损失；

4. 货币资金记录不准确、不完整，可能造成账实不符或导致财务报表信息失真；

5. 有关票据的遗失、变造、伪造、被盗用以及非法使用印章，可能导致资产损失、法律诉讼或信用损失。

三 货币资金内部控制的具体目标

为加强对企业货币资金的内部控制和管理，保证货币资金的安全，防范货币资金管理过程中出现的差错与舞弊，在对货币资金进行控制时，需要达到如下具体目标：

1. 确保现金及银行存款收付的合法、合理和正确

按照国家有关货币资金管理和内部控制的有关法规，认真审核现金及银行存款的收入来源和支出的用途，确保现金及银行存款收付的合法、合理；有效地组织现金和银行存款的收支，正确计算和准确收付现金及银行存款的金额，避免错收或误付及违法乱纪问题的发生；监督并且揭露坐支、私分、私存和非法占用现金等违法违纪行为。

2. 确保现金及银行存款收付的适当和及时

合理安排现金收支和银行存款结算的时间，及时办理收付结算；适当选择现金收支的方式和银行结算方式，按各种不同银行结算方式的使用范围、使用条件及结算程序合理安排款项结算；避免提前或逾期付款，避免逾期托收、误期拒付，避免透支存款，避免银行结算方式的不当使用；力争加快资金回笼，提高资金使用效率。

3. 确保现金和银行存款的安全与完整

企业应严格保管现金，安全存放现金，严格执行库存现金限额，超过限额部分应及时送存银行；防止现金遭受抢劫、被盗，防止现金被贪污、被挪用；严格管理银行存款，与银行认真核对银行存款的各项记录；妥善保管结算凭证、各项票据和银行印鉴，特别要保管好支票；及时办理支票挂失；严禁出借、出租银行账户和转账支票；确保现金和银行存款的安全与完整。

4. 确保现金和银行存款记录的真实可靠

按照国家统一会计制度的要求结合本单位的特点及管理上的需要，设计现金和银行存款的收支凭证和核算账表，正确记录现金和银行存款的各项收支业务，如实反映现金和银行存款的各项收支活动，确保现金和银行存款记录的真实可靠，随时提供现金和银行存款的财务信息。

四 货币资金内部控制的原则

（一）岗位分工和职务分离

将涉及货币资金内部控制不相容的职责分由不同人员担任，并且明确相关人员的职责权限，做到相互分离、相互制约，以明确责任，防止舞弊。

（二）严格收支分开及收款入账

将现金支出业务和现金收入业务分开处理，防止将现金收入直接用于现金支出，也就是说不得随意坐支。企业取得货币资金收入必须及时入账，不得私设"小金库"，不得账外设账，严禁收款不入账。

(三)实行支出款项严格授权批准程序

企业支出款项必须执行严格的授权批准程序,严禁擅自挪用、借出以及其他不按规定支出货币资金。

(四)实施内部稽核

设置内部稽核机构和人员,建立和健全内部稽核制度。通过稽核及时发现和纠正货币资金管理中存在的问题,以改进货币资金的管理。

(五)实行定期轮岗制度

实行定期岗位轮换制度借以防止或减少发生人为的舞弊行为。

货币资金的关键内部控制有职责分工与授权批准、现金和银行存款的控制、票据及有关印章的管理、监督检查制度、资金管理等。

▶ 任务一　岗位分工与授权批准

一　货币资金岗位设置与分工

(一)出纳机构的设立

《会计法》规定:"各单位根据会计任务的需要设置会计机构,或者在有关机构中设置会计人员并指定会计主管人员。不具备条件的,可以委托经批准设立的会计咨询、服务机构代理记账。"这是会计法对企业的会计、出纳机构和人员设置的规定。企业应当根据自己的业务特点及规模、业务量的多少,以及会计力量的情况设置出纳机构,配备出纳人员。

企业一般可在会计机构内部设置出纳机构,如在财会科、财务处内设置出纳组、出纳室;规模小、人员少、业务量不大的单位可以只设一名专职或兼职出纳人员,并为其配备专门的办公场所。

(二)出纳岗位的设置

企业应当根据业务需要,按照既满足出纳工作的需要,又避免人浮于事的原则设置出纳人员。一般可以采用以下几种形式:

1. 一人一岗

一人一岗形式适用于规模不大、出纳工作量不大的企业,这种企业应设置出纳岗位并配备一名专职的出纳人员。

2. 一人多岗

一人多岗形式适用于规模较小、出纳工作量较小的企业,这种企业应设置出纳岗位并配备一名兼职的出纳人员。没有单独设置会计机构的企业,至少应在有关机构中配备一名兼职的出纳人员,但兼职出纳不得兼任稽核、会计档案保管和收入、支出、费用、债权债务账目的登记工作。

3. 一岗多人

一岗多人形式适用于规模较大、出纳工作量较大的企业,这种企业应设置出纳岗位并配备多名专职的出纳人员。这些出纳可分为管收付的出纳和管账的出纳,或者分为现金出纳和银行结算出纳。

（三）出纳岗位的工作分工

按照一岗多人形式设置出纳岗位并配备多名专职的出纳人员的企业，出纳人员的具体分工，通常可按现金与银行存款、银行存款的不同户头、票据与有价证券的管理等工作性质上的差异进行分工，也可以按照出纳工作的阶段和步骤进行分工；作为"结算中心"的出纳机构，出纳人员可按其业务的对口单位分工。

单位办理货币资金业务，应当配备合格的人员，并根据单位具体情况进行岗位轮换。

二、货币资金的不相容岗位分离

企业应当建立货币资金业务的岗位责任制，明确相关部门和岗位的职责权限，确保办理货币资金业务的不相容岗位相互分离、制约和监督。

（一）货币资金不相容岗位分离的基本含义

企业不得由一人办理货币资金业务的全过程。货币资金内部控制中不相容岗位分离的基本要求是实行钱、账分管，将负责货币资金收、付业务的岗位和人员与记录货币资金收、付业务的岗位和人员相分离。出纳人员不得兼任稽核、会计档案保管和收入、支出、费用、债权债务账目的登记工作。

（二）货币资金不相容岗位分离的基本内容

具体要点如下：(1)货币资金实物收付及保管只能由经过授权的出纳人员负责办理，严禁未经授权的机构或人员办理货币资金业务或直接接触货币资金。(2)业务规模较大的企业，出纳人员每天应将现金收入、现金支出序时地、逐笔地登记在现金出纳备查簿中，而现金日记账和现金总账应由其他人员登记；规模较小的企业，可用现金日记账代替现金出纳备查簿，由出纳人员登记，但现金总账必须由其他人员登记。(3)负责应收款项账目的人员不能同时负责现金收入账目的工作，负责应付款项账目的人员不能同时负责现金支出账目的工作。(4)保管支票簿的人员不能同时负责现金支出账目和银行存款账目的调节。(5)负责银行存款账目调节的人员与负责银行存款账目、现金账目、应收款项账目及应付款项账目登记的人员应当相互分离。(6)货币资金支出的审批人员与出纳人员、支票保管人员和银行存款账目、现金账目的记录人员应当相互分离。(7)支票保管职务与支票印章保管职务应当相互分离。

三、出纳人员的岗位职责

（一）按照国家有关现金管理和银行结算制度的规定办理现金收付和银行结算

出纳人员应严格遵守库存现金开支范围，非现金结算范围不得用现金收付；遵守库存现金限额，超限额的现金按规定及时送存银行；现金管理要做到日清月结，每日下班前应该核对账面余额与库存现金的数额，发现问题，应及时查对；银行存款与银行对账单也要及时核对，如有不符，应立即通知银行调整。

（二）根据会计制度的规定及时进行账务处理

在办理现金和银行存款收付业务时，要严格审核有关原始凭证，再根据原始凭证编制收付款凭证,然后根据编制的收付款凭证逐笔顺序登记现金日记账和银行存款日记账,并结出余额,随时提供银行存款余额的信息。

(三)按照国家外汇管理制度的规定及有关批准文件办理外汇出纳业务

外汇出纳业务是政策性很强的工作,随着改革开放的深入发展,国际经济交往日益频繁,外汇出纳也越来越重要。出纳人员应熟悉国家外汇管理制度,及时办理结汇、购汇、付汇,避免国家外汇损失。

(四)遵守结算纪律,维护经济秩序

不准签发空头支票,不准出租、出借银行账户为其他单位办理结算业务。这是出纳人员必须遵守的一条纪律,也是防止经济犯罪、维护经济秩序的重要方面。出纳人员应严格按照支票和银行账户的使用管理要求,从出纳这个岗位上堵塞结算漏洞。

(五)保管库存现金和各种有价证券(国库券、债券、股票等)的安全与完整

要建立适合本单位情况的现金和有价证券保管责任制,如发生短缺,属于出纳人员责任的要进行赔偿。

(六)保管有关印章、空白票据

印章、空白票据的安全保管十分重要。在实际工作中,因丢失印章和空白票据给单位带来经济损失的不乏其例。对此,出纳人员必须高度重视,并建立严格的管理办法。交由出纳人员保管的印章,一定要严格按规定用途使用,各种票据要办理领用和注销手续。

四　出纳人员的职业道德

办理货币资金业务的人员应当具备良好的职业道德,忠于职守,廉洁奉公,遵纪守法,客观公正,不断提高会计业务素质和职业道德水平。

(一)爱岗敬业

爱岗敬业是出纳人员做好本职工作的基础和条件,是最基本的道德素质。具体包括:热爱出纳工作,敬重会计职业;安心工作,任劳任怨;严肃认真,一丝不苟;忠于职守,尽职尽责等。

(二)诚实守信

诚实守信是出纳人员职业道德的基本工作准则,要求出纳人员在职业活动中应当实事求是,讲信用,重信誉,信守诺言。

(三)廉洁自律

廉洁自律是职业道德的内在要求和行为准则。要求出纳人员公私分明、不贪不占、遵纪守法、清正廉洁。廉洁自律包括:公私分明,不贪不占;遵纪守法,清正廉洁。

(四)客观公正

客观公正,要求出纳人员端正态度,依法办事,实事求是,不偏不倚,保持应有的独立性。

(五)坚持准则

坚持准则就是坚持依法办理会计事务。它要求出纳人员熟悉国家法律、法规和国家统一的会计制度,始终坚持按法律法规和国家统一的会计制度的要求进行会计核算,实施会计监督。要做到坚持准则,必须做到以下几点:掌握准则;遵循准则;坚持准则。

（六）提高技能

提高技能，要求出纳人员不断地增强提高专业技能的自觉性和紧迫感，勤学苦练，刻苦钻研，开拓进取，不断提高业务水平，以适应出纳业务不断发展和变化的新形势。

（七）参与管理

参与管理，要求出纳人员在做好本职工作时努力钻研相关业务，全面熟悉本企业经营活动及其业务流程，积极参与管理，主动提出合理化建议，协助领导决策。参与管理应当做好以下两点：第一，树立参与管理的意识，积极主动地做好参谋；第二，在参与企业管理时，需要了解企业的生产经营活动及其业务流程，使参与管理更具有针对性和有效性。

（八）强化服务

强化服务，要求出纳人员树立服务意识，提高服务质量；努力维护和提升会计职业良好的社会形象。强化服务的基本要求是：强化服务意识；提高服务质量。

五 授权批准制度

企业应当对货币资金业务建立严格的授权批准制度，明确审批人对货币资金业务的授权批准方式、权限、程序、责任和相关控制措施，规定经办人办理货币资金业务的职责范围和工作要求。货币资金收付的授权批准，主要有"一支笔"审批、分级审批、多重审批和混合审批四种模式。

（一）"一支笔"审批模式

按照这种模式，企业的一切货币资金收付全部由单位负责人或其授权的人员一人审批。单位负责人授权的人员可以是总会计师，也可以是主管会计工作的副职。"一支笔"审批模式的优点是可以使资金的使用围绕着企业的总目标有序地进行，克服因多头审批而造成的监督失控及审批标准不一致的弊端。"一支笔"审批模式的缺点是容易造成腐败。

（二）分级审批模式

按照这种模式，企业的货币资金收付应根据企业业务范围和金额的大小，分级确定审批人员，行使审批权力。由企业的权力机构授权单位负责人、单位的副职领导（分管领导）以及各职能部门的负责人在其业务和金额范围内对货币资金收付具有一定的审批权。金额巨大的货币资金支付必须由董事会或类似的机构、股东大会、股东代表大会或类似的权力机构集体审批，对于重要的或金额较大的货币资金支付可以授权给单位负责人审批，其他的货币资金支付可以授权给各职能部门的负责人在其业务和金额范围内审批。

（三）多重审批模式

按照这种模式，企业的货币资金收付须由两名或两名以上人员共同审批。多重审批模式在具体运用时可以具体化为"双审制"和"多审制"。双审制是指货币资金收付先由职能部门的负责人审批，后由单位负责人审批；多审制是指货币资金收付先由职能部门的负责人审批，后由分管领导或指定主管会计工作的领导审批，再由单位负责人最终审批。这种审批程序的优点是符合内部控制的相互牵制原则，提高审批的质量；其缺点是审批程序比较复杂，从而降低办事效率。

（四）混合审批模式

这种模式是"一支笔"审批、分级审批、多重审批和混合审批四种模式的结合使用。混合审批模式根据不同的货币资金收付而采用不同的审批模式。通常情况下，一定业务和金额范围内的货币资金收付授权某一人审批，而超过一定业务和金额范围的货币资金收付则授权两个或两个以上的人员审批。这种方式的最显著优点是将控制的重点放在重要业务或重大金额的货币资金收付的审批上，同时又简化了非重大货币资金收付的审批程序，提高了审批的效率。但是，为了维护混合审批模式的严肃性、有效性，在采用混合审批模式时应该注意防止人为地将货币资金的收付化整为零以避开双重审批或多重审批的情况出现。

六、办理货币资金支付业务的程序

（一）支付申请

单位有关部门或个人用款时，应当提前向审批人提交货币资金支付申请，注明款项的用途、金额、预算、支付方式等内容，并附有效经济合同或相关证明。

（二）支付审批

审批人根据其职责、权限和相应程序对支付申请进行审批。对不符合规定的货币资金支付申请，审批人应当拒绝批准。对重要货币资金支付业务，应当实行集体决策和审批，并建立责任追究制度，防范贪污、侵占、挪用货币资金等行为。

（三）支付复核

复核人应当对批准后的货币资金支付申请进行复核，复核货币资金支付申请的范围、权限、程序是否正确，手续及相关单证是否齐备，金额计算是否正确，支付方式、支付单位是否妥当等。复核无误后，交由出纳人员办理支付手续。

（四）办理支付

出纳人员应当根据复核无误的支付申请，按规定办理货币资金支付手续，及时登记现金和银行存款日记账。

任务二 现金内部控制

一、现金内部控制的内容

现金是指具备现实购买力或者法定清偿力的通货。在金属货币流通条件下，现金是指金属铸币及其他作为辅币使用的铸币；在纸币或者信用货币流通的条件下，现金包括铸币、纸币和信用货币。在我国，外币不能自由流通，现金主要是指人民币，包括纸币和金属辅币。企业在现金的内部控制中应该严格执行现金管理法规。根据这些法规，现金内部控制的内容主要有以下方面：

（一）现金使用范围的控制

企业可以在下列范围内使用现金：(1)职工工资、各种工资性津贴；(2)个人劳务报酬，

货币资金
支付程序

包括稿费和讲课费及其他专门工作报酬；(3)支付给个人的各种奖金,包括根据国家规定颁发给个人的各种科学技术、文化艺术、体育等各种资金；(4)各种劳保、福利费用以及国家规定的对个人的其他现金支出；(5)收购单位向个人收购农副产品和其他物资支付的价款；(6)出差人员必须随身携带的差旅费；(7)结算起点以下的零星支出；(8)中国人民银行规定需要支付现金的其他支出。

(二)库存现金限额的控制

按规定,企业一般可按三至五天的日常零星开支所需现金核定库存现金的限额,企业不能超出核定的库存现金限额留存现金,超出核定的库存现金限额的现金应及时送存银行。

(三)现金收支的控制

现金收支的控制包括：(1)企业的现金收入应于当日送存开户银行,当日送存银行有困难的,由开户银行确定送存时间；(2)企业支付现金,可以从本单位库存现金限额中支付或者从开户银行提取,超过一定限额的现金支出,应当使用支票,不得从本单位的现金收入中直接支付(即坐支),因特殊情况需要坐支现金的,应当事先报经开户银行审查批准,由开户银行核定坐支范围和限额,坐支单位应当定期向开户银行报送坐支金额和使用情况；(3)单位借出现金必须严格执行授权批准程序,严禁擅自挪用、借出现金；(4)企业从开户银行提取现金,应当如实写明用途,由本单位财会部门负责人签字盖章,并经开户银行审批后予以支付；(5)因采购地点不确定,交通不便,抢险救灾以及其他特殊情况,办理转账结算不够方便,必须使用现金的,要事先向开户银行提出书面申请,由本单位财会部门负责人签字盖章,开户银行审批后予以支付现金；(6)企业取得的现金收入必须及时入账,不得私设"小金库",不得账外设账,严禁现金收入不入账。

(四)现金记录的控制

应当建立健全现金账目,经常核对检查库存现金与账簿记录是否相符。现金账目应当逐笔记载现金收付,做到日清月结,账款相符。企业应当定期和不定期地进行现金盘点,确保现金账面余额与实际库存金额相符。发现不符,应及时查明原因,做出处理。

(五)防止现金违纪行为的控制

防止现金行为的控制主要包括：(1)不准用不符合财务会计制度规定的凭证顶替库存现金(即白条抵库)；(2)不准单位之间相互借用现金；(3)不准谎报用途套取现金；(4)不准利用存款账户代其他单位和个人存入或者支取现金；(5)不准将单位收入的现金以个人名义存入储蓄；(6)不准保留账外公款(即小金库)；(7)禁止发行变相货币,不准以任何票券代替人民币在市场上流通。

二 现金收支的主要业务环节

(一)授权办理业务

企业管理部门或业务部门的负责人根据授权批准制度的有关规定和业务经营的需要,授权有关人员办理有关业务,相应地根据业务需要授权有关人员办理有关现金收付。

(二)填制或取得原始凭证

有关人员在办理业务后,应该按照财务会计制度的规定填制或取得有关原始凭证作为办理现金收付业务的书面证明。其中一部分原始凭证直接作为出纳人员收付现金的依据,一部分作为有关人员向出纳人员交纳现金或现金报销的依据。

(三)审签原始凭证

对于办理业务后填制或取得的有关现金收付业务的原始凭证,有关经办人员应签字盖章,有关部门的负责人或其授权的有关人员做出审核后也应签字盖章,表明批准出纳人员办理现金收付,或表明同意非出纳人员已办理的现金收付,而后应向出纳人员交纳现金或报销现金。

(四)审核原始凭证

会计主管人员或其授权的有关会计人员审核现金收付业务的原始凭证,经审核无误后确认其可以办理现金收付,或确认其向出纳人员应交纳的现金或可以报销的现金。

(五)编制记账凭证

会计人员根据审核无误的现金收付款业务的原始凭证编制现金收付款业务的记账凭证。

(六)收付现金

出纳人员根据经复核无误的现金收付款业务的记账凭证,收入现金或支付现金(包括现金报销)。

(七)稽核记账凭证

负责稽核的会计人员结合现金收付业务的原始凭证对现金收付款业务的记账凭证进行稽核。

(八)登记现金日记账

出纳人员根据复核无误的现金收付款业务的记账凭证逐笔登记现金日记账。

(九)登记现金总账及有关明细账

会计人员根据现金收付款业务的记账凭证登记现金总账,根据有关原始凭证及记账凭证登记有关明细账。

(十)日常现金盘点

出纳人员应于每日营业终了,结出现金日记账的本日收入合计、支出合计及现金余额,并将现金余额与实际的库存现金进行核对。如有不符,应查明原因,报经批准后进行处理。

(十一)现金送存银行

出纳人员应将现金收入于当日送存开户银行,当日送存银行有困难的,由开户银行确定送存时间。

(十二)核对账目

有关账簿记录人员应当定期将现金日记账、现金总账以及有关涉及现金收付业务的明细账进行核对。如有差错,应查明原因,报经批准后进行处理。

(十三)定期和不定期地进行现金清查

定期和不定期地由清查小组盘点库存现金,并将现金日记账的现金余额与实际的库存现金进行核对,编制现金盘点报告单,反映现金的账面结存与实际结存的情况。

三、现金收支业务的关键控制点

(一)审批

业务经办人员在经办了有关涉及现金收付的业务后,应对填制或取得的证明业务发生或完成的原始凭证进行审核,审核无误经签字盖章后交部门负责人审核并签章,表明批准出纳人员办理现金收付活动;或表明同意非出纳人员已办理的现金收付,而后应向出纳人员交纳现金或报销现金。有关人员应在授权的范围内办理业务,批准现金收付。超出授权范围的业务和现金收付,必须报上级有关部门和领导审批。

(二)审核原始凭证

会计主管人员或其授权的有关人员应严格审核现金收付业务的原始凭证,经审核无误的原始凭证应按规定签字盖章,批准办理现金收付。审核原始凭证,可以检查业务是否合理合法,保证现金收付的及时、安全、正确和有效。

(三)现金收支

出纳人员复核经审签、已批准现金收付的记账凭证,复核无误后办理现金收付。出纳人员办理现金收付以后,应在现金收付的原始凭证上加盖"收讫"或"付讫"戳记,表示款项已经收付完毕,以防止重收、重付或漏收、漏付。

(四)稽核

稽核人员主要审核的内容如下:现金收付业务的原始凭证的基本内容是否完整,手续上是否完备;所反映的经济业务是否具有真实性、合规性、合法性及合理性;现金收付款业务的记账凭证与其相应的原始凭证是否一致等。作为控制环节,稽核可以保证现金收付的正确性及会计核算的真实性,能够及时纠正现金收付错误,防止记账失实。

(五)记账

出纳人员根据现金收付业务的记账凭证登记日记账,会计人员根据现金收付款业务的记账凭证登记现金总账。现金日记账的登记、现金总账的登记应严格按照不相容岗位分离的原则分别由出纳人员和其他会计人员登记,以做到互相牵制,互相监督。

(六)对账

现金收付款业务的对账工作主要包括两个环节:(1)现金日记账与现金收付款业务的原始凭证及记账凭证互相核对,做到账证相符。(2)现金日记账与现金总账核对,做到账账相符。

(七)清点和清查

出纳人员每日于营业终了时应进行现金清点,将实际库存现金数与现金日记账的现金结存数进行核对,做到经常保持账实相符。企业还应当组成由会计主管人员、内部审计人员及稽核人员组成的清查小组,对库存现金进行定期或不定期的清查,检查现金账实相符的情况。

任务三　银行存款内部控制

一、银行结算账户开立、使用的控制

银行存款是企业存放在银行或其他金融机构的货币资金。按照现金管理制度的规定，企业除根据核定的库存现金限额留存一部分现金以备日常零星开支外，超过限额的现金必须及时送存银行；除了在规定的范围内可以用现金直接支付的款项外，在经营过程中所发生的货币资金收支业务，都必须通过银行结算账户进行结算。所以，企业必须在当地银行申请开立银行结算账户，用以办理企业存放在银行的货币资金的存取和转账结算。

二、银行结算账户的开立

根据中国人民银行发布的《支付结算办法》规定的精神，单位、个人和银行应当按照《人民币银行结算账户管理办法》的规定开立、使用银行结算账户。具体包括以下类型：

1. 基本存款账户

基本存款账户是企业办理日常转账结算和现金收付的账户，它是存款人的主办账户。企业日常经营活动的资金收付及工资、奖金等现金的支取，应当通过基本存款账户办理。一个企业只能选择一家银行的一个营业机构开立一个基本存款账户，不得在多家银行机构开立基本存款账户。

2. 一般存款账户

一般存款账户是指企业因借款或其他结算需要，在基本存款账户开户银行以外的银行营业机构开立的银行结算账户。一般存款账户主要用于办理存款人借款转存、借款归还和其他结算的资金收付。该账户可以办理现金缴存，但不得办理现金支取。存款人开立一般存款账户没有数量限制，存款人可自主选择不同经营理念的银行，既能充分享受多家银行的特色服务，又能适应不同的经济往来对象，能更为方便地使用不同银行提供的支付结算工具和手段。

3. 临时存款账户

临时存款账户是存款人因临时需要并在规定期限内使用而开立的银行结算账户。临时存款账户主要用于办理临时机构以及存款人临时经营活动发生的资金收付。临时存款账户可以支取现金，但应按照国家现金管理的规定办理。注册验资的临时存款账户在验资期间只收不付，临时存款账户有效期最长不得超过两年。

4. 专用存款账户

专用存款账户是存款人按照法律、行政法规和规章，对其特定用途资金进行专项管理和使用而开立的银行结算账户。

三、银行结算账户的使用

企业应当严格按照《支付结算办法》等国家有关规定,加强银行账户的管理,严格按规定开立账户,办理存款、取款和结算。企业应当定期检查、清理银行账户的开立及使用情况,发现问题,及时处理。

四、支付结算的控制

根据《支付结算办法》的规定,企业的支付结算是指在社会经济活动中使用票据、信用卡和汇兑、托收承付、委托收款等结算方式进行货币给付及其资金清算的行为。支付结算控制的内容主要有以下几个方面:

1. 执行支付结算方面的法律、法规和制度

主要包括:《中华人民共和国票据法》《票据管理实施办法》《支付结算办法》《人民币银行结算账户管理办法》《国内信用证结算办法》《银行卡业务管理办法》《关于审理票据纠纷案件若干问题的规定》等。企业应当严格贯彻执行支付结算方面的法律、法规和制度。

2. 坚持办理支付结算的原则

(1)恪守信用、履约付款。单位之间、单位与个人之间发生交易往来,通过银行办理结算,并根据各自的具体条件,自行协商订约,使收付双方办理款项收付完全建立在自觉自愿、相互信任的基础上。

(2)谁的钱进谁的账、由谁支配。银行在办理结算时,必须尊重开户单位资金支配的自主权,做到谁的钱进谁的账,银行不代扣款项,以维护开户单位对资金的所有权或经营权,保证开户单位对其资金的自主支配。

(3)银行不垫款。银行在办理结算的过程中,只负责将结算款项从付款单位账户划转到收款单位账户,银行不承担垫付任何款项的责任,以划清银行与开户单位的资金界限,保护银行资金的所有权或经营权。

3. 遵守办理支付结算的纪律

办理支付结算的纪律包括:不准签发没有资金保证的票据或远期支票,套取银行信用;不准签发、取得和转让没有真实交易和债权债务的票据,套取银行或他人资金;不准无理拒绝付款,任意占用他人资金;不准违反规定开立和使用账户。

4. 符合办理支付结算的基本要求

它包括:(1)企业和银行办理支付结算,必须使用按中国人民银行统一规定印制的票据和结算凭证;(2)企业和银行应当按照《人民币银行结算账户管理办法》的规定开立、使用账户;(3)票据和结算凭证上的签章和其他记载事项应当真实,不得伪造、变造;(4)填写票据和结算凭证应当规范,做到要素齐全、数字正确、字迹清晰、不错不漏、不潦草,防止涂改。

五、企业与银行的对账

企业应当指定专人定期或不定期地核对银行账户,每月至少核对一次。企业与银行的对账是通过企业银行存款日记账与银行对账单的逐笔勾对进行的。

对账过程中有可能出现企业银行存款日记账与银行对账单之间账面记录的不一致,其原因有两方面:一是记账错误;二是出现未达账项。对于记账错误的账项,应立即到银行查明原因后更正或要求银行更正;对于未达账项,为了检查银行和企业账面记录的正确性及企业的银行存款实有数额,可以通过编制银行存款余额调节表进行调节,银行存款余额调节表的格式如表1-1所示。

表 1-1　　　　　　　　　　　银行存款余额调节表

　　　　　　　　　　　　　　　××××年×月×日　　　　　　　　　　　　金额单位:元

项　目	金额	项　目	金额
银行存款日记账余额		银行对账单余额	
加:银行已收、企业未收的款项		加:企业已收、银行未收的款项	
减:银行已付、企业未付的款项		减:企业已付、银行未付的款项	
调节后余额		调节后余额	

经过调节,双方调节后的余额应该相等。"相等"说明企业与银行双方的记账工作基本正确,调节后的余额是企业编表日可以动用的银行存款实有数额。如果调节后的余额不相等,说明双方的记账至少一方有错误,应在查明原因后进行更正,然后再编制银行存款余额调节表进行检查。

六　银行存款收支的主要业务环节

1. 授权办理业务

有关业务部门的负责人应根据授权批准制度的有关规定和业务经营的需要,授权有关业务人员办理有关的经济业务,相应地根据业务需要授权业务人员批准办理有关银行存款收付的业务。

2. 规定结算条款

业务人员办理经济业务,同时涉及银行存款收付业务的,应与对方商定款项收付的结算工具或结算方式、结算时间等,并以合同的方式加以明确。

3. 填制或取得原始凭证

业务人员办理经济业务后,应该按照财务会计制度的规定填制或取得有关原始凭证作为办理银行存款收付业务的书面证明。

4. 审签原始凭证

对于办理经济业务后填制或取得的有关原始凭证,有关业务人员应签字盖章,业务部门的负责人或其授权的有关人员进行审核后也应签字盖章,表明已经批准办理银行存款收付的结算。

5. 审核原始凭证

会计主管人员或其授权的有关人员应审核原始凭证,只有经审核无误的原始凭证才能按规定办理银行存款收付的结算。

6. 填制或取得结算凭证

出纳人员根据已批准的银行存款收付结算的业务,选择合适的结算工具或结算方式,填制或取得银行结算凭证。

7. 办理结算业务

出纳人员根据已批准的银行存款收付结算的业务向有关银行办理银行存款收付的结算。

8. 审核结算凭证

会计主管人员或其授权的有关人员结合有关原始凭证对结算凭证的回单联等进行审核。

9. 编制记账凭证

会计人员根据审核无误的结算凭证及有关原始凭证编制银行存款收付款业务的记账凭证。

10. 稽核记账凭证

有关会计人员结合有关结算凭证及其他原始凭证对银行存款收付款业务的记账凭证进行稽核。

11. 登记银行存款日记账

出纳人员根据审核无误的银行存款收付款业务的记账凭证,逐笔登记银行存款日记账。

12. 登记银行存款总账及有关明细账

会计人员根据银行存款收付款业务的记账凭证登记银行存款总账,根据结算凭证及其他有关原始凭证、银行存款收付款业务的记账凭证登记有关明细账。

13. 与银行对账及编制银行存款余额调节表

企业应当指定专人定期核对银行账户,每月至少核对一次。企业与银行的对账是通过企业银行存款日记账与银行对账单的逐笔勾对进行的。对于未达账项,应编制银行存款余额调节表进行调节。对于记账错误,应查明原因进行更正。

14. 核对账目

有关账簿记录人员应当定期将银行存款日记账、银行存款总账以及有关明细账进行核对。如有差错,应查明原因,报经批准后进行处理。

七、银行存款收支业务的关键控制点

银行存款收支业务的关键控制点主要有:

1. 审批

业务经办人员在经办有关涉及银行存款收付的业务时,应对填制或取得的证明经济业务发生或完成的原始凭证进行审核,审核无误经签字盖章后交业务部门负责人审核并签章,批准银行存款收付结算。有关人员应在授权的范围内办理业务,批准银行存款收付结算。超出授权范围的业务和银行存款收付,须报上级有关部门和领导审批。

2. 审核

与审批不同,审核工作是针对银行存款实际收支之前所设的第二道控制关,其主要是由会计主管人员或其授权的有关人员进行的,审核的重点在于原始凭证及其他有关证据。

在审核结算凭证及其他原始凭证时,经审核无误的凭证应按规定签章,批准办理银行存款收付结算。

3. 结算

出纳人员复核经审签、已批准银行存款收付结算的凭证,复核无误后,依据约定的结算工具或结算方式,及时填制或取得银行结算凭证,办理结算业务,并登记银行存款收付结算登记簿。出纳人员办理收付款项以后,应在收付款的原始凭证上加盖"收讫"或"付讫"戳记,表示款项已经收付完毕,以防止重收、重付或漏收、漏付。通常办理银行存款支付结算的财务专用章和企业法人代表的私章,按照内部牵制的原则,不能由出纳人员一人保管,以防止舞弊行为的发生。

4. 稽核

稽核人员主要审核涉及银行存款收付业务的结算凭证及其他原始凭证基本内容的完整性和手续上的完备性;审核所反映经济业务的真实性、合规性、合法性及合理性;审核银行存款收付款业务的记账凭证与其相应的原始凭证的一致性。

5. 记账

出纳人员根据银行存款收付款业务的记账凭证登记银行存款日记账,会计人员根据银行存款收付款业务的记账凭证登记银行存款总账。银行存款日记账的登记与银行存款总账的登记,严格按照不相容岗位分离的原则分别由出纳人员和其他会计人员登记,以做到互相牵制,互相监督。

6. 对账

银行存款收付款业务的对账工作主要包括三个环节:(1)银行存款日记账与银行存款收付款业务的原始凭证及记账凭证互相核对,做到账证核对相符;(2)银行存款日记账与银行存款总账核对,做到账账相符;(3)银行存款日记账与银行对账单核对,以便及时了解银行存款收支情况,准确掌握企业可运用的银行存款实有数,避免银行存款账目发生错误。

7. 调账

在编制银行存款余额调节表时,特别要注意:已列于上月银行存款余额调节表的银行上月底未记账在途存款,是否已包括在本月的银行对账单中。银行上月底未记账的在途存款,理应在本月初收妥入账;该在途存款若未包括在本月的银行对账单中,应引起高度重视,必要时应进行追查。为加强内部控制,银行存款日记账与银行对账单核对及银行存款余额调节表的编制,应授权由出纳人员以外的会计人员进行。

▶ 任务四　票据管理

企业应当加强与货币资金相关的票据的管理,明确各种票据购买、保管、领用、转让、注销等环节的职责权限和程序,并专设登记簿进行记录,防止空白票据的遗失和被盗用。这里的票据应该是指出纳凭证。

一、支票的管理

1. 支票的领购和保管

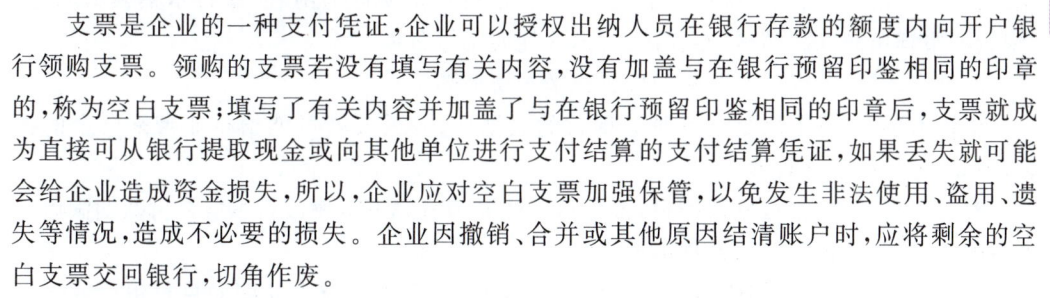

支票是企业的一种支付凭证,企业可以授权出纳人员在银行存款的额度内向开户银行领购支票。领购的支票若没有填写有关内容,没有加盖与在银行预留印鉴相同的印章的,称为空白支票;填写了有关内容并加盖了与在银行预留印鉴相同的印章后,支票就成为直接可从银行提取现金或向其他单位进行支付结算的支付结算凭证,如果丢失就可能会给企业造成资金损失,所以,企业应对空白支票加强保管,以免发生非法使用、盗用、遗失等情况,造成不必要的损失。企业因撤销、合并或其他原因结清账户时,应将剩余的空白支票交回银行,切角作废。

支票的保管实行票、印分管的原则,支票保管职务与支票印章保管职务必须相互分离,形成制约机制,防止舞弊行为。

2. 支票的使用

有关部门和人员申请领用支票一般应填制专门的"支票请领单",说明领用支票的用途、日期、金额,由经办人签字,经有关领导批准。

支票应由经授权的出纳人员专人签发。出纳人员签发支票时必须对支票领用单的各项内容进行审核,审核无误后,按规定要求签发支票,并在"支票签发登记簿"上登记。对于填写错误的支票,必须加盖"作废"戳记,与存根一起保存。

领用支票,需要实行支票领用与销号制度,领用人领用支票时应在"支票签发登记簿"的"领用人"专栏内签名或盖章,领用人将支票存根或者未使用的支票交回时应在"支票签发登记簿"的"销号"专栏内销号,并注明销号日期。

3. 空白支票的管理

企业必须加强对空白支票的管理,不得签发空白的现金支票,严格控制签发空白转账支票。因特殊情况确需签发不填写金额的转账支票时,必须在支票上写明收款单位名称、款项用途、签发日期、规定限额和报销期限,并由领用支票人在专设登记簿上签章。逾期未用的转账支票要及时收回注销。

4. 支票遗失的挂失或请求协助防范

已签发的现金支票遗失,应及时向银行挂失止付;已签发的转账支票遗失,银行不挂失,企业应及时请求收款单位协助防范。

二、银行本票、银行汇票的管理

1. 银行本票、银行汇票的领用

有关部门和人员申请领用银行本票、银行汇票时,一般应填制专门的"银行本票领用单"或"银行汇票领用单",说明领用银行本票、银行汇票的用途、日期、金额,由经办人签字,经有关领导批准。

出纳人员对"银行本票领用单"或"银行汇票领用单"进行审核,审核无误后,根据授权按规定向开户银行交存银行本票保证金或银行汇票保证金后,申请签发银行本票或银行汇票。

领用银行本票,要实行银行本票领用、销号制度,领用银行汇票,也要实行银行汇票领用、销号制度,领用人领用银行本票或银行汇票时应在"银行本票领用簿"或"银行汇票领用簿"的"领用人"专栏内签名或盖章;领用人将银行本票、银行汇票用于支付并交回采购发票、费用收据时,或者将未使用的银行本票、银行汇票交回时应在"银行本票领用簿"或"银行汇票领用簿"的"销号"专栏内销号,并注明销号日期。

2. 银行本票、银行汇票遗失的挂失或请求协助防范

银行本票、银行汇票是银行见票即付的票据,万一丢失就可能给企业带来资金的损失,因此,应严格进行管理。

对于银行本票,银行见票即付,银行不予挂失。遗失不定额银行本票在付款期满后一个月确未冒领的,银行可以办理退款手续。

持票人如果遗失了填明"现金"字样的银行汇票,持票人应当立即向兑付银行或签发银行请求挂失。在银行受理挂失前(包括对方银行收到挂失通知前)被冒领的,银行概不负责。

遗失填明收款单位或个体经济户名称的汇票,银行不予挂失,可通知收款单位或个体经济户、兑付银行、签发银行请求协助防范。

遗失银行汇票在付款期满后一个月确未冒领的,银行可以办理退汇手续。

三 商业汇票的管理

有关部门和人员申请领用商业汇票,一般应填制专门的"商业汇票领用单",说明领用商业汇票的用途、日期、金额,由经办人签字,经有关领导批准。

出纳人员对"商业汇票领用单"进行审核,审核无误后,根据授权按规定签发商业汇票。商业汇票是一种约期付款的票据,万一丢失就可能给企业带来资金的损失,因此应严格管理。

领用商业汇票,应实行商业汇票领用、销号制度。领用人领用商业汇票时应在"商业汇票领用簿"的"领用人"专栏内签名或盖章;领用人将商业汇票用于支付并交回采购发票、费用收据时或者将未使用的商业汇票交回时应在"销号"专栏内销号并注明销号日期。

四 空白收据的管理

未填制的收据称为空白收据。空白收据一经填制并加盖有关印章就成为已经办理现金支付或转账结算的一种书面证明,因此它直接关系到结算资金的安全,应加强管理。空白收据一般应由主管会计人员保管。企业应当设置"空白收据登记簿",对空白收据的领用、归还和核销等进行详细记录。对于空白收据,使用人不得将其带出工作单位使用,不得将其转借、赠送或买卖;不得弄虚作假,开具实物与票面不相符的收据,更不能开具存根联与其他联不符的收据;作废的收据要加盖"作废"章,将作废收据的存根联与其他各联一起保管,不得撕毁、丢弃。

五 结算凭证的管理

企业的结算凭证主要包括银行信汇凭证、银行电汇凭证、托收承付结算凭证、委托收款结算凭证等。企业的结算凭证的保管和签发应指定专人负责。签发支付款项的结算凭证应加盖与留存银行印鉴相同的企业财务专用章及有关人员的印章。印章应指定专人保管,按规定用途使用。所使用的印章不能由出纳人员单人保管。

任务五 印章管理

企业及个人的印章是明确责任、表明业务执行及完成情况的标记。经济业务的审批、执行、监督都要留下印章的印记,所以,应加强印章的管理。

一 印章的保管

印章的保管要贯彻不相容职务分离的原则。企业应加强银行预留印鉴的管理,财务专用章应由专人保管,单位负责人的个人印章必须由其本人或其授权的人保管;严禁由一个人保管支付款项所需的全部印章。各种印章应该分处存放,分专人保管;委托其他人保管个人印章的要办理授权手续;重要印章的保管,可以设置双重或多重保管制度,并且实行内部牵制制度,如保管箱设两道锁,钥匙由两个以上的人员持有。

二 印章的使用

制定印章的使用规则,对印章的使用范围和批准使用的程序应做出明确的规定;赋予印章的保管人监督盖章的权利。

确实需要将企业印章带离企业的,应经过有关部门主管人员的批准,印章保管人员要做备查记录,并负责及时收回;印章的领用者在取得印章时应在印章领用簿上签字,以明确领用交回之责任。

按规定需要有关负责人签字或盖章的经济业务,必须严格履行签字盖章手续。

典型案例

【案例资料】 某单位是一个年财政拨款仅几十万元的事业单位,但该单位的银行印鉴、银行支票却统统由柏某一人保管,而且该单位的银行日记账也由柏某登记保管。未设专(兼)职内审稽核人员,也没有制定相关的稽核制度。每年只由柏某以财务科长的身份自己"检查"自己,搞形式主义。柏某利用职务之便,私自购买现金支票,什么时候想用款,就可以随时持加盖印鉴的现金支票到银行提取现金,借保管银行印鉴之便随意提取现金,贪污挪用,少记收入,虚列支出,搞账目虚假平衡,利用登记、保管银行日记账的便利条件,及时掩盖其贪污、挪用公款的犯罪行为。从 2008 年 4 月至 2009 年 9 月案发时,在这么一个财务收支数额不大的单位,却发生了一起贪污公款23万余元、挪用公款12万元的经济大案。犯罪分子柏某(原财务科副科长、会计主管)2010年2月被市中级人民法院依法判处无期徒刑,剥夺政治权利终身。纵观酿成这起大案的方方面面,固然有柏某自身的原因,但单位财务内控制度不严,也是酿成这起大案的重要原因,此教训发人深省,令人反思。

【案例思考】 结合案例资料,讨论以下两个问题:
(1)根据财务制度有关规定说明本案中内部控制制度的制定与执行存在哪些问题。
(2)此案例从反面告诉我们什么道理?

【案例分析】 存在问题如下:

1.印鉴管理混乱,使财务内部控制的第一道防线洞门大开,为犯罪分子柏某作案提供了极为便利的条件。

会计制度规定:各单位的银行印鉴和银行支票必须由会计、出纳分别管理,动用现金支票提款时必须由会计、出纳分别加盖所保管的印章,由出纳到银行提取现金。这种规定,从制度上使会计和出纳相互制约、相互监督,可以防止违规违法问题的产生。

柏某则利用保管印鉴的方便条件,私自购买现金支票,什么时候想用款,就可以随时持加盖印鉴的现金支票到银行提取现金,想提多少提多少,以至于犯下贪污、挪用公款的经济大案。试想如果印鉴管理制度、银行现金支票管理制度严格,把第一道防线筑牢,柏某作案就不会这样畅通无阻。

2.会计、出纳分工不当,责任不清,使财务内部控制的第二道防线形同虚设,使犯罪分子频频作案,屡屡得手。

会计制度规定:银行存款日记账应由出纳人员登记保管,并于每月终了与银行对账单一一核对。

柏某既能借保管银行印鉴之便随意提取现金,贪污挪用,又能利用登记、保管银行日记账的条件,及时掩盖其贪污、挪用公款的犯罪行为。这一内控制度的失控,造成了柏某在长达三年的时间内,频频作案而一直未被发现,造成了国家财产的巨大损失。

3.内审稽核工作不到位,使财务内部控制的最后一道防线有名无实,使犯罪分子猖狂作案,而又长期逍遥法外。

会计制度规定:各单位一般应设有专(兼)职内审稽核人员,定期对单位财务收支的合法性、真实性进行稽核、审查监督。但该单位因多种原因,一直未设专(兼)职内审稽核人员,也没有制定相关的稽核制度。

柏某在掩盖其贪污挪用公款的犯罪行为时,在账务处理中少记收入,虚列支出,搞账目虚假平衡,其手段并不高明。如果内审稽核工作到位,只要对银行印鉴的保管是否合理、银行存款账簿的登记是否真实,账证与账账是否相符等方面进行认真的稽核,柏某的违法犯罪行为不难被发现。但遗憾的是,该单位既没有内审稽核人员,也没有具体的稽核制度,每年只由柏某以财务科长的身份自己"检查"自己,搞搞形式,走走过场,应付上级有关业务部门的检查。

柏某一案从反面告诉我们:单位内控制度严格与否,直接关系到企业甚至国家财产的安全。我们在加强外部审计监督的同时,首先要建立健全单位内部管理制度并严格执行,从制度上筑牢一道防线,以便有效地防止各类经济案件的发生,更有效地保护国家财产的安全。

本章小结

货币资金是指企业在资金运动过程中停留在货币阶段的那一部分资金,是以货币形态存在的资产,包括现金、银行存款和其他货币资金。本学习情境从岗位设置分工和授权批准的角度介绍了货币资金的内部控制,以及票据和印章的管理和使用,针对每个岗位的任务进行了详细说明。

习 题

一、单项选择题

1. 按照内部控制要求,应由( )核对"银行存款日记账"和"银行对账单",编制"银行存款余额调节表"。
   A. 记账人员　　　B. 非出纳人员　　　C. 会计人员　　　D. 审核人员

2. 现金收支原始凭证上业务经办人员应签字盖章以明确有关责任,同时该凭证还须经( )审核签章。
   A. 记账人员　　　B. 出纳人员　　　C. 会计人员　　　D. 部门负责人

3. ( )应根据审核无误的现金收款或付款凭证进行收款或付款,收付完毕,对现金收款或付款凭证以及所附原始凭证加盖"收讫"或"付讫"戳记,并签字盖章以示收付。
   A. 出纳人员　　　B. 记账人员　　　C. 会计人员　　　D. 稽核人员

4. 在( )监督下,各个账簿记录人员核对银行存款日记账和有关明细分类账及总分类账。
   A. 出纳人员　　　B. 记账人员　　　C. 会计人员　　　D. 稽核人员

5. 账簿记录人员核对银行存款日记账和有关明细分类账及总分类账时,应在( )监督下进行。
   A. 出纳人员　　　B. 记账人员　　　C. 会计人员　　　D. 稽核人员

6. 现金内部控制的控制点不包括( )。
   A. 审批　　　　　B. 余额调节表　　　C. 对账　　　　　D. 清查

7. 现金日记账应采用的格式为( )
   A. 订本式　　　　B. 活页式　　　　　C. 卡片式　　　　D. 以上均可

8. 可以保证现金收支业务按照授权进行,增强经办人员和负责人员的责任感的控制措施为( )
   A. 授权批准　　　B. 分工记账　　　　C. 清点　　　　　D. 洁查

9. ( )可以及时发现企业或银行记账差错,防止银行存款非法行为发生,保证银行存款真实和货款结算及时的控制措施。
   A. 审批　　　　　B. 复核　　　　　　C. 核对　　　　　D. 对账

10. 不相容职务相分离的核心是（　　），要求每项经济业务都要经过两个或两个以上的部门或人员的处理，使得单个人或部门的工作必须与其他人或部门的工作相一致或相联系，并受其监督和制约。

　　A. 职责分工　　　　B. 内部牵制　　　　C. 作业程序　　　　D. 授权批准

二、多项选择题

1. 资金活动是指企业（　　）等活动的总称。

　　A. 筹资　　　　　　B. 投资　　　　　　C. 营运　　　　　　D. 赚取利润

2. 货币资金控制主要围绕（　　）目标。

　　A. 保证货币资金业务收支的真实与合法　　B. 保证货币资金的使用效益
　　C. 保证货币资金业务核算的准确与可靠　　D. 保证货币资金的安全完整

3. 筹资方式包括（　　）。

　　A. 向银行借款　　　B. 发行债券　　　　C. 发行股票　　　　D. 赚取利润

4. 资金活动的不相容职务包括（　　）。

　　A. 资金预算编制与审批　　　　　　　　　B. 资金审批与执行
　　C. 资金取得与保管　　　　　　　　　　　D. 内部审计与会计

5. 按照货币资金不相容岗位相互分离的要求，出纳人员不得兼任（　　）。

　　A. 总账登记和收入、支出、费用、债权债务账目的登记工作
　　B. 货币资金的稽核工作
　　C. 会计档案保管人员相分离工作
　　D. 现金的清查盘点工作

6. 银行存款收支业务记账前，稽核人员应审核银行存款收付凭证及所附原始凭证、结算凭证基本内容的完整性，处理手续的完备性，所反映的经济业务的（　　）。

　　A. 合规性　　　　　B. 合法性　　　　　C. 真实性　　　　　D. 有效性

7. 货币资金控制主要围绕（　　）目标。

　　A. 保证货币资金业务收支的真实与合法
　　B. 保证货币资金的使用效益
　　C. 保证货币资金业务核算的准确与可靠
　　D. 保证货币资金的安全完整

8. 货币资金控制应做到（　　）。

　　A. 收入及时入账　　B. 不得私设小金库　C. 不得坐支现金　　D. 不得公款私用

9. 下列对于印章管理说法正确的有（　　）。

　　A. 印章的保管不需要贯彻不相容职务分离的原则
　　B. 企业应制定内部印章使用规则
　　C. 印章离开企业需要经过各部门主管的批准
　　D. 印章保管人员要对印章使用情况做备查登记

10. 票据管理制度涵盖（　　）。

　　A. 各种票据的购买、保管、领用　　　　　B. 各种票据的备查登记
　　C. 各种票据的背书转让　　　　　　　　　D. 各种票据的注销

三、判断题

1. 为保证资金活动控制目标的实现，企业应建立资金活动相关业务的内部控制制度。（　　）

2. 货币资金监督检查的重点内容包括是否存在办理付款业务所需的全部印章交一人保管的现象。（　　）

3. 企业不得跳号开具票据，不得随意开具空白支票。（　　）

4. 对销售活动、筹资活动和处置投资取得的资金，企业应当及时办理入账，并进行复核确认。（　　）

5. 对采购活动、投资活动和清偿债务支付的资金，企业应当按照支付申请、支付审批、支付复核、办理支付这一程序处理，并按规定履行资金支付手续，及时登记现金或银行存款日记账。（　　）

6. 企业所有活动都可以选择现金支付。（　　）

7. 现金收支应坚持收有凭、付有据。（　　）

8. 筹资计划的编制与筹资计划的执行必须由两个部门来完成。（　　）

9. 出纳人员可以每月清点一次现金。（　　）

10. 重要的货币资金支付业务应由总经理审批与决策。（　　）

四、问答题

1. 货币资金控制的目标是什么？
2. 货币资金业务不相容岗位相互分离的要求有哪些？
3. 货币资金支付控制是一个重要的关键控制点，应当设置哪些授权审批环节？
4. 银行存款业务的内部控制要求有哪些？

五、分析题

A公司的会计为外聘的兼职会计，平时不在公司上班，日常会计事务均由出纳费玲办理，所有票据和印章也归费玲保管。一日，有客户持金额为2万元的购货发票要求退货，正与费玲争执时，被经理王某碰到，经查该款系2个月前的销货款，并未入账。试分析A公司在内控方面存在的缺陷。

学习情境二 销售与收款的内部控制

学习目标及素质目标

1. 理解有关销售与发货业务、收款业务的内部控制制度；
2. 理解销售与收款环节的岗位分工及权限划分；
3. 掌握销售与收款内部控制制度的具体运用；
4. 树立正确的商业价值观；
5. 树立价格公正，取之有道的品德。

情境导入

销售与收款是企业的主要经营业务之一，是决定经营收入的重要环节，其主要流程是处理订单、签订合同、发出货物、结算货款四个基本环节。加强销售环节的内部控制，能从源头上有效管理资金回笼、实物转移和成本价值的补偿，通过控财、控物和控人，完成整个生产经营环节的良性循环。

销售业务是企业经营活动中的重要环节。销售是企业获利的前提和必要条件，主营业务收入构成企业收入的主体，主营业务收入及主营业务成本对企业的经营成果有重大影响，搞好销售环节的会计控制对整个内部控制系统来说是至关重要的。

一、销售与收款内部控制的概念及业务循环

销售是企业的主要经营业务之一，是决定经营收入的重要环节。销售与收款，包括向客户收受订单、核准购货方的信用、装运商品、开具销货发票、核算营业收入与应收账款、记录现金收入等业务。销售与收款业务循环的主要内容如图 2-1 所示。

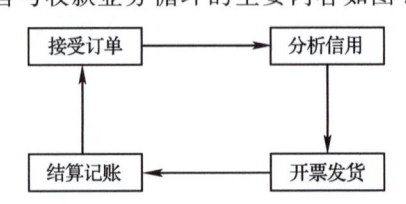

图 2-1 销售与收款业务循环图

销售与收款的业务循环与会计控制的主要范围有以下几个方面：

（一）接受订单

企业销售部门通过广告宣传等市场推销活动赢得客户，接受客户订货单。客户订货单应载明购货单位购买产品的品种、数量、质量、价格、交货方式、交货地点、交货期限等方面的内容，以此作为规范销售行为的直接依据。

（二）分析信用

在市场竞争中，采取赊销方式、提供商业信用是吸引客户、扩大销售量的有效措施，为了减少由于提供商业信用而带来的坏账风险，企业应对拟提供商业信用的客户进行资金信用分析，以确定其信用程度，从而对不同的客户提供不同的信用政策。

（三）开票发货

根据订单要求及产品入库的情况，开出销售发票和提货单并组织发货；根据订单要求的交货方式，分别采用提货制、发货制、送货制等。

（四）结算记账

销售商品的收入是企业的主营业务收入。销售商品的收入应在下列条件均能满足时予以确认：

(1)企业已将商品所有权上的主要风险和报酬转移给购货方；

(2)企业既没有保留通常与所有权相联系的继续管理权，也没有对已售出的商品实施控制；

(3)与交易相关的经济利益能够流入企业；

(4)相关的收入和成本能够可靠计量。

销售商品的收入应按企业与购货方签订的合同或协议金额或双方接受的金额确定。现金折扣在实际发生时确认为当期费用，销售折让在实际发生时冲减当期收入。企业已经确认收入的售出商品发生销售退回的，应冲减退回当期的收入。

二 销售业务控制应重点关注的风险

企业的销售业务并不是简单的交易过程，而是分步骤的交易行为：从收到对方的订单，洽谈交易事宜，到货物的交接，再到货款的支付，甚至还有退货和折让的发生等。根据销售的特点，企业至少应当关注涉及销售业务的下列风险：

1. 销售政策和策略不当、市场预测不准确、销售渠道管理不当等，可能导致销售不畅、库存积压、经营难以为继。

2. 客户信用管理不到位、结算方式选择不当、账款回收不力等，可能导致销售款项不能收回或遭受欺诈。

3. 销售过程存在舞弊行为，可能导致企业利益受损。

三 销售与收款内部控制的必要性

（一）销售与收款环节内控失控表现

目前，在销售与收款的环节中，很多企业销售与收款内部控制比较薄弱，失控的现象比较严重,常见类型有:虚开发票,虚计销售收入;销售成本结转不实,与收入不匹配;销售定价不合理,结算方式选用不当;销售费用支出失控,浪费严重;销售凭证保管不严,销售发票随意涂改;销售产品退货、毁损不办理手续,不调整账户记录;坏账的计提、确认与处理不符合规定等。

(二)销售与收款内部控制的必要性

在销售与收款环节上内部控制失控的具体表现为:应收账款的入账金额不实,尤其是利用关联交易虚增虚减销售收入的现象还时有发生;应收账款记录的内容不真实、不合理、不合法,成为有些企业调节收入、营私舞弊的"调节器"。如通过"应收账款"账户虚列收入,将应在"长期投资""应收票据""其他应收款"等账户反映的内容反映在"应收账款"账户中;不少企业应收账款平均占用额过大,应收账款回收期过长,周转速度慢,对坏账损失的处理不合理,备抵法的运用不正确。更为重要的是,有的企业竟然利用同户名甚至是不同户名私自将应收账款与其他往来账户轧抵掉,从而形成账外账。还有的采用应收票据背书或者利用应收账款长期挂账私设"小金库"。

这些做法严重损害了国家和集体的利益,造成国家财产流失,助长了一部分人的嚣张气焰,所以内部控制制度的加强势在必行。

四 销售与收款内控制度的管理

企业应当在制定商品或劳务的定价原则、信用标准和条件、收款方式等销售政策时,充分发挥会计机构和人员的作用,加强合同订立、商品发出和账款回收的会计控制,避免或减少坏账损失。

加强应收账款的控制与管理,应遵循逻辑程序客观化的原则,减少在信用管理过程中的主观因素;应遵循职责分离、相互制衡、风险最小化的控制原则,建立考核制度,实行应收账款催收与相应责任承担相结合,做好购销合同、客户资信调查和跟踪管理、客户分级授信、定期对账等主要节点的控制与管理。

销售与收款内部控制的关键控制有:岗位分工与授权批准、销售与发货控制、销售与收款控制等。

坏账是指企业经确认无法收回的应收账款及其他应收款。坏账损失是指由于坏账而造成的损失。企业应当在采用应收账款赊销政策的同时,采取各项催账政策以减少坏账损失。

(一)坏账确认控制

企业对于过期时间长的应收账款,应当报告决策机构,由决策机构进行审查,确定是否确认为坏账。企业对于不能收回的应收款项应当查明原因,追究责任。对有确凿证据表明确实无法收回的应收款项,如债务单位已撤销、破产、资不抵债、现金流量严重不足等,根据企业的管理权限,经股东大会或董事会,或经理(厂长)办公会议或类似的机构批准,作为坏账损失。

(二)坏账处理控制

企业对于确实收不回来的应收账款,经批准后应作为坏账损失,冲销计提的坏账准备,注销应收账款等。已经注销的坏账而又收回时,要及时入账,防止形成账外账。

任务一　岗位分工与授权批准

岗位分工和授权批准是销售与收款内部控制的两种主要方法。在科学合理的岗位分工的基础上,建立和健全严格的授权批准制度,严格按照授权批准权限进行销售与收款的各项业务活动,才能保证销售与收款业务按照内部控制的要求进行,才能有效地防止在销售与收款业务中可能出现的各种弊端,确保销售与收款业务的质量及合法性、合理性和经济性。

一　岗位分工与授权批准的概念

(一)授权批准制度的一般内容

授权批准制度主要包括：(1)单位的销售与收款业务的授权批准制度,应明确审批人员对销售收款业务的授权批准方式、权限、程序、责任和相关的控制措施,规定经办人员的职责范围和工作要求；(2)审批人员应当根据销售与收款授权批准制度的规定,在授权范围内进行审批,不得超越审批权限进行审批；(3)经办人员应当在职责范围内,按照审批人员的批准意见办理销售与收款业务,对于审批人超越授权范围审批的销售与收款业务,经办人员有权拒绝办理,并及时向审批的上级授权部门报告；(4)对于超过单位既定的销售政策和信用政策规定范围的特殊销售业务,单位应当进行集体决策,防止决策失误而造成严重损失；(5)严禁未经授权的机构或人员办理销售与收款业务；(6)企业应当根据从销售到收款的业务环节设置销售、发货、收款等工作岗位,建立销售与收款业务的岗位责任制,明确相关部门和岗位的职责、权限,确保办理销售与收款业务的不相容岗位相互分离、相互制约和相互监督,不得由同一部门或由同一个人办理销售与收款业务的全过程。

(二)注意要点

在销售与收款的授权和批准控制制度中,需要把握以下要点：(1)授权要非常明确,不能存在含糊不清、责权不明的情况；(2)赊销的批准权限要严格控制；(3)合同的签订制度要严格控制。原则上合同的签订需要两个以上的人在场。

二　分设业务部门(或岗位)

(一)销售部门(或岗位)

销售部门(或岗位)是负责处理订单、签订销售合同、执行销售政策和信用政策、催收货款的部门(或岗位)。

销售部门(或岗位)的主要职责：(1)根据企业制订的年度销售计划,制订月度销售计划,并监督实施；(2)负责处理客户订单,根据客户订单编制销售通知单；(3)参与同客户的商务谈判,负责与客户签订一般销售合同；(4)监督执行企业制定的信用政策和销售政策,确保企业制定的信用政策和销售政策的实施;(5)负责向客户催收货款。

(二)发货部门(或岗位)

发货部门(或岗位)是负责审核销售发票等单据是否齐全并办理发货具体事宜的部门(或岗位)。发货部门(或岗位)应当对销售发货单据进行审核,严格按照销售通知单所列的发货品种和规格、发货数量、发货时间、发货方式组织发货,并建立货物出库、发运等环节的岗位责任制,确保货物的安全发运。其具体的主要职责:(1)负责审核销售部门(或岗位)编制的发货单证是否齐全;(2)负责审核销售部门(或岗位)开出的发货凭证;(3)负责审核销售部门(或岗位)开出的发货凭证与销售通知单是否相符;(4)负责办理发货的相关手续。

(三)财会部门(或岗位)

财会部门(或岗位)是负责销售款项的结算和记录、监督管理货款回收的部门(或岗位)。财会部门(或岗位)的主要职责:(1)按照财务会计制度记录销售事项;(2)按照《支付结算办法》的规定办理货款结算;(3)对收到的客户款项依据合同在销售通知单上签署意见;(4)监督销售部门(或岗位)向客户催收货款。

(四)信用管理部门(或岗位)

有条件的单位应当建立专门的信用管理部门(或岗位)。信用管理岗位与销售业务岗位应分别设立。

1. 信用管理部门(或岗位)的主要职责

信用管理部门(或岗位)的主要职责包括:负责对客户的信用调查,建立客户信用档案;负责核定客户的信用额度;批准销售部门(或岗位)提出的授信申请;制定企业的信用政策;监督各部门(或岗位)信用政策的执行。

2. 信用政策

信用政策包括信用期间、信用标准和现金折扣政策。

3. 信用期间

信用期间是单位允许的顾客从购货到付款的时间,或单位给予顾客的付款期间。信用期间对于企业吸引顾客并扩大销售规模具有积极的意义,同时,在信用期间,顾客占用的企业的资金又会带来费用。因此,信用期间过短,不足以吸引顾客,在竞争中会使销售额下降;而信用期间过长,虽对扩大销售规模有利,但有时会将扩大销售规模而增加的收益被因延长信用期而增加的费用所抵消。因此,对信用期的确定,应从信用期对收入和成本的影响入手进行分析,加以权衡。

4. 信用标准

信用标准是指顾客获得企业的交易信用所应具备的经济条件。如果顾客达不到信用标准,则不能享受单位的信用优惠,或只能享受较低的信用优惠。对顾客信用标准的具体设定,要以该顾客的信用、能力、提供的担保条件等为依据。

5. 现金折扣政策

现金折扣是指销售方给予购买方的一种应收账款的减让,目的是促使付款人早日偿还账款。现金折扣的根源在于商品的赊销方式。当赊销商品时,通常要规定清偿账款的期限,也称"信用期限"。销售方为了鼓励购买方尽早偿还账款,往往规定一个比信用期限更短的

"折扣期限",若在折扣期限内清偿账款,则可减让一定比例的应收账款,即现金折扣。销售方采用现金折扣是一种理财活动,给予的现金折扣是一种理财费用,现金折扣的程度要与折扣期限的长短结合起来加以考虑。

企业不得由同一部门或个人办理销售与收款业务的全过程,即在销售和收款业务操作中应当建立明确的职责分工,开票、发货、收款、记账职务应当分离。

三 岗位分工控制

1. 建立销售与收款业务的岗位责任制,明确相关部门和岗位的职责和权限,确保办理销售与付款业务的不相容岗位相互分离、制约和监督。
2. 将办理销售、发货、收款三项业务的部门分别设立,明确各自的职责和权限;建立专门信用管理部门(或岗位)的企业,应将信用管理岗位与销售业务岗位分设。
3. 不得由同一部门或个人办理销售与收款业务的全过程。

四 授权批准控制

1. 明确审批人员对销售业务的授权批准方式、权限、程序、责任和相关控制措施,审批人员不得越权审批。
2. 明确经办人员的职责范围和工作要求。
3. 金额较大或情况特殊的销售业务和特殊信用条件,实行集体决策。
4. 未经授权的人员不得经办销售与收款业务。

五 销售与收款内部控制岗位分工流程图

通过前面对销售与收款内部控制概念和内容的分析、各项控制制度的制定以及各主要控制点的设立,销售与收款环节的内部控制可以通过销售与收款内部控制岗位分工流程图来表示,如图2-2所示。

任务二 销售与发货控制

销售发货单是销售发货的信息载体,销售发货业务是销售流程的核心。对销售发货控制,主要是指对以下方面的内部控制:价格控制、现存量控制、客户信用控制、业务员信用控制、部门信用控制。

一 销售与发货控制的基本要求

企业对销售业务应当建立严格的预算管理制度,制定销售目标,确立销售管理责任制,建立销售定价控制制度,制定价目表、折扣政策、付款政策等并予以执行。

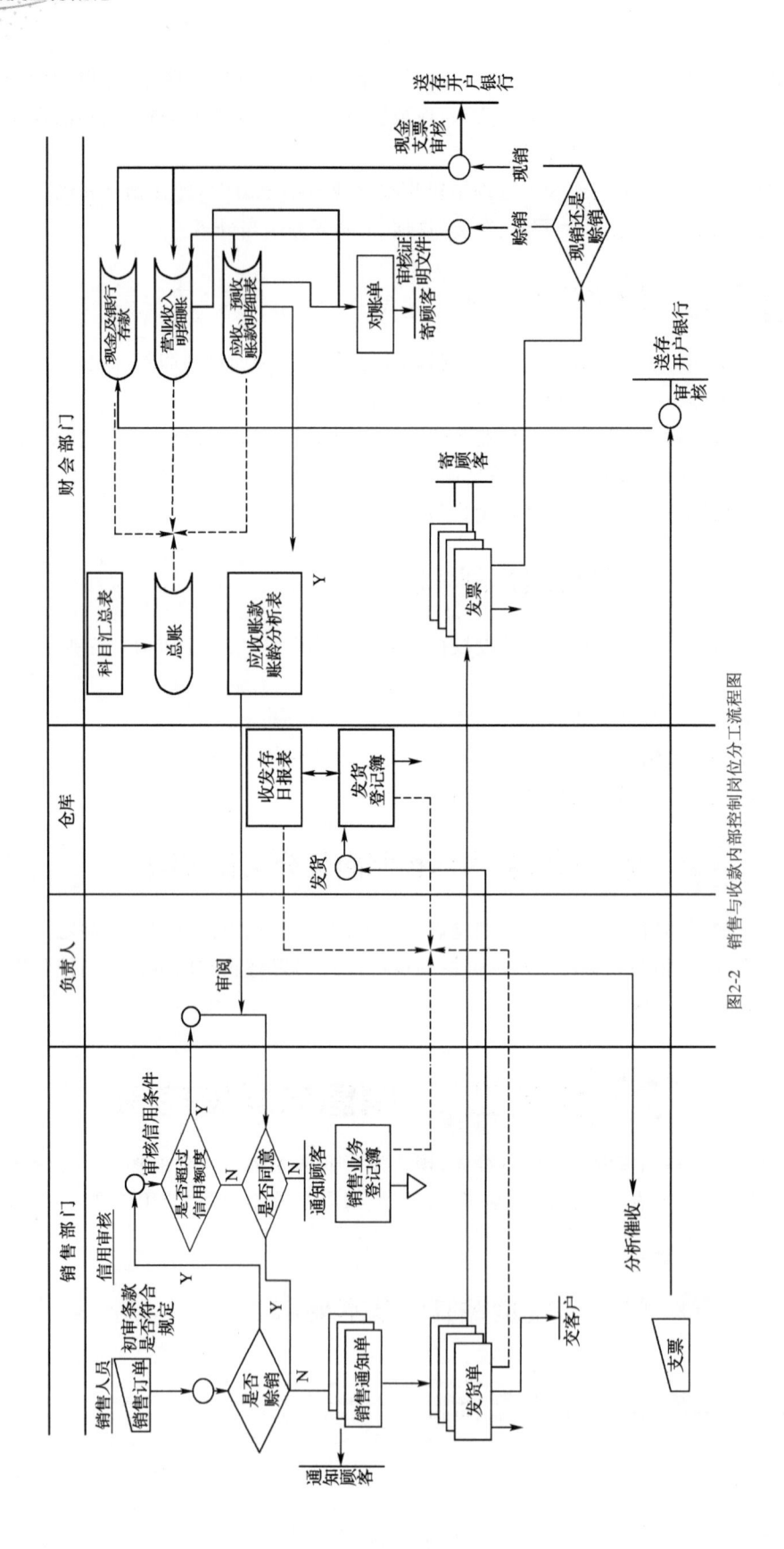

图2-2 销售与收款内部控制岗位分工流程图

二、销售与发货控制要点

(一)客户选择

企业在选择客户时,应当充分了解和考虑客户的信誉、财务状况等有关情况,降低账款回收中的风险。应当加强对赊销业务的管理,赊销业务应遵循规定的销售政策和信用政策。对符合赊销条件的客户,应经审批人批准后方可办理赊销业务;超出销售政策和信用政策规定的赊销业务,应当实行集体决策审批。企业应当按照规定的程序办理销售和发货业务。

(二)销售谈判

企业在销售合同订立前,应当指定专门人员就销售价格、信用政策、发货及收款方式等具体事项与客户进行谈判。谈判人员至少应有两人,并与订立合同的人员相分离。销售谈判的全过程应有完整的书面记录。

(三)合同订立

企业应当授权有关人员与客户签订销售合同,签订合同应符合《中华人民共和国合同法》的规定,金额重大的销售合同的订立应当征询法律顾问或专家的意见。

(四)合同审批

企业应当建立健全销售合同审批制度,审批人员应对销售价格、信用政策、发货及收款方式等严格把关。

(五)组织销售

企业销售部门应按照经批准的销售合同编制销售计划,向发货部门下达销售通知单,同时编制销售发票通知单,并经审批后下达给财会部门,由财会部门根据销售发票通知单向客户开出销售发票,编制销售发票通知单的人员与开具销售发票的人员应相互分离。

(六)组织发货

发货部门应当对销售发货单据进行审核,严格按照销售通知单所列的发货品种和规格、发货数量、发货时间、发货方式组织发货,并建立货物出库、发运等环节的岗位责任制,确保货物的安全发运。

(七)销售退回

单位应当建立销售退回管理制度。单位的销售退回必须经销售主管审批后方可执行,销售退回的货物应由质检部门检验和仓储部门清点后方可入库。质检部门应对客户退回的货物进行检验并出具检验证明;仓储部门应在清点货物、注明退回货物的品种和数量后填制退货接收报告。

财会部门应对检验证明、退货接收报告以及退货方出具的退货凭证等进行审核后办理相应的退款事宜。

任务三　销售与收款控制

销售与收款内部控制的制定，旨在加强对企业销售与收款的内部控制和管理，防范销售与收款管理过程中的差错与舞弊。

一、销售与收款环节内部控制

（一）销售与收款控制基本要求

1. 保证商品安全完整

应从货物的开票、交付发运、运输等环节确保商品的完整与安全，避免商品在转运过程中发生遗失和毁损等。

2. 保证销售业务顺畅有效地运行

销售控制应使各业务环节、各部门间能互相核对、稽查，及时发现和纠正错误及舞弊行为。

3. 保证货款的及时回收及货币资金的安全与完整

计算货款应该准确，结算货款应该及时，清理欠款应该有力度，以确保货款及时、完整地回收，加速资金流转。对收到的现金应及时送存银行，确保其安全与完整，防止收到现金不入账等现象的发生。

4. 确保销售与收款业务的真实与合法

各项销售业务应符合国家的有关规定，保证其合法性。同时，对销售业务活动的有关会计记录要做到客观、真实与完整。

5. 保证销售退回、折扣与折让手续齐备，记录真实完整

对销售退回、折扣与折让应确保有合理的审批手续，并使其有真实、完整的会计记录。

（二）涉及现金收款业务的内部控制

直接涉及现金的收款业务，是销售内部控制的业务环节中的重要环节。要求如下：

1. 企业应当按照《现金管理暂行条例》、《支付结算办法》和《内部控制规范——货币资金（试行）》等规定，及时办理销售收款业务。

2. 企业内部的销售与收款职能应当分开，销售人员应当避免接触销售现款。

3. 销售部门应当设置销售台账，及时反映各种商品的开单、收款、发货情况，为收款业务做好基础工作。销售台账应当附有客户订单、销售通知单、客户签收回执等相关的客户购货单据。

4. 明确客户信用评级方法和客户信用授信表，严格执行应收账款信用政策。为此，单位对长期往来的客户应当建立完整的客户资料，对客户资料实行动态管理和经常更新。

5. 落实催款责任，销售人员负责对应收账款的催收，对于到期未回收的应收账款，财会部门必须提出报告，督促销售部门加紧催收。

6.销售收入及时入账,不得设立账外账,不得擅自坐支现金,需要坐支现金的企业需报经开户银行审批。坐支是指将企业的现金收入直接用于支付,坐支违反了《现金管理暂行条例》关于开户单位收入现金应于当日送存银行的规定。

7.企业应当加强收存现金和银行存款的控制,保证已经收到的现金与银行存款能够及时入账,确保货币资金的安全与完整,严防收到现款而不入账的现象发生。

二 销售与收款控制主要业务环节

为了确保从销售到收款各个环节的工作相互衔接、合法合规,有效地防止和发现差错及弄虚作假、营私舞弊等行为,企业应合理划分销售与收款的业务环节。其主要业务环节通常划分如下:

(一)编制销货通知单

负责处理订单的销售部门收到顾客订货单后,应先进行登记,再审核订单的内容和数量,确定能够如期供货后,编制销货通知单和销售发票通知单,作为信用、仓储、运输、开票和收款等有关部门履行职责的依据。

(二)批准赊销

赊销批准应由信用管理部门根据管理当局的赊销政策,以及对每个顾客已授权的信用额度来进行。信用管理部门收到销货通知单后,应区分新、老顾客进行信用调查,对还款记录良好、订货数量要求正常的老顾客,在已授权的信用额度内,信用部门可以进行常规处理;而对新顾客,应进行信用调查,审查该顾客的会计报表,或通过社会的信用评审机构或金融机构获取有关信用资料,了解该顾客的信用状况,从而决定是否批准赊销。避免对信用不好的顾客盲目赊销,而使单位承受不适当的信用风险。无论信用部门是否批准赊销,都应在销售通知单上签署意见。

(三)组织销售

企业销售部门应按照经批准的销售合同编制销售计划,向发货部门下达销售通知单,同时编制销售发票通知单,并经审批后下达给财会部门,然后由财会部门根据销售发票通知单向客户开出销售发票。编制销售发票通知单的人员与开具销售发票的人员应相互分离。如果为现款销售,财务部门收款后在销售通知单上签上意见。

(四)发货

仓储部门根据运输部门持有的经信用部门或财务部门核准后的销货通知单来发货。

(五)运货

运输部门运送货物时应填制发货单等货运文件并送往开票部门。货运文件应按顺序编号,并记入送货登记簿。发货单是货物出库的依据,用于仓库和财务部门的存货记录,也是开具销售发票的依据。

(六)开具销售发票

财会部门根据顾客订货单、销售通知单、销售发票通知单、发货单,经审核无误后开具统一格式的销售发票,列明实际发货的数量、品种、规格、单价、金额和增值税税额。价格要根据企业的价目表填写，对需要经特别批准的价格应由有关人员批示。销售发票需预先连续编号，由专人管理，尤其是增值税专用发票。销售发票一式数联，分别转给顾客、仓库、销售等部门，财会部门应保存好存根联备查。

（七）记录销售业务

企业应当在销售与发货各环节设置相关的记录，填制相应凭证，建立完整的销售登记制度，并加强销售合同、销售计划、销售通知单、发货凭证、运货凭证、销售发票等文件和凭证的相互核对工作。

销售部门应设置销售台账，及时反映各种商品、劳务等销售的开单、发货、收款情况。销售台账应附有客户订单、销售合同、客户签收回执等相关的购货单据。

财会部门根据销售发票的记账联进行账务处理，区分赊销或是现销，决定编制转账凭证还是收款凭证，据以登记销售账和应收账款明细账或现金、银行存款日记账。根据发货单等结转销售成本，并冲销库存。

（八）收款

收到货款后，出纳人员应登记银行存款日记账，并将银行收款通知单交记账人员作为编制记账凭证的依据，登记应收账款明细账。此外，财会部门还应定期编制和寄送应收账款对账单，与顾客核对账面记录，如有差异，要及时查明原因并进行调整。

（九）处理销售退回

顾客如果不满意，或者所销售货物并非原订单所规定的产品，企业一般会同意退货，这类业务应由经授权的部门办理。企业应当建立健全销售退回管理制度。

1. 销售退回的审批

为了维护企业的良好形象，当客户对商品不满意而要求退货时，企业应接受退货，但必须经过企业销售主管审批后才能办理有关手续。

2. 销售退回的质量检验和清点入库

销售退回的货物须经质量检验部门检查验收，仓储部门清点后才能入库。质量检验部门应对客户退回的货物进行质量检验，并出具检验证明；仓储部门应在清点货物、注明退回货物的品种和数量后，填写退货接收报告单。退货接收报告单是对退回货物进行文件记录和控制的重要手段，它应当事先加以编号，在发生退货时填写。填制该报告单的人员不应当同时从事货物的发运业务，一切有关资料都必须记录在该报告单中。

3. 调查退货索赔

在接到仓储部门转来的退货接收报告单后，应由单位的客户服务部门对客户的退货要求进行调查。其目的是确定退回货物索赔的有效性和合理性，确定对合理和有效的索赔应赔偿给客户的金额，客户服务部门在调查结束后应当将调查结果和意见记录于退货接收报告单上，提交给信用、会计、销售部门作为最后审核的依据。

4. 退货理赔核准

退货理赔最终由销售部门核准决定。退货理赔核准以仓储部门的退货接收报告单和客户服务部门对退货调查的结果和意见为依据，对合理和有效的退货核准退货理赔手续，办理登记。

三、销售与收款控制主要控制点

（一）实行职务分离控制

为了保证销售循环业务的有效性和可靠性，应按各相关业务环节进行明确分工，建立销售与收款业务的岗位责任制，明确相关部门和岗位的职责、权限，确保办理销售与收款业务的不相容岗位相互分离、制约和监督。

适当的职务分离应注意以下几点：

1. 接受销售订单、收款应与发货职能相互分离。
2. 批准赊销、开出发票和收到货款的职能应相互分离，发货通知单的编制人不能同时执行存货的提取、产品的包装和托运工作。
3. 销售和收款应与记账职能相互分离。
4. 填制发票人不能同时复核发票。
5. 办理退货实物验收必须同退货账务记录的职务相互分离。
6. 应收账款记录员不能担任该账目核实工作。
7. 应由独立人员定期审核销售和收款业务的合规性、合理性和会计记录的正确性、及时性。

企业应当配备合格的人员办理销售与收款业务，办理销售与收款业务的人员应当具备良好的业务素质和职业道德，企业应当根据具体情况安排办理销售与收款业务的人员进行岗位轮换。

（二）销售业务审批控制

审批人根据销售与收款授权批准制度的规定，在授权范围内进行审批，不得超越审批权限。经办人应当在职责范围内，按照审批人的批准意见办理销售与收款业务。对于审批人超越授权范围审批的销售与收款业务，经办人员有权拒绝办理，并及时向审批人的上级授权部门报告。

对于超过企业既定销售政策和信用政策规定范围的特殊销售业务，企业应当进行集体决策，防止决策失误而造成严重损失。严禁未经授权的机构和人员经办销售与收款业务，特别是较大的销售业务，必须经过有关销售负责人员的审批。销货部门首先要认真审查收到的顾客订单，确定其订购品种、数量，并且在审查顾客的资信情况和赊销限额后，才可填制销货通知单，送往仓库发运商品。对销售折让、退回或坏账注销等业务都要严加审核和控制。

（三）销售发票控制

销售发票是会计正式记录销售收入的凭证，若对其控制不严，很可能会导致财务状况反映不实或舞弊行为的发生。因此，要特别注意以下几点：

第一，开票时要以有关单据为依据，如客户的购货订单、发货通知单。

第二，发货通知单上还需编号，以保证所有发出货物均要开单。

第三，发票人客户上的名称应同主要客户一览表或客户购货订单相对照。

第四，发票上的数量必须以发货通知单上载明的实际发运的货物数量记录或完成的劳务数量记录为依据，并应由除记录发运数量以外的相关人员进行检查。

第五，发票上的价格必须以信贷部门和销售部门批准的金额或价格目录表为依据，并应由独立于销售职能的其他人员进行检查。

第六，发票上计算出的金额和其他内容应由独立于发票编制人的其他人员进行复核。

第七，应对发票上总额加以控制，即所有发票应加出合计金额，以便同应收账款或销货合计数相核对。

（四）购销合同控制

企业要严格按销售合同进行生产和销售，在销售过程中必须签订规范的购销合同。

第一，购销合同须双方法人代表签字，委托签字的，须附委托书，合同必须特别明确付款条件、销售价格、付款期限、违约责任等。

第二，业务部门应尽可能地运用电脑实行逻辑程序客观化控制，准确反映应收款的形成、回收及增减情况，加强客观监控。

第三，合同必须由专人管理，并根据应收账款账龄分析清单实时监控合同执行情况，重视货款到期日的监控工作，一旦出现逾期情况，应责成有关业务人员做出有时间限期的书面催讨计划，并落实有效监督。

（五）客户资信控制

在发货前，客户的赊销应经授权批准，因此，企业应正确制定信用政策，对赊销客户在信用额度内进行赊销。企业管理当局应负责制定信用政策，确定信用条件（含信用期限、信用额度、折扣率）及收账政策。销售部门应对每个客户进行信用调查，包括获得信用评审机构对顾客信用等级的评定报告，并根据客户的信用情况制定信用期限、信用额度，并经企业负责人或其授权人批准。销售、收款经办人员必须根据批准的信用期限、信用额度控制赊销金额。

（六）应收账款控制

应收账款是企业的资金投放，是为了扩大销售和盈利而进行的投资。投资肯定要发生成本，这就需要在应收账款信用政策所增加的盈利和成本之间做出权衡。只有当实施应收账款赊销所增加的盈利超过成本时，才能实施。具体应把握好以下几个环节：

1. 建立销售与应收账款内部控制系统

销售与收款的业务流程包括接受顾客订货单、核准赊销、发运商品、开销售发票、记录收入和应收款，以及记载现金收入等程序。坚持审批与执行分管原则，坚持不相容职务分离制度。如接受客户订单的人，不能同时负责核准付款条件和客户信用调查工作；填制销货通知的人，不能同时负责发出商品工作；开具发票的人，不能同时负责货款的收取和退款工作；会计人员不能同时负责销售业务各环节的工作。以上规划控制与订单、价格、发票、收款、售后服务、内部审计等一起组成一个销售与应收账款内部控制系统。

2. 做好客户资信的调查与评价，建立客户资信档案

客户资信等级通常取决于五个方面，即信用品质、偿付能力、资本、抵押品、经济状况。根据这五个方面设计一组具有代表性、能够说明客户信用品质、付款能力和财务状况的定量指标和定性指标，如赊购付款履约情况、资产负债率、流动比率、存货周转率等，作为信用风险评级指标，根据各项指标的重要性确定其相应的风险权数，然后对客户资信展开调查,计算各客户累计风险系数,按照客户累计风险系数进行排队,评定客户的资信等级,对客户档案资料实行动态管理。

3. 签订销售合同,制定信用条件

对赊销的客户一定要签订销售合同,合同的一项重要内容就是给客户什么样的信用条件,包括信用期限、信用额度和现金折扣。宽松的信用条件会产生大量的应收账款,反之,偏紧的信用条件会减小应收账款的资产占有率。给予客户信用条件应当以客户为企业所创造的边际收益作为主要标准,边际收益是赊销额扣除变动成本和信用成本后的余额。综合客户的年购货额、信用等级,比较不同信用条件下客户为企业带来的经济收益和企业为客户付出信用的机会成本、坏账损失、收账费用,选择给企业带来收益最大、坏账风险最小的方案,最大限度地防止客户拖欠账款。

4. 应收账款的日常管理

(1)应收账款追踪分析。市场供求关系瞬息万变,客户所赊购的商品能否顺利地实现销售与变现,履行赊购企业的信用条件,取决于以下几个方面:市场供求状况;客户的信用品质;客户的现金持有量与调剂程度。每一笔赊销业务发生后,都需要对应收账款的运行过程进行追踪分析。

(2)定期分析应收账款账龄。企业应收账款发生的时间不一,逾期时间越长,越容易形成坏账。所以财务部门应定期分析应收账款账龄,向业务部门提供应收账款账龄数据及比率,催促业务部门收回逾期的账款。

(3)实行滚动收款。根据每一笔应收账款发生时点的先后进行滚动收款,及时了解客户赊购商品的销售动态,及时了解客户的财务资金状况,及时处理有关业务事宜,减少对账的工作量。

(4)建立坏账准备金制度。坏账损失是无法避免的,因此,按照会计谨慎性的要求,应建立坏账准备金制度,当发生坏账时,用提取的坏账准备金抵补坏账损失。

(5)采用积极收款政策。建立赊销审批制度,从源头上采取避免损失的措施,实行"谁审批,谁负责",对每一笔应收账款业务的发生都有明确的责任人。经办人员应对自己经办的每笔业务进行事后监督,直至收回资金为止。企业可将货款回笼作为考核销售部门及销售人员业绩的一项主要指标,并建立指标考核体系,将实际回收情况与销售人员的工资挂钩。逾期未结欠款是应收账款内控制度的一个重要环节,企业应建立逾期未结欠款的预警机制,及时发现、及时上报、各层次的责任人依照授权及时处理,工作重点是组织力量抓紧催收。对于信用状况恶化、坏账迹象明显的客户,应当采取适当措施,加大清收力度。

(七)会计处理控制

企业财会部门应在依法设置的会计账簿中统一登记、核算销售和收款业务。如现金日记账、银行存款日记账、应收预收及收入明细账、总账。同时企业应按照会计制度的规定,计提坏账准备,并在企业的会计报表附注中予以披露。

为了加强销售货款的回笼与管理,销售部门应设置销售台账,及时反映各种商品销售的开票、收款、发货情况。按客户名称设置应收账款的台账,及时登记每一个客户的应收账款余额增减变动情况和信用额度使用情况。

（八）收款业务控制

现销业务的收款应由独立人员办理，如实入账。企业应将销售收入及时入账，不得账外设账，不得坐支现金，销售人员应当避免接触销售现款。对于赊销的业务，应收账款与应收票据必须及时分户登记，定期进行应收账款账龄分析。销售部门应当负责应收款项的催收，财会部门应督促销售部门加紧催收，对催收无效的逾期应收账款可以通过法定程序予以解决。

企业应当按客户设置应收账款台账，及时登记每一客户的应收账款的余额增减变动情况和信用额度使用情况，对于长期往来客户应当建立完善的客户资料，并对客户资料实行动态管理，及时更新。

应收票据的取得和贴现必须经由保管票据以外的主管人员的书面批准。应当由专人保管应收票据，对于即将到期的应收票据，应及时向付款人提示付款；已贴现票据应在备查簿中登记，以便日后追踪管理。为此，应制定逾期票据的冲销管理程序和逾期票据追踪监控制度。

企业应定期与往来客户通过函证等方式核对应收账款、应收票据、预收账款等往来款项。如有不符，应查明原因，及时处理。

四　应收款项和应收票据内部控制

企业内部控制制度是企业行政领导和各管理部门有关人员在处理生产经营活动时相互联系、相互制约的一种管理体系，包括为保证企业正常经营所采取的一系列必要的措施。

（一）应收账款内部控制

1. 建立健全销售与收款一体化的应收账款控制制度

在企业内部明确经济责任，建立奖惩制度。对从事销售的业务部门实行销售与收款一体化，将从销售到收款的整个业务流程具体落实到部门和人员。对于销售人员既要分配销售指标，又要同时核定应收账款的回收率。建立权责利相结合的奖惩制度，对完成和超额完成指标的给予奖励，对没完成任务的扣发奖金甚至停发工资，对追回逾期应收账款的，可以考虑按一定比例对有关部门和人员进行奖励。

2. 实行合同条款控制

企业对于赊销期限较长的应收账款，合同或协议条款必须清楚、严密；在与客户订立合同时就必须对收款方式和收款期限做出明确的规定，并对违约及其赔偿条款做出详细规定，以避免因赊销期过长而发生坏账损失的风险。

3. 应收账款结算应选择坚挺货币

企业在进行国外销售中，往往因应收款项受汇率变动而给企业带来较大财务风险。因此，企业在取得债权、形成应收账款时，应该选择较坚挺的货币作为结算货币，以避免或减少外汇汇兑损失。结算货币和结算期的选择依赖于对外汇市场的预测与分析。

（二）应收票据内部控制

应收票据的内部控制应当贯彻核准、记录和保管职能相互分离的原则，由不同的部门和人员经办，应收票据内部控制的要求主要有以下几个方面：

1. 应收票据的审核

企业在接受应收票据时,要按照《票据法》和《支付结算办法》中对商业汇票的具体规定,仔细审核票据的真实性、合法性,防止以假乱真,避免企业资产遭受损失。

2. 应收票据的取得和贴现

应收票据的取得和贴现必须经由保管票据以外的主管人员的书面批准。接受顾客票据须办理批准手续,这样可使伪造票据冲抵、盗用现金的可能性大大降低。票据的贴现和换新也必须经主管人员审核和批准,否则经办人员可能在贴现或顾客付款后截留现金而用伪造的新票据加以掩饰。票据换新是指票据到期后顾客未付款而签发的新票据。在进行相应控制时,单位内部审计人员可以直接向出票人函证,以加强这方面的控制作用。

3. 应收票据的保管

企业应当由专人保管应收票据,对于即将到期的应收票据,应及时向付款人提示付款;已贴现的票据应在备查簿中登记,以便日后追踪管理;保管应收票据的人员不得经办会计记录。

4. 逾期票据冲销管理程序

企业应制定逾期票据的冲销管理程序,逾期票据的冲销须按规定的程序批准;企业应建立逾期票据追踪监控制度,已冲销的票据应置于财会部门的控制之下,并在以后采取有效的追踪措施。

5. 到期票据部分付款的管理

票据到期时,如果顾客只付了其中的部分款项,则应将付款日期、金额、余额等记录在票据的背面,并在票据登记簿上进行适当记录,以免经办人员侵占部分付款的现金收入。

6. 应收票据的账务处理

应收票据的账务处理包括收到票据、票据贴现、期满兑现时登记应收票据等有关的总分类账。同时,还要仔细登记应收票据备查簿,特别是对已经贴现的票据必须在备查簿中登记,以便日后进行追踪管理。

(三)坏账损失内部控制

坏账是指企业确认无法收回的应收账款及其他应收款。坏账损失是指由于坏账而造成的损失。企业应当在采用应收账款赊销政策的同时,采取各项催账政策以减少坏账损失。

1. 坏账确认控制

企业对于过期时间长的应收账款,应当报告决策机构,由决策机构进行审查,确定是否确认为坏账。企业对于不能收回的应收款项应当查明原因,追究责任。对有确凿证据表明确实无法收回的应收款项,如债务企业已撤销、破产、资不抵债、现金流量严重不足等,根据企业的管理权限,经股东大会或董事会,或经理(厂长)办公会议或类似的机构批准后,作为坏账损失。

2. 坏账处理控制

企业对于确实收不回来的应收账款,经批准后应作为坏账损失,冲销计提的坏账准备,注销应收账款等。已经注销的坏账而又收回时,要及时入账,防止形成账外账。

> 典型案例

【案例资料】 BBC公司是从事机电产品制造和兼营家电销售的国有中型企业,资产总额4 000万元,其中,应收账款1 020万元,占总资产额的25.5%,占流动资产的45%。近年来企业应收账款居高不下,营运指数连连下滑,已到了现金枯竭、举步维艰、直接影响生产经营的地步。造成上述境况的原因除了商业竞争的日益加剧外,企业自身内部控制制度不健全是主要原因。

会计师事务所2010年3月对BBC公司2009年度会计报表进行了审计,在审计过程中根据获取的不同审计证据将该公司的应收账款做了如下分类:

1. 被骗损失尚未做账务处理的应收账款60万元;
2. 账龄长且原销售经办人员已调离,其工作未交接,债权催收难以落实,可收回金额无法判定的应收账款300万元;
3. 账龄较长,回收有一定难度的应收账款440万元;
4. 未发现重大异常,但期后能否收回仍待定的应收账款220万元。

针对上述各类应收账款内控存在的重大缺陷,会计师事务所向BBC公司管理当局出具了管理建议书,提出了改进意见,以促进管理当局加强内部控制制度的建设,改善经营管理,避免或减少坏账损失以及资金被客户长期无偿占用情况的发生,同时也为企业提高会计信息质量打下了良好的基础。

【案例思考】 试针对上述案例分析BBC公司的应收账款内部控制中存在哪些问题,并提出完善企业应收账款内部控制制度的合理化建议。

【案例分析】 BBC公司的应收账款内部控制中存在的问题如下:

(1) 企业未制定详细的信用政策,未根据调查核实的客户情况,明确规定具体的信用额度、信用期间、信用标准并经授权审批后执行赊销,而是盲目放宽赊销范围,在源头上造成大量的坏账损失。

(2) 企业没有树立正确的应收账款管理目标,片面追求利润最大化,忽视了企业的现金流量,忽视了企业财富最大化的正确目标,这其中的一个重要原因就是对企业领导以及销售部门和销售人员考核时过于强调利润指标,而没有设置应收账款回收率这样的指标,一旦发生坏账,已实现的利润就会落空。

由于企业产品销售不畅,为了扩大销量,完成利润考核指标,企业一味奖励销售人员"找路子"促销产品,而对货款能否及时收回无所顾忌,一时间应收账款一路攀升,甚至出现个别销售人员在未与客户订立合同的情况下,"主动"送货上门,加大了坏账风险,同时大量资金被客户白白占用。

(3) 企业没有明确规定应收账款管理的责任部门,没有建立起相应的管理办法,缺少必要的合同、发运凭证等原始凭证的档案管理制度,导致对应收账款损失或长期难以收回的责任无法追究。

公司财务每年年度过账时抄陈账、抄死账,尤其是当销售人员调离公司后,其经手的应收账款更是无人问津或相互推诿,即使指派专人去要账,也经常因为缺失重要的原始凭证导致要账无据而无功而返。由于上述原因企业对造成坏账损失以及资金长期难以回笼的责任人无法追究其责任。

(4)对应收账款的会计监督相当薄弱。企业没有明确规定财务部门对应收账款的结算负有监督检查的责任,没有制定应收账款结算监督的管理办法,财务部门与销售部门基本上各自为政,造成客户的信息资料失真或失灵。

此外,财务部门未定期与往来客户通过函证等方式核对账目,无法及时发现出现的异常情况,尤其是无法防止或发现货款被销售人员侵占或挪用的风险。

完善企业应收账款内部控制制度的建议:

企业应贯彻不相容职务相互分离的原则,建立健全岗位责任制,在此基础上,对应收账款管理抓好以下几个环节:

(1)加强对赊销业务的管理,制定企业切实可行的销售政策和信用制度管理政策,对符合赊销条件的客户,方可按照内控管理制度规定的程序办理赊销业务。

(2)加强对销售队伍的管理,包括建立对销售与收款业务的授权批准制度、销售与收款的责任连接与考核奖惩制度、销售人员定期轮岗及经手客户债务交接制度等。

(3)加强对客户信息的管理,企业应充分了解客户的资信和财务状况,对长期、大宗业务的客户应建立包括信用额度使用情况在内的客户资料,并实行动态管理、及时更新。

(4)加强对应收账款的财务监督管理,建立应收账款账龄分析制度和逾期督促催收制度,定期以函证方式核对往来款项,发现异常现象及时反馈给销售部门并报告决策机构。

本章小结

企业的目标在于获取盈利,其手段在于向社会提供符合顾客需求的商品或劳务。因此,企业的经营活动必然涉及销售与收款业务。销售与收款是企业的主要经营业务之一,是决定经营收入的重要环节。本情境主要阐述了销售与收款内部控制要求、内部控制内容,重点介绍了应收款项的内部控制方法,并阐述了对销售与收款的审计方法。要求学生通过学习,从总体上把握销售与收款环节的内部控制框架和内部控制内容、要求,并学会在日常工作中做好销售与收款的控制管理,杜绝差错与舞弊。

习题

一、单项选择题

1. 企业( )负责开具销售发票。
   A. 信用管理部门　　　　　　B. 销售部门
   C. 仓库部门　　　　　　　　D. 会计部门

2. 企业应以销售预测为基础,在全面预算总方针的指导下,(　　)编制销售预算。
   A. 销售部门　　　B. 会计部门　　　C. 仓库部门　　　D. 信用管理部门
3. 企业应当建立逾期应收账款催收制度,(　　)应当负责应收账款的催收。
   A. 会计部门　　　B. 销售部门　　　C. 仓库部门　　　D. 信用管理部门
4. 赊销的批准由(　　)根据赊销政策和已授权给顾客的信用额度来进行。
   A. 会计部门　　　B. 仓库部门　　　C. 信用管理部门　　　D. 销售部门
5. (　　)应定期编制并向顾客寄送应收账款对账单,与顾客核对账面记录。
   A. 会计部门　　　B. 信用管理部门　　　C. 销售部门　　　D. 仓库部门
6. 赊销必然形成(　　)。
   A. 银行存款　　　B. 应收账款　　　C. 应付账款　　　D. 存货
7. 销售业务员与客户进行销售谈判时,根据实际需要可对格式合同部分条款做出权限范围内的修改,但应报(　　)审批。
   A. 财务部经理　　　B. 总经理　　　C. 销售部经理　　　D. 采购部经理
8. 企业销售的起点是(　　)。
   A. 销售发票　　　B. 发货单　　　C. 销货清单　　　D. 购货订单
9. 客户信用部门应定期编制应收账款账龄分析表,对账龄较长的客户重点采取措施。这项规定是(　　)。
   A. 销售价格政策控制制度　　　　　B. 销售发票控制制度
   C. 收款业务控制制度　　　　　　　D. 退货业务控制制度
10. (　　)是企业财会部门确认营业收入和编制收款通知单的依据。
    A. 销售发票　　　B. 发货单　　　C. 销货清单　　　D. 购货订单

二、多项选择题
1. 以下哪几项属于销售与收款业务的内容(　　)
   A. 批准赊销信用　　　　　　　B. 开具销售发票
   C. 审批销售退回和折让　　　　D. 发送货物
2. 企业的信用政策包括(　　)
   A. 信用期间　　　　　　　　　B. 信用标准
   C. 现金折扣　　　　　　　　　D. 公司声誉
3. 应收账款日常管理控制包括(　　)
   A. 应收账款账龄分析　　　　　B. 应收账款催收制度
   C. 应收账款追踪分析　　　　　D. 应收账款坏账准备制度
4. 销售业务的特点表现为(　　)。
   A. 销售业务过程较为复杂　　　B. 销售业务存在较大的风险
   C. 销售业务比较简单　　　　　D. 销售业务会计处理工作复杂
5. 销售业务控制应达到以下(　　)目标。
   A. 合理确认、计量销售收入　　B. 制定合理的产品价格
   C. 正确处理现金折扣、销售折让等　　D. 及时收回货款

6.销售业务内部控制的主要环节包括( )。
A.销售预算的控制　　　　　　　　B.接受订单的控制
C.开单发货的控制　　　　　　　　D.收款的控制

7.应收账款有效的内部控制应做到( )。
A.销售前要审核客户的资信情况,保证赊销的货款可以收回
B.销售后要确定应收账款账面的债权数是否真实
C.核实是否存在收回来的货款被侵占挪用的现象
D.要证实应收账款记录同销货业务实际发生额是否一致,防止记账错误或舞弊行为的发生

8.企业的销售业务流程包括( )。
A.销售计划管理　　　　　　　　　B.客户开发与售出管理
C.销售定价、订立销售合同、发货、收款　D.售后服务和会计系统控制等环节

9.企业销售业务不相容职务包括( )。
A.接受客户订单、签订合同的岗位应与最后付款条件核准岗位相分离
B.发货凭证编制与发运货物、提取货物、包装货物或托运货物相分离
C.应收账款记录与收款岗位相分离
D.催收货款与结算货款相分离

10.有效的授权审批制度应明确授权的责任并建立经济业务授权审批的程序。销售业务授权审批制度要求( )。
A.明确审批人员对销售业务的授权批准方式、权限、程序、责任和相关控制措施
B.规定经办人员办理销售业务的职责范围和工作要求
C.对于金额较大或情况特殊的销售业务和特殊信用条件,应进行集体决策,经过有审批权限人员的审批后方可执行,防止决策失误造成严重损失
D.应建立健全合同审批制度,审批人员对价格、信用条件、收款方式等内容进行审批

三、判断题
1.退货验收的人员与退货记录的人员可以是同一个人。　　　　　　　　(　)
2.顾客要求退货或折让,应负责收款和记录应收账款以外的人员,根据退回货物的验收报告和入库单批准退货。　　　　　　　　　　　　　　　　　　　　　(　)
3.企业应收票据的取得和贴现必须经保管票据的主管人员的书面批准。　(　)
4.应收账款无法收回时,经批准后方可作为坏账注销,会计部门不需要对已注销的应收账款备查登记。　　　　　　　　　　　　　　　　　　　　　　　　(　)
5.信用管理岗位与销售业务岗位应当分设。　　　　　　　　　　　　　(　)
6.销售业务的内部控制就是指企业对业务流程中各环节可能出现的风险进行分析,并结合内部环境和生产经营管理的实际情况,采取相应的措施进行控制。　(　)
7.根据不相容岗位相分离原则,开具发票与发票审核、编制"销售发票通知单"与开具销售发票相分离。　　　　　　　　　　　　　　　　　　　　　　　(　)
8.不能由同一部门或人员办理销售与收款业务的全过程。　　　　　　　(　)

9.发货部门应对销售发货单据进行审批,严格按"销售通知单"所列的发货品种和规格、发货数量、发货时间及发货方式组织发货,并建立货物出库、发运等环节的岗位责任制,确保货物安全发运。( )

10.销售预算是全面预算的起点。( )

四、思考题

1.销售与收款控制的重点是什么?

2.如何做好客户信用分析工作?

3.销售与发货控制的程序包括哪几个过程?

4.应收账款日常管理控制应建立哪些制度?

五、分析题

已知B公司销售与收款内部控制有关业务流程如下:

1.销售部门收到顾客的订单后,销售经理甲对品种、规格、数量、价格、付款条件、结算方式等详细审核后签章,交仓库办理发货手续。

2.仓库在发运商品出库时,均必须有管理员乙根据经批准的订单,填制一式四联的销售单。在各联上签章后,第一联作为发运单,工作人员配货并随货交顾客;第二联送会计部;第三联送应收账款管理员丙;第四联乙按编号顺序连同订单一并归档保存,作为盘存的依据。

3.会计部收到销货单后,根据单中所列资料,开具统一的销售发票,将顾客联寄送顾客,将销售联交应收账款管理员丙,作为记账和收款的凭证。

4.应收账款管理员丙收到发票后,将发票与销货单核对,如无错误,据以登记应收账款明细账,并将发票和销货单按顾客顺序归档保存。

要求:指出B公司在销售与收款内部控制中存在的缺陷。

学习情境三 采购与付款的内部控制

学习目标及素质目标

1. 理解采购与付款内部控制的岗位分工；
2. 掌握请购和审批、采购与验收、采购和付款业务的内部控制；
3. 建立良好的商业信用价值体系；
4. 树立诚信付款，统筹错配付款的思想观念。

情境导入

应用指引采购业务

一、采购和付款业务的内容及特点

采购部门根据业务部门的需要购入各种物质资料，满足生产和经营管理的需要，就构成了采购业务。采购活动往往形成债务，伴随着经济利益的流出，即出现付款业务，采购与付款是不可分离的业务过程。对于生产企业来说，物料的采购是生产的准备阶段，为了生产适销对路的产品，必须采购适用、价格公道、质量合格的原材料；对于流通企业来说，要使企业获得尽可能多的盈利，必须采购适销对路且价格公道的商品。因此，要保证企业获得良好的经济效益，必须加强物料采购和付款业务的控制与核算，根据企业的生产经营特点建立相应的物料采购和付款业务的内部控制制度。

建立采购和付款业务的内部控制制度，实现物料采购和付款业务的内部控制目标，首先必须了解物料采购和付款业务的特点。物料采购和付款业务一般具有以下特点：

1. 它和销售计划联系密切；
2. 它与产品生产成本和商品销售成本关系密切；
3. 它直接导致货币资金的支出或对外负债的增加；
4. 业务发生频繁，工作量大，运行环节多，涉及面广，容易发生管理漏洞。

二、采购业务控制应重点关注的风险

企业采购业务至少应当关注下列风险：

采购业务主要风险点分析

1. 采购计划安排不合理、市场变化趋势预测不准确,造成库存短缺或积压,可能导致企业生产停滞或资源浪费。

2. 缺乏采购申请制度、请购未经适当审批或超越授权审批,可能导致采购物资过量或短缺,影响企业正常生产经营。

3. 供应商选择不当、采购方式不合理、招投标或定价机制不科学、授权审批不规范,可能导致采购物资质次价高,出现舞弊或遭受欺诈。

4. 采购定价机制不科学、采购定价方式选择不当、缺乏对重要物资品种价格的跟踪监控,引起采购价格不合理,可能造成企业资金损失。

5. 采购框架协议签订不当,可能导致物资采购不顺畅;未经授权对外订立采购合同,合同对方主体资格、履约能力等未达要求,合同内容存在重大疏漏和欺诈,可能导致企业合法权益受到侵害。

6. 缺乏对采购合同履行情况的有效跟踪、运输方式选择不合理、忽视运输过程保险风险,可能导致采购物资损失或无法保证供应。

7. 采购验收不规范、付款审核不严,可能导致采购物资、资金损失或信用受损。

采购和付款业务内部控制的目标

根据物料采购和付款业务的特点,其内部控制的目标主要包含以下要点,这些要点也是在实施采购与付款控制时的具体要求。

1. 保证购进的货物与生产、销售的要求相一致

购进原材料、商品的品种、数量、质量和价格在某种程度上决定了企业未来生产和销售的成败与盈亏。因此,采购与付款业务内部控制应使采购活动实现以销定进,防止盲目采购、超储积压和舞弊行为的发生。

2. 保证货币资金的支付或负债的增加必须以获得品质优良的物料为前提

采购与付款业务的内部控制应做到付款是以获得相应原材料、商品物品或者劳务为条件。内部控制应保证一切采购活动均在这一条件下进行,防止采购付款过程中欺诈和舞弊行为的发生。保证账面记录的数字与实际获得的物品或劳务相一致,防止错记和篡改实物的数量和金额。

3. 保持货款支付或负债增加的真实性与合理性以及授权支付

采购与付款业务内部控制应保证应付账款、应付票据的真实和合理,应使应计负债得到合理的确认和及时记录,保证应付账款、应付票据按规定在经授权的情况下结算与支付,并且监督其相应费用的确认、计量及记录,防止交易活动发生后,应付款项的漏记和少记,避免公司财务实力的虚假增大。

4. 合理揭示采购业务中所享有的折扣与折让

供应方所提供的商业折扣、现金折扣以及购货折让是整个买卖交易活动的一个组成部分。采购与付款业务内部控制应合理地揭示企业已享有的各种折扣与折让,合理地冲销相应的应付账款,防止将企业享有的各种折扣、折让隐匿不报据为己有。

5. 保证采购和付款业务在内部、外部各环节的运行畅通和高效率

6. 防止采购和付款环节中违法乱纪、侵吞企业财产等不法行为的发生

7. 保证及时、准确地提供物料采购的会计信息

采购与付款环节的关键内部控制包括岗位分工与授权批准、请购与审批控制、采购与验收控制、付款控制等。

任务一　岗位分工与授权批准

为实现采购与付款业务内部控制制度的目标，企业应当合理设置采购与付款业务的机构和岗位，建立和完善采购与付款的会计控制程序，加强请购、审批、合同订立、采购、验收、付款等环节的会计控制，堵塞采购环节的漏洞，减少采购风险。

一、采购与付款内部控制的业务环节及岗位责任制

（一）采购与付款内部控制的业务环节

采购与付款业务的内部控制涉及许多业务环节，这些业务环节及其控制的内容主要有提交请购单、签订采购合同、订货、收货和入账等。

（二）采购与付款环节的岗位责任制

在采购与付款业务的每一个环节应设置相应的岗位。这些岗位有请购、审批、询价、确定供应商、订立采购合同、审计、采购、验收、会计记录、付款审批、付款执行等。每个岗位都要制定明确的岗位责任。

1. 请购

根据生产经营需要和储备情况，由仓储或需用部门提出请购单，经领导批准后，交采购供应部门办理。

2. 订购

采购供应部门收到批准的请购单后，应与采购计划进行核对，并深入车间、仓库或销售部门进行调查，确定采购的具体品种、规格、数量，指定采购人员组织采购，大宗货物采购应与供货企业签订合同，并将合同副本分送会计、会计控制以及请购部门，以便检查合同执行情况。为防止盲目进货，应对计划外进货、合同外进货严加控制，另行批准。

3. 验收

采购合同签订后，应建立催收制度，督促供货企业按期交货。采购的货物运达后，须由仓储部门对照购货发票、合同副本等清点数量，检验质量。根据点验结果填写入库单一式数联，除自存一份外，其余各联应分别送给采购供应部门、会计部门，以分别登记业务账、会计账和保管账。在验收时，如果出现品名、规格、质量、数量等与合同不符的情况，应如实做出记录，并填写书面报告；如有严重不符，应拒绝验收。

4. 付款

财会部门收到供货单位转来的发票结算联及银行的结算凭证后，应送给采购供应部门复核，并与入库单、采购合同核对无误后，办理结算付款手续，同时在发票结算联上加盖"付讫"戳记。

5. 记账

财会部门根据上述有关原始凭证，编制记账凭证并据以登记明细账和总分类账及其他有关账簿。

二 采购与付款业务的不相容职务分离制度

适当的职务分离是现代企业内部控制的重要方式之一，职务分离的核心是"内部牵制"，内部牵制要求企业对不相容职务相分离。对于采购与付款业务，企业应建立明确的职责分工，明确相关部门和岗位的职责、权限，确保办理采购与付款业务的不相容岗位相互分离、相互制约和相互监督。不得由同一部门或个人办理采购与付款业务的全过程，应根据具体情况对办理采购与付款业务的人员进行岗位轮换。根据内部牵制原则的要求，采购与付款业务不相容岗位至少包括以下六方面：

（一）请购与审批

采购业务的申请必须由物料的使用部门提出，例如生产、行政管理和销售等部门，这些部门应该独立于请购业务审批部门，即采购部门。而审批由申请采购部门之外的采购部门或其他授权部门负责实施，同时请购部门的负责人和业务人员不得在审批部门兼职或进行代理业务。

（二）询价与确定供应商

企业在确定供应商之前都要进行必要的询价过程，即采购询价人员与主要供应商进行讨价还价，确定物料的采购价格。报价的高低决定了物料的采购价格和采购成本，而供应商的选择在很大程度上决定报价的高低。如果由询价人员进行供应商的选择，就可能发生舞弊行为，所以企业应该规定采购询价人员不得负责供应商的选择。

（三）采购合同的签订和审核、复核

采购合同是由采购人员和供应商签订的采购协议，为了有效制衡采购人员的行为，同时也为了减少采购合同签订过程中的漏洞，企业应对采购合同的签订进行复核或审核。审核和执行是典型的不相容职务，所以采购合同的签订、谈判等职务应该与合同的审核、复核职务相分离。

（四）采购与验收、保管

物料的采购人员执行采购业务的全过程，应该对采购商品的质量、采购活动的经济效益承担责任。而验收部门负责对采购物料的质量进行检验并出具验收报告，从而形成了对采购业务活动的监督。如果两种职务由同一个部门或人员完成，就可能出现采购人员降低对采购物料的质量要求而从中牟利，所以，物料的采购与验收、保管工作必须分离。

（五）采购、验收与会计记录

采购业务活动的整个过程都涉及资金的使用和流动，所以需要进行会计记录与核算，从而向管理者提供会计信息。有关的会计记录，例如采购物料的成本记录、验收物料的历史成本信息，都是对采购、验收等环节监督的依据，所以采购、验收及仓库保管人员不得担任会计核算工作。最后，购进劳务的使用部门主管不得兼任会计记录工作。

（六）付款审批与付款执行

采购资金的管理控制主要是付款的执行与审批，付款审批由使用部门主管和财务主管负责，付款的执行由出纳员或采购执行人员负责，付款的审核人员不得执行付款业务。为了保证采购资金的安全使用，付款的审核与执行人员不能同时负责询价和选择供应商业务。最后，付款执行和记录岗位要分离，记录应付账款的人员应与出纳人员相分离。

三、采购与付款业务授权批准制度

企业应该对采购与付款业务建立严格的授权批准制度。

1. 明确审批人对采购与付款业务的授权审批方式、权限、程序、责任和相关的控制措施，规定经办人办理采购与付款业务的职责范围和工作要求。

2. 审批人应当根据采购与付款业务授权批准制度的规定，在授权范围内进行审批，不得超越审批权限。

3. 经办人员应当在职责范围内，按照审批人的批准意见办理采购与付款业务。对于审批人超越授权范围审批的采购与付款业务，经办人有权拒绝办理，并及时向审批人的上级授权部门报告。

4. 企业对于重要的和技术性较强的采购与付款业务，应当组织专家进行论证，实行集体决策和审批，防止出现决策失误而造成严重损失。

5. 严禁未经授权的机构或人员办理采购与付款业务。

6. 企业应当按照规定的程序办理采购与付款业务。

四、采购和付款业务的流程控制

一般来说，采购与付款业务主要包括制定采购预算、请购、采购作业、验收入库、货款结算、账务处理等。采购与付款业务的流程控制主要包括：请购活动授权审批、采购与付款实施过程、采购物料的验收入库控制、采购与付款有关记录控制。采购与付款业务流程如图3-1所示。

1. 公司采购政策包括主要原材料、辅助材料的采购价格、赊欠政策及供应商，由公司经营联席会确定，总经理签发。

2. 根据采购预算制定采购计划，采购计划以月度为主，尽量减少应急或特殊采购计划；大宗原材料可根据订单和材料库存分批采购。大宗原材料计划由分厂生产科编制；低值易耗品材料计划由供应科汇总编制；二类机电、设备与备件的材料计划由设备科编制；办公用品计划由事业部办公室汇总编制。应在每月的二十六日前上报下月材料计划。

3. 采购计划由供应科根据材料计划和库存编制，对外采购统一由供应科承担。

4. 专项计划应先进行项目方案审批。方案由责任单位编制，分管副总审签，总经理签批。专项材料计划应以批复的项目方案为依据编制和报批。

5. 经营采购须建立询价、报价制度；财务部门建立采购手册并实施物价管理。

6. 符合采购政策的标准采购合同由供应科填写采购合同审批表，经财务会签，并以此为依据由销售部盖合同专用章；非标准文本合同须经财务审核，总经理签批。

7. 采购应集中供应渠道或供应商,并逐步限定厂家或品牌。
8. 采购入库和验货按公司规定的物料出入库业务流程执行。
9. 采购部门凭采购合同和入库单填报付款审批表,财务以此办理付款。
10. 采购应使用增值税发票,付款达到50%时应同时取得采购发票。
11. 集中采购,应按暂估入库,待月末统一结算入库。
12. 供应科、财务部应建立采购台账,并建立定期对账制度。

任务二　请购与审批控制

采购与付款业务程序的起点是请购活动,即使用部门根据物料或劳务的需要情况向采购部门提出请购要求,使用部门制定采购计划和采购预算,防止资金的不合理调配,增加采购活动的系统性,对采购计划和预算进行复核,评估其合理性并监督其执行情况。对于预算内采购项目,具有请购权的部门应当严格按照预算执行进度办理请购手续;对于超预算和预算外采购项目,具有请购权的部门应对需求部门提出的申请进行审核后再行办理请购手续。

一、采购申请制度

请购商品和劳务是采购与付款业务的首要步骤,企业应当建立采购申请制度,依据购置物品或劳务的类型,确定归口管理部门,授予相应的请购权,并明确相关部门或人员的职责权限及相应的请购程序。一个企业可以根据具体情况制定若干不同的请购制度,主要有以下五种:

(一)原材料或零配件的购进

一般首先由生产部门根据生产计划或即将签发的生产通知单提出请购单。材料保管人员接到请购单后,应将材料保管卡上记录的库存数同生产部门需要的数量进行比较。当生产所需材料和仓储所需后备数量合计已超过库存数量时,则同意请购。

(二)临时性物品的购进

临时性物品的购进通常不需经过仓储部门而直接由使用部门提出,由于这种需要很难列入计划中,因此,使用部门在请购单上一般要对采购需要做出描述,解释其目的和用途。请购单须由使用部门的主管审批同意,并须经资金预算的负责人员同意并签字后,采购部门才能办理采购手续。

(三)由同一服务机构或公司所提供的某些经常性服务项目的购进

例如公用事业、期刊、保安等服务项目,请购手续的处理通常是一次性的。即当使用部门最初需要这些服务时,应提出请购单,由负责资金预算的部门进行审批。

(四)特殊服务项目的购进

特殊服务项目如保险、广告、法律和审计服务等,一般由企业最高负责人审批(有的企

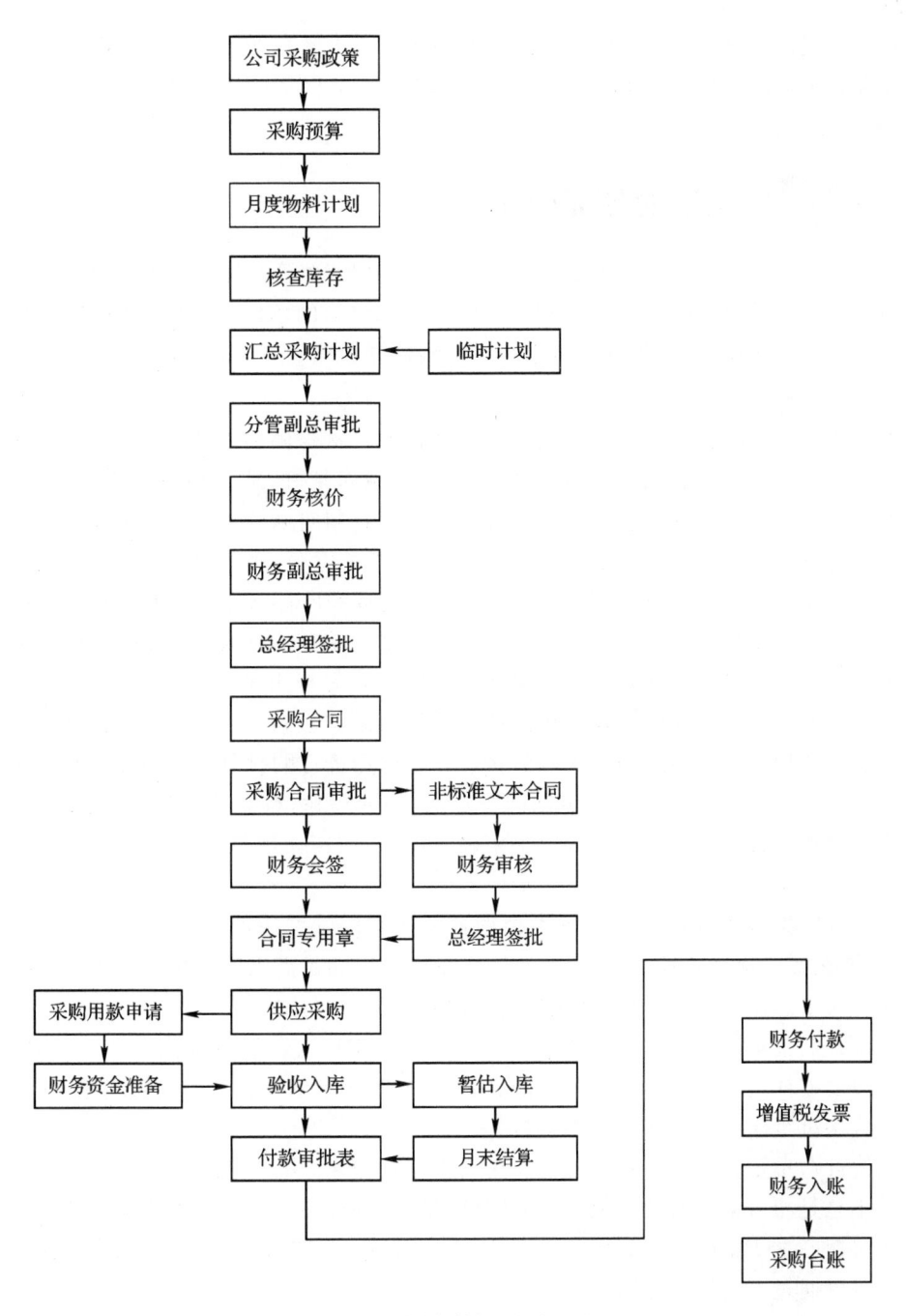

图 3-1 采购与付款业务流程图

业根据公司章程应由董事会或股东大会审批),其他企业可参照过去的服务质量和收费标准,分析由专人提供的需要内容,包括选定的广告商、事务所及费用水平等是否合理,经其批准后,这些特殊服务项目才能被允许采购。

(五)资本支出和租赁合同

企业通常要求做特别授权,只允许指定人员提出请购。对重要的、技术性较强的,应当组织专家进行论证,实行集体决策和审批,防止出现决策失误而造成严重损失。

企业相关部门应当加强请购需求的审核和管理,确保请购需求的依据充分、要求合理,请购单填制正确。

二、采购的预算管理

预算管理就是指单位内部通过编制预算、执行预算、预算差异的分析和预算考核来管理单位的经济活动,反映单位管理的业绩,保证管理政策的落实和目标的实现,促使单位不断提高效率和效益,不断提高管理水平。采购预算管理一般从以下四方面进行:

(一) 采购预算的编制

存量控制的目的在于降低库存数量和短缺概率。从保障机器设备正常运转、故障停机时间短的角度出发,当然是希望各种物料的库存越多越好;从节约成本的角度出发,则希望物料的库存越少越好;从订货的角度出发,希望物料订货次数越少越好,订货量越大越好。要处理好这三者之间的关系,就必须确定合理的库存,而采购量的多少直接影响库存量。实际工作中可以通过编制采购预算来解决合理的库存问题。采购预算是指根据单位目标确定采购预算项目,建立预算标准,采用一定的编制方法和程序,将企业在未来一定时期内应达到的具体采购目标以数量和货币的形式表现出来。编制的预算经批准后,就成为企业采购经济活动的目标。决定适当的物料采购数量是科学、合理的采购预算的核心内容。常用的决定最适当的采购数量的方法有经济订购批量法(EOQ)、固定数量订货法(FOQ)、批对批法(LEL)、固定期间需求法(FPR)和物料需求计划法(MRP)等。在实务中采用哪种方法要根据具体的需求来确定。

1. 经济订购批量法

经济订购批量法(EOQ)是一种平衡准备费用和保管费用的方法。在经济订购批量模型中,要么需求保持均衡,要么必须确定安全库存以满足需求的变化。经济订购批量模型使用年需求总量、准备或订货费用以及年保管成本的估计值。

经济订购批量法并不是针对像物料需求计划 MRP 这样的系统设计的。MRP 的批量方法假设零件需求是使用离散时区的,因而只对时区末的库存计算保管费用,其需求不像经济订购批量模型那样随平均库存变化。

经济订购批量法假设在一个时区里物料被连续使用,由经济订购批量法产生的订购批量并不总是覆盖整个时区。例如,经济订购批量法或许提供 4~6 周的需求量。假设 D 为一定时期(8 周)需求量 525 个,S 为准备费用 47 元(已知),使用表 3-1 中的数据,经济订购批量可通过下式计算得出:

根据 8 周需求量确定年需求量 $D = \dfrac{525}{8} \times 52 = 3\,412.5$(个)

年保管费用 $H = 0.5\% \times 10 \times 52 = 2.6$(元/个)

准备费用 $S = 47$(元)

$EOQ = \sqrt{\dfrac{2DS}{H}} = \sqrt{\dfrac{2 \times 3\,412.5 \times 47}{2.6}} = 351$(个)

表 3-1　　　　　　　　　　　　物料需求计划中经济订购批量

周	净需求量/个	订货量/个	期末库存/个	保管费用/元	准备费用/元	总成本/元
1	50	351	301	15.05	47.00	62.05
2	60	0	241	12.05	0.00	74.10
3	70	0	171	8.55	0.00	82.65
4	60	0	111	5.55	0.00	88.20
5	95	0	16	0.80	0.00	89.00
6	75	351	292	14.60	47.00	150.60
7	65	0	232	11.60	0.00	162.20
8	55	0	177	8.85	0.00	171.05

从表 3-1 中可以看出,物料需求计划中采用的经济订购批量为 351 个。第 1 周的经济订购批量足以满足从第 1 周到第 5 周的全部需求以及第 6 周的部分需求。然后第 6 周制定的另一经济订购批量可以满足第 6 周到第 8 周的需求。注意:根据经济订购批量计划,在第 8 周末会有部分库存留到第 9 周。

2. 固定数量订货法(FOQ)

固定数量订货法是指当库存数量下降到一定程度(订货点)时,就发出订货通知,且每次订购的数量固定不变的物资控制方法,采用这种方法需要确定零配件的最高存量、订货点和最低存量(安全存量),其中最高存量和最低存量由设备负责人根据经验确定。零配件的种类繁多,有的配件有一定的使用期限,到期即需更换,例如磨板机的磨刷、贴膜机的压辊、曝光机的曝光灯、钻头的夹具等,这一类配件的需求是连续的,订货点则由采购人员根据所需要的订货周期确定,比如在选择批量法时可以考虑固定数量订货法。

固定数量订货法的特点是每次订购的数量都相同;订购数量的决定是凭过去的经验或直觉,也可能考虑某种设备或产能的限制、模具的寿命,以及包装、运输、储存空间的限制等;不考虑订购成本和储存成本这两项因素。

3. 批对批法(LEL)

批对批法,即订货数量随需求数量而变化的方法。采用这种方法可以降低库存量,少占用空间,不过只适用于那些订货周期很短的零配件,否则设备停机过长会严重影响生产进度,造成经济损失。批对批法的特点是发出的订购数量与每一期净需求的数量相同;每一期均不留库存数;如果订购成本不高,此方法最适用。

4. 固定期间需求法(FPR)

基于订购成本较高的考虑,每次订单涵盖的期间固定(如每个月的第一周下订单),但订购数量有变动。对于期间长短的选择,是凭过去的经验或主观上来判断的。采用此方法每期会有些剩余物料。

5. 物料需求计划法(MRP)

物料需求计划法是利用生产日程总表(MPS)、零件结构表(BOM)、库存报表、已订购未交货订购单等各种相关资料,经正确计算而得出各种物料零件的变量需求,提出各种新订购或修改各种已经开出订购的物料管理技术。按材料用量计算表计算毛需求,毛需求减库存数及预期到货数为净需求。

物料需求计划法的基本原理:按照基于产品结构的物料需求组织生产,根据产品完工日期和产品结构规定生产计划,即根据产品结构的层次从属关系,以产品零件为计划对象,以完工日期为计划基准倒排计划,按各种零件与部件的生产周期反推出它们的生产与投入时间和数量,按提前期长短区别各个物料下达的优先级,从而保证在生产需要时所有物料能配套齐备,不到需要的时刻不购货,达到减少库存量和减少占用资金的目的。

(二)采购预算的执行

将审核通过的各项预算指标及时地下达给相关责任部门以及人员,并实行预算执行的授权。在预算执行过程中应坚持责任权利相结合原则并实行预算执行过程的监控。

(三)采购预算差异的分析和调整

在预算执行过程中,要根据业务、统计和财会部门核算的实际数据,即预算的实际执行结果与预算数进行比较,如果有差异,要分析差异产生的原因和责任归属,制定控制差异或调整预算的具体措施。预算差异的分析和调整是使预算管理真正发挥作用的落实环节。

(四)采购预算资金的控制

各企业在采购预算资金控制中,必须对采购预算资金实行责任人限额审批制度。各级责任人按照其权力的大小,审批的额度有所不同。各级责任人只能在自己的限额内进行审批,限额以上的资金实行集体审批制,严格控制无预算的资金支出。

三、请购审批控制制度

企业应当建立严格的请购审批制度。有关的审批人应当按照规定的权限,依据单位预算、实际需要、市场供应等情况审批请购需求。对不符合规定的请购申请,审批人应当要求请购人员调整采购内容或拒绝批准。请购审批应严格遵守请购审批制度,对于超预算和预算外采购项目,应当明确审批权限,由审批人根据其职责、权限及单位实际需要等对请购申请进行审批。超过限额的大宗采购必须由单位管理层集体决策,审批后,再交由采购部门执行。

(一)采购的请购单控制制度

为使所采购的物料既能满足需要,又能防止由于物料过多造成的积压风险,在确定物料采购量时,必须由物料的使用部门(如制造公司的生产部门、流通公司的销售部门等)根据未来一定期间的需要量,以填制"物料需求单"的方式提前通知物料保管部门,由保管部门再根据物料的库存量计算出请购量后,正式提交"请购单"。经过物料保管部门主管签字的请购单还必须经过采购部门和资金管理(或财务,下同)部门的确认后方可生效。

(二)采购的购货订单控制制度

对购货订单的控制主要从以下三个方面进行:

1.预先对每份订单进行编号,以确保订单日后能够被完整地保存和对所有的购货订单进行会计处理;

2.在向供应商发出购货订单之前,必须由专人检查该订单是否经过授权人签字,是否

以经请购部门主管批准的请购单为依据,以确保购货订单的有效性;

3.由独立人员复查购货订单的编制过程和内容,包括复查请购单上记录的资料、价格、数量和金额的计算等。

(三)订货控制制度

采购部门凭被批准执行的请购单办理订货手续时,首先必须向多家供应商发出询价单,待获取报价单后比较供应货物的价格、质量标准、可享受折扣、付款条件、交货时间和供应商信誉等有关资料,初步确定适合的供应商并准备谈判;然后,根据谈判结果签订订货合同及订货单,并将订货单及时传送给生产、销售、保管和会计等有关部门,以便合理安排生产、销售、收货和付款。在订货控制制度中,核心是对购货询价、签订合同和订货单的控制。

四 采购事项的授权审批

(一)一般采购事项的授权审批

一般来说,企业正常经营所需物料的采购都会进行一般授权,例如,仓库部门可以在现有库存量达到再订货临界点时直接向采购部门提出采购申请,其他业务部门也可以对零星的物料需要和正常的维修工作和类似工作需要,直接申请采购有关物料。企业请购权限的安排要视企业的具体情况而定,一般都是由经常发生采购业务并且采购商品的数量和价值较大的部门进行集中控制。

(二)特殊事项的授权审批

企业不定期发生的设备或价值量较大的资产采购,这类资本性支出和租赁合同的授权审批控制属于例外事项,企业的控制制度应该做特别授权,在一般情况下只允许专门人员提出采购申请。在提出采购申请的过程中,最重要的控制环节是对请购单凭证的控制,企业的请购单可以根据管理的需要采取计算机记录或文件记录的形式。企业的采购活动频繁发生,为了防止出现重复审批采购业务的现象,企业应该对请购单进行编号控制,由于采购申请的提出分散在各个部门,很难由企业统一进行编号,但是每个部门的业务授权人都会进行请购单的审核,所以可以将编号的责任分配给各部门有审批权的负责人,这些负责人定期将编号簿交给内部审计部门进行检查。

五 采购环节的合同控制

物料购进合同是根据采购计划和生产需要而签订的,全面完成采购合同是完成采购计划的重要保证。审查合同的合法性和可行性,检查合同履行情况是采购会计控制的重要内容。内部控制机构根据授权,也可能在签订之前进行合同会计控制,着重审查那些重点合同。因为合同管理是由采购部门管理的,会计控制主要起着监督作用,应查明以下事项:

(一)检查合同的恰当性

检查合同内订购的物料,是否符合采购计划要求和生产部门的需要,是否符合生产进度安排，以防止停工待料。如果生产部门物料请购单提请的采购数量多、合同订购少，则需要增加合同订购量，反之应减少合同订购量。会计控制时以某一时期的实际生产经营所耗存量加该时期计划储备量减期初存量之差与该期合同订购量相比较，如果前者大于后者，可能意味着合同订购量未能满足生产需要，相反，则意味着本期储存可能增加。

（二）检查合同的合规性

应检查合同是否符合经济合同法，供应单位是否是独立的经济法人团体，进行信用询证，以保证预付货款的安全；合同签订后，应审查合同签署者是否具有法人代表资格，其他内容是否符合经济合同法规定的条件。订购的名称、规格、质量、价格、数量、包装、运输、交货方式、付款条件是否明确具体，有无疏忽遗漏的情况，购销双方承担的责任是否公平合理。还应着重审查是否有人利用合同搞违法活动。

（三）检查合同的执行情况

应通过合同执行记录和物料明细记录等有关凭证的抽查核实，并与到期应予履行的合同进行对比，查明以下弊端和问题：

1. 合同未能按期履行

通常，可先核实到期应予履行的合同数，并将这些合同逐个与物料采购或物料明细账中的相关进货业务进行核对，查明合同的履行情况，包括未执行的合同及未执行的原因。

2. 合同虽已履行，但相应的合同进货长时间没有验收入库

这类情况通常意味着可能发生采购业务纠纷，且尚未得到解决。由于业务纠纷大多与合同本身的缺陷有关，所以对这类问题的会计控制必然属于合同审查的内容之一。在审查此项问题时，物料采购明细账或其存货明细账与应收、预付款和应付账款账户记录逐笔核对，查明货款已付而物料尚未入库的采购业务，进一步追查相关的合同缺陷。

任务三　采购与验收控制

采购货物抵达或接受劳务后，应对照订单或购货合同进行验收，由独立的验收部门或人员对货物或劳务等的品种、规格、数量、质量和其他相关内容进行核实，并出具验收的证明材料。企业应当实行验收入库责任追究制度，对验收过程中发现的异常情况，负责验收的部门或人员应当立即向相关部门报告，有关部门应查明原因，并进行及时处理。采购与验收控制的内容主要包括采购方式的确定、供应商的选择、货物的验收制度和货物验收入库的控制。

一、采购方式与供应商的选择

企业应当建立采购与验收环节的管理制度，对采购方式的确定、供应商的选择、验收程序等做出明确的规定，确保采购过程的透明化。

（一）采购方式

企业应当根据物料或劳务的性质及其供应情况确定采购方式。一般物品或劳务的采购应采用订单采购或合同订货等方式,小额零星物料或劳务等的采购可以采用直接购买等方式。企业应当制定例外紧急需求的特殊采购处理程序。

1. 订单采购方式

这种采购方式是采购部门根据批准的请购单签发订购单,订购单上注明求购商品或劳务的具体项目、价格、数量、交货时间等,送交供应商表明购买意愿。供应商按订购单生产和供应货物或劳务。订购单在提交给供应商之前还应由独立于请购、采购部门之外的其他部门检查订购单的合理性。

2. 合同订货方式

企业的采购部门与供应商通过谈判就采购货物的质量、数量、价格水平、运输条件、结算方式等各项内容达成一致,并且以购销合同的形式确定下来,购销双方共同遵守。供应商按合同提供货物并取得货款,购货方按合同验收货物并支付款项。

3. 直接采购方式

直接采购方式是企业的采购人员根据批准的请购单,就其所列货物直接向供应商购买的一种采购方式。直接采购方式具有简便、快捷的特点,常用于小额零星物品或劳务的采购。

（二）供应商的选择

企业应当充分了解和掌握供应商的信誉、供货能力等有关情况,采取由采购、使用等部门共同参与比质比价的程序,并按规定的授权批准程序确定供应商。小额零星采购也应由经授权的部门事先对价格等有关内容进行审查。

1. 供应商的开发

俗话说"男怕入错行,女怕嫁错郎",其实"采购最怕找错供应商"。如果供应商选择不当,日后难免品质欠佳、交期不准等问题层出不穷。

要找对供应商,就必须扩大供应商来源,换言之,供应商越多,找对供应商的概率就越大。寻求供应商的主要资讯来源有：国内外采购指南；国内外产品发布会；国内外新闻传播媒体(报纸、广播电台、电视)；国内外产品展销会；国内外产业工会——会员名录、产业公报；国内外公司协会；国内外各种厂商联谊会或同业公会；国内外政府相关统计调查或刊物；中心卫星工厂体系；其他有关权威机构出版的厂商名录等。

2. 采购认证

选择一批好的供应商,不但对公司的正常生产经营起到决定性作用,而且对公司的发展也非常重要,要不惜花大力气采用各种方法做好供应商的选择工作。

采购认证是指建立采购环境的过程,即经过买家认可的、信得过的采购资源,它由一些供应商组成。对于一些需要长期、批量供应的认证物料项目,其认证一般要经过以下六个步骤：

(1)认证准备。其内容包括：熟悉需要认证的物料项目；价格预算；研究项目质量需求标准；了解项目的需求量；准备好物料认证所需的资料。

(2)初选供应商。其内容包括：确定社会供应群体范围；研究供应商提供的资料,并向相关供应群体发调查问卷。如有可能,可考虑：实地考察供应商；与供应商进行谈判；发放认证说明书；供应商提供改善报告；供应商参与竞标；选定三个以上初选供应商。

(3)试制认证。其内容包括:签订试制合同;向初选供应商提供项目试制资料;供应商准备样件;过程协调监控;调整技术方案;供应商提供样件;样件评估;确定本物料项目样件供应商(三家以上)。

(4)中试认证。其内容包括:签订中试合同;向样件供应商提供项目中试资料;供应商准备小批件;过程协调监控;调整技术方案;供应商提供小批件;中试评估;确定本物料项目中试供应商(三家以上)。

(5)批量认证。其内容包括:签订批量合同;向中试供应商提供项目批量生产资料;供应商准备批量件;过程协调监控;调整技术方案;供应商提供批量件;批量评估;确定本物料项目批量供应商(两家以上)。

(6)认证供应评估。其内容包括:制订供应评估计划;采购部门绩效评估;采购角色绩效评估;供应商绩效评估;调整采购环境。

一个物料项目的认证过程究竟需要多少个步骤,要看具体认证项目情况来定,采购环境、项目难度、认证人员经验、采购管理水平等各方面因素都会对认证产生影响。

3. 供应商的衡量

一个好的供应商必须具备以下条件:

(1)企业生产能力强。表现为产量高、规模大、生产历史长、经验丰富、生产设备好等。

(2)企业技术水平高。表现为生产技术先进、设计能力和开发能力强,生产设备先进,产品的技术含量高,达到国内先进水平。

(3)企业管理水平高。表现为企业有一个坚强有力的管理班子;有一个有魄力、有能力、有管理水平的一把手;具备高水平的生产管理系统和质量管理保障体系;企业上下形成严肃认真、一丝不苟的工作作风。

(4)企业服务水平高。表现为能对顾客高度负责、主动热情认真服务,并且售后服务制度完备、服务能力强。

二 货物验收制度

货物的验收应由独立于请购、采购和会计部门的人员来承担,其责任是检验收到的货物的数量和质量。货物验收制度一般应包括以下内容:

(一)待收货

货物验收人员在收到采购部门转来已核准的"订购单"时,按供应商、货物交货日期分别依序排列,并于交货前安排存放的库位,以方便收货作业。

(二)收货

货物购进企业后,货物验收人员应会同检验单位根据"装箱单""订购单""采购合同"等采购文件核对货物名称、规格并清点数量或过磅、测量重量,并将到货日期及实收数量填入"验收单",同时,验收人员填写验收报告单并在上面签字。验收中如发现所载的货物与"装箱单""订购单"或合同所载内容不符,应通知办理采购的人员及采购部门进行处理。

验收过程发现货物有倾覆、破损、变质、受潮等异常情况而且达到一定程度时,验收人员应及时通知采购人员联络公证处前来公证或通知代理商前来处理,并尽可能维持其状态以利公证作业。经公证或代理商确认,验收人员开立"索赔处理单"报经主管核实后,送会计部门及采购部门督促办理。

(三)货物待验

已经进入企业待验收的货物,必须在物品的外包装上贴上货物标签并详细注明货号、品名、规格、数量及进入本单位的日期,并且应与已验收的货物分开储存,并规划"待验区"以示区分。

(四)超交处理

货物交货数量超过"订购量"部分应予退回,但属自然溢余的,由货物管理部门在收货时在备注栏注明自然溢余数量或重量,经请购部门主管同意后进行收货,并通知采购人员。

(五)短交处理

交货数量未达到订购数量,以要求补足为原则,由验收人员所在货物管理部门通知采购部门联络供应商处理。

(六)急用品收货

紧急货物到达企业,若尚未收到"请购单",验收人员应先咨询采购部门,确认无误后,按收货作业办理。

(七)货物验收规范

品质管理部门应当就货物的重要性及特性等,适时召集使用部门及其他有关部门,按照所需货物研究制定"货物验收规范"作为采购及验收的依据。

(八)货物检验结果处理

根据不同检验结果可做以下处理:检验合格的货物,检验人员于外包装上贴上合格标签,货物管理部门人员再将合格品入库定位;验收不符合标准的货物,检验人员应贴上不合格标签,并于"材料检验报告单"上注明不良原因,经主管核实后通知采购部门送回货物,办理退货。

(九)退货作业

对于检验不合格的货物退货时,应开立"货物交运单"并附有关"货物检验报告单"报经主管签认后,将此异常货物办理退货。

三、采购货物的验收入库控制

企业所订购的货物到达时必须由与采购部门、使用部门和会计部门相分离的保管部门进行验收保管。所收货物的检验包括数量和质量两个方面。根据订货单和供货方发货单验收合格的货物入库后,仓库保管部门必须及时填制"收货单"一式数联,并分别传送给采购部门和会计部门。货物验收控制制度的核心是保证所购货物符合预订的品名、数量和质量标准,明确保管部门和有关人员的经济责任。采购物资的验收入库控制主要有:编制入库商品清单记录,进行采购商品的验收,对收货过程的控制,检查采购商品的入库存放情况和及时传递采购信息。

(一)编制入库商品清单记录

企业的采购部门应按照采购订单或采购合同编制采购商品入库明细单,并对这些单据进行连续编号,经主管部门审核后归档保管。清单记录的要素要与订货单的要素相一致。

(二)进行采购商品的验收

在收货环节,企业的仓库和采购部门要做好相应的职务分析工作,收货负责人应该和采购人员进行职务分离,验收职责还要独立于仓库保管和记录职责;验收部门要认真检查到货的数量等,要保证货物在验收过程中的安全和质量,负责收货的人员在执行了有关检查程序之后,要根据实际收货结果编制收货凭证,并将供应商提供的凭证或单据作为附件随公司的收货凭证一起进行传递;收货过程中可能出现实际情况与订单的差异,分为正常差异和非正常差异,企业应该规定正常差异的货物价值,对于正常的损耗,企业的收货人员有权直接进行处理;企业的收货人员要随时关注同种类型采购商品的到库和未到库情况,并编制有关记录。

(三)收货过程的控制

商品采购验收控制的主要环节有:将实际到库的采购商品发货单和订货单进行核对,并清点采购商品的数量;按照采购合同的标准,对到库的采购商品进行质量检验,主要检查商品的外形是否有损坏、新旧程度和规格等,对于采购的设备等需要进行测试的商品,要由专门的技术人员进行调试,发现问题及时上报并由采购部门和供应商进行联系。

采购商品的验收过程还要注意整个过程的衔接和协调。首先,真实的订购单说明企业已经授权验收部门负责接受供应商发运来的商品,这为以后的工作提供了组织基础;其次,商品采购的验收工作要由独立于请购、采购和财会部门的人员担任,这是验收活动的人员基础;最后,验收部门要按照订单上的数量和质量标准,对采购商品执行验收程序。验收部门应该核对实际收到的商品和采购订单上的要求是否相符,如商品的规格、数量、到货时间等,然后要检查商品在运输过程中是否有损坏。对于需要安装和测试的设备验收部门在进行了初步验收后,企业的技术部门要委派专门的技术人员对设备等采购商品进行检验、安装或测试,并根据测试情况出具质量验收意见。

验收后,验收部门应对已收货的每张订单编制一式多联、预先编号的验收单,作为验收和检验商品的依据。验收人员将货物送交仓库或其他请购部门时,应取得经过签字的收据,或要求其在验收单的副联上签收,以明确他们对所采购的资产应负的保管责任,验收人员还应将其中的一联验收单送交财会部门。

▶ 任务四　付款控制

由采购请购单、订货单和收货单共同构成的收货业务完成后,会计部门就取得了供货方的发货票和收货单等表示货物已验收入库的并应支付货款或应付账款已经发生的相关原始凭证。这些原始凭证经过审核无误后,会计部门应及时记录物料的增加和银行存款的减少,或应付账款的增加。

一、付款业务的程序控制

付款业务的程序主要有:采购付款业务的申请程序、授权审批程序、货款支付程序、监督和监控程序以及会计业务控制程序。

(一)申请程序

采购付款业务在执行之前,必须提出付款申请,采购付款申请主要由企业的采购部门提出,在采购付款申请中,采购人员要提供采购合同,并且说明采购付款的数量、金额和付款时间、折扣条件等。采购付款申请提出之后,要在企业的各个部门进行传递,同时,财会部门还要按照采购预算的要求对采购付款进行分析,防止发生超出预算的采购付款业务。

(二)授权审批程序

采购部门提出的采购付款申请是形成付款业务实际发生的重要依据,为了保证付款业务的顺利进行和有效发挥控制的作用,企业要对采购付款进行审批控制。付款审批工作主要由会计人员、采购部门主管和验收人员等完成,授权审批的主要要素有:对采购付款申请的有关凭证、合同、资料的要素进行审核,查看凭证等资料的真实性、计算准确性和完整性;财会部门内部要对付款的会计凭证进行检查,对付款的主要凭证进行严格审核,保证付款金额的准确。

(三)货款支付程序

货款支付过程是重要的风险程序,主要由企业的财会部门完成控制工作。主要的控制程序包括:出纳人员在与银行进行相关的结算业务时,要对付款的原始凭证和审批材料进行复核,在最后的支付之前,要得到财会主管部门的审批,付款的每个环节都要明确责任;财会部门要对采购商品货款支付进行财务管理,考察供应商提供的信用条件和付款期限,提高资金的使用效率,最大限度地利用商业信用;货款结算后,财会部门要及时与供应商取得联系,确认货款已经到账,并进行相应的会计核算。

(四)监督和监控程序

企业应该建立付款业务的监督和监控制度,对付款业务的各个环节进行监督与核对。对付款业务进行监督的程序有:定期检查付款业务的有关原始记录和会计记录,并监督会计部门等进行账簿和凭证、单据的核对工作,对付款业务的控制程序进行评价,及时反馈有关的信息,对付款业务的控制程序进行调整;监控付款业务的执行情况,对有关的人员和岗位进行考核,并安排有关人员的轮岗和换岗,对采购预算和采购付款进行比较分析,在此基础上进行预算考核。

(五)会计业务控制程序

付款业务控制程序主要是根据资金管理的需要进行设计,所以会计业务的控制程序相应成为其核心要素。付款业务的会计控制程序主要是对有关账户的管理,这些账户有银行存款、应付账款、预付账款、物资采购和财务管理等。主要的程序有:会计人员根据供应商提供的采购发票编制记账凭证,并在应付账款账户记录负债,在物资采购账户登记采购业务;仓库管理部门对收到的采购商品进行验收,办理入库,并将物资采购账户的余额转入原材料或有关资产账户;如果验收的商品出现退货或要求折让,会计人员要冲回负债和资产账户的记录,在费用账户核算供应商给予的现金折扣,并进行必要的财务分析;在进行付款结算时,会计人员要通过银行存款账户核算资金的支付,同时在应付账款账户减少采购业务负债。预付账款账户的功能主要体现在两个方面:第一,作为应付账款进行核算;第二,核算企业支付给供应商的预付款或订金。

二、采购付款的记录控制

采购付款是企业支付货币取得货物的过程。由于采购是实体转移和价值转移的统一过程,因此容易产生错弊问题。为保证采购成本核算正确,采购记录真实完整,采购付款必须严格按照程序作业。采购付款的程序如下:

1. 仓储人员将办妥的"验收入库单"连同进货发票(抵扣联)和运输费用发票送采购部门,由采购部门向财务部门申请付款;

2. 采购部门对上述原始凭证审核签章后,连同已获审核的"付款申请书"送财务部门审核;

3. 财务部门收到采购部门转来的相关凭证(采购计划、合同、验收入库单、发票抵扣联等)经指定的专门人员审核无误后作为入账的凭证;

4. 按合同规定(或另有约定)的期限支付货款,并及时登记"应付账款"总分类账以及明细分类账;

5. 出纳办理付款时,应严格核对支付凭证上的金额、收款单位、审核批准手续、领款人身份证、相关原始凭证和记账凭证等。如有疑问,应及时查询后方能支付;

6. 支付手续应根据"申请付款单"审核完毕并经会计人员编制记账凭证后方能办理。

三、采购付款的会计控制

付款业务与公司采购业务密切相关,采购付款的内部控制也相应涉及采购、验收与储存、财会等部门。健全有效的采购付款内部控制制度应包括以下内容:

1. 采购、验收储存、会计与财务部门在人员安排及职责分工等方面应相互独立、实行不相容岗位的相互分离。采购付款应经上述部门的确认或批准。

2. 购货业务,应编制购货订单,购货订单通过采购及有关部门(如生产部门、销售部门等)签单批准。订单副本应及时提交会计、财务部门。

3. 收到货物并验收后,应编制验收报告,验收报告必须顺序编号,验收报告副本应及时送交采购、会计部门。

4. 收到供货方发票后,应及时送给采购部门,采购部门将供货方发票与购货订单及验收报告进行比较,确认货物种类、数量、价格、折扣条件、付款金额及方式等是否相符。

5. 会计部门应将收到的购货发票、验收证明、结算凭证与购货订单、购货合同等进行复核,检查其真实性、合法性、合规性和正确性。

6. 实行付款凭单制。有关现金支付须经采购部门填制应付凭单,并经各有关部门及人员授权批准后方可支付货款。

7. 已确认的负债都应及时支付,以便按规定获得现金折扣,加强同供应商的良好关系和维持单位信用。

8. 应付账款总分类账和明细分类账应按月结账,并且互相核对,出现差异时应编制调节表进行调节。

9. 按月向供货方取得对账单,将其与应付账款明细账或未付款凭单明细表互相调节,并查明发生差异的原因。

10. 应当建立预付账款和订金的授权批准制度,定期对预付账款、订金实行核对。如有不符,应查明原因、及时处理。

四 付款控制的单据审核

企业财会部门在办理付款业务时,应当对采购发票、结算凭证、验收证明等相关凭证的真实性、合法性、合规性、完整性及正确性进行严格审核。

(一)真实性审核

审核原始凭证本身是否真实以及原始凭证反映的经济业务事项是否真实,即确定原始凭证是否虚假,是否存在伪造或者涂改等情况,核实原始凭证反映的经济业务是否发生过,是否反映了经济业务事项的本来面目等。

(二)合法性审核

审核原始凭证反映的经济业务事项是否符合国家有关法律、法规、政策和国家统一会计制度的规定等。

(三)合规性审核

审核原始凭证是否符合有关规定。如是否符合预算,是否符合有关合同,是否符合有关审批权限和手续,以及是否符合单位的有关规章制度,有无违章乱纪,弄虚作假现象等。

(四)完整性审核

根据原始凭证所反映的基本内容的要求,审核原始凭证的内容是否完整,手续是否齐备,应填写的项目是否齐全,填写方式、填写形式是否正确,有关签章是否具备等。

(五)正确性审核

对原始凭证的正确性进行审核,即审核原始凭证的摘要和数字是否填写清楚、正确,数量、单价、金额的计算有无错误,大写与小写金额是否相符等。

对于经审核完全符合真实性、合法性、合规性、完整性及正确性要求的采购发票、结算凭证、验收证明等相关凭证,企业财务部门据以付款;对于不真实、不合法的原始凭证有权不予接受,并应当报告企业负责人;对记载不准确、不完整的原始凭证予以退回,并要求有关经济业务事项的经办人按国家统一会计制度的规定更正、补充,待内容补充完整、手续完备后,再予以办理。

五 采购退货的内部控制

公司应当建立采购退货控制制度,对退货条件、退货手续、货物出库、退货款回收等做出明确规定,及时收回退货货款。

（一）退货条件

单位应该建立各种货物的验收标准，验收标准应该在采购合同中予以明确规定。不符合验收标准的货物为不合格货物，不合格货物应办理退货。

（二）退货手续

检验人员对于检验不合格的货物，应贴上"不合格"标签，并在"货物验收报告"上注明不合格的原因，经主管审核后转给采购部门处理，并通知请购单位。

（三）货物出库

当决定退货时，采购部门应编制退货通知单，并授权运输部门将货物退回，同时，将退货通知单副本寄给供应商。运输部门应于货物退回后，通知采购部门和会计部门。

（四）退货货款回收

采购部门在货物退回后，应该编制借项凭单，其内容包括退货的数量、价格、日期、供应商名称以及金额等。借项凭单应由独立于购货、运输、物料验收职能的人员检查。会计部门应根据借项凭单来调整应付账款或办理退货货款的回收手续。

六 应付和预付款项的内部控制

企业应当加强应付账款和应付票据的管理，由专人按照约定的付款日期、折扣条件等管理应付款项。已经到期的应付款项须经有关授权人员审批后方可办理结算与支付。

（一）应付账款的内部控制

应付账款的内部控制应包括下列内容：

1. 应付账款必须由专人管理

应付账款的管理和记录必须由独立于请购、采购、验收付款职能以外的人员专门负责，实行不相容岗位的分离。应按付款日期、折扣条件等各项规定管理应付账款，以保证采购付款内部控制的有效实施，防止欺诈、舞弊及差错的发生。

2. 应付账款的确认和计量应真实和可靠

应付账款必须根据审核无误的各种必要的原始凭证进行确认和计量。这些凭证主要是供应商开具的发票、验收部门的验收证明、银行转来的结算凭证等。负责应付账款管理的部门人员必须审核这些原始凭证的真实性、合法性、合规性、完整性及正确性。

3. 应付账款必须及时登记到应付账款账簿

负责应付账款记录的人员应当根据审核无误的原始凭证及时登记应付账款明细账。应付账款明细账应该分别按照供应商进行明细核算，在此基础上还可以进一步按购货合同进行明细核算。

4. 及时冲抵预付账款

企业在收到供应商开具的发票以后，应该冲抵预付账款。

5. 正确确认、计量和记录折扣和折让

企业应当将可享受的折扣和可取得的折让按规定的条件加以确认、计量和记录，以正确确定实际支付的款项，防止单位可获得的折扣和折让被隐匿和私吞。

6. 应付账款的授权支付

已到期的应付账款应当及时支付,但必须经有关的授权人员审批后才能办理结算与支付。

7. 应付账款的结账

应付账款总分类账和明细分类账应按月结账,并相互核对,出现差异时,应编制调节表进行调节。

8. 应付账款的检查

按月向供应方取得对账单,与应付账款明细账或未付凭单明细表互相调节,若有差异,应查明发生差异的原因。如果追查结果表明本单位无会计记录错误,则应及时与债权人取得联系,以便调整差异。从供应商取得对账单并进行核对调节的工作应当由会计负责人或其授权的、独立于登记应付账款明细账的人员办理,以贯彻内部牵制原则。

(二)应付票据的内部控制

应付票据是企业采用商业汇票结算方式进行延期付款交易时签发、承兑的尚未到期的商业汇票。商业汇票签发后,承兑企业具有到期无条件付款的责任。在实际工作中,可能有人会利用商业汇票实施违法乱纪行为。所以,要对应付票据进行内部控制。应付票据控制制度主要有以下几方面:

1. 票据的签发必须经过两名或两名以上人员的批准;

2. 设置应付票据账簿,并认真做好应付票据的核算工作。票据的登记人员不得兼管票据的签发;

3. 专人管理空白、作废的、已付讫退回的商业汇票;

4. 设置独立于票据记录之外的人员负责应付票据的定期核对;

5. 指定专人复核票据的利息核算;

6. 应付票据要定期与订货单、验收单、发票进行核对;

7. 应付票据要按照号码顺序保存。

企业应当建立预付账款和订金的授权批准制度,加强预付账款和订金的管理。防止利用预付账款进行诈骗和营私舞弊等行为的发生。

(三)预付账款的内部控制

为了建立良好的业务关系和获得采购优惠,企业会在采购之前向供应商支付订金,这是企业的一项债权,形成了企业的预付账款。从本质上讲,预付账款和应付账款是一样的,对于预付账款业务较少的企业,可以通过应付账款账户进行核算,可以不单独设置预付账款账户。采购业务过程中预付账款控制的主要环节有:

1. 授权审批控制

预付账款支付的依据是采购人员和供应商签订的采购合同,并且在进行付款业务之前要经过严格的授权审批程序。预付账款和订金的支付必须要有采购合同作为依据,预付账款的支付必须纳入采购预算的控制的范围,并且得到财会部门预算主管的批准。预付账款申请的主要要素有:采购业务付款的理由、采购付款的相应的合同号、付款金额、付款方式和付款时间等。此外,企业的会计人员也要严格审查预付账款的支付申请,重点检查申请要素和订金数额的计算,在实际支付之前要经过企业主要管理者的审核。

2. 业务程序控制

企业应该制定预付账款业务的执行程序，规定预付账款业务的主要程序和相应的控制要素，例如规定预付账款必须进行定期的核对和审计，预付账款业务的执行和付款必须提出申请并取得审核。

3. 记录控制

企业收到采购商品后，会计人员应该及时根据采购商品金额冲减企业的预付账款余额，并进行会计记录与核算。此外，企业还要定期与供应商核对往来账款的发生额和余额。

典型案例

【案例资料】 甲公司向港商订购彩电，港商要求预付半数订金，该公司求货心切，合同签订以后，立即支付 800 万元的订金。结果因港商潜逃无踪而上当受骗，所预付的订金 800 万元也血本无归。

上海某无线电厂生产彩电，因缺少显像管，在不了解供应商有关问题的情况下，向乙公司一次订货 20 000 个显像管，并预付货款 1 750 万元。结果乙公司无货供应，后几经交涉，并通过法院、工商行政管理部门的处理，才将 1 750 万元的预付货款收回。

【案例思考】 根据案例分析回答下列问题：

1. 分析造成上述案例中问题的原因可能有哪些。
2. 公司如何通过内部控制制度杜绝采购与付款中的类似问题的发生？

【案例分析】

1. 上述弊端的发生常表现在公司因求货心切，在不了解供应商信用状况和是否有货供应的情况下就盲目预付货款，这样难免上当受骗，值得引以为戒。在这里也不排斥公司内部人员利用职权，营私舞弊，内外勾结，假借预付货款的名义，将资金抽走，据为己有，或化公为私，予以侵吞。由此看来，加强预付货款的内部控制是非常必要的。

2. 要建立严格的采购与付款业务的内部控制制度并严格执行，以杜绝采购与付款业务中类似问题的发生。主要包括以下方面：

(1) 建立严格的订货控制制度。订货是整个采购过程的核心，通过订货控制，就可以控制公司的整个采购过程。订货控制常用的方法有：第一，慎重选择供货单位，必要时派人到供货单位调查其设备状况、技术水平和产品质量；审核供货单位的供货条件，包括价格、运费、运货能力以及维修服务能力等；调查了解有关供货单位的信誉和财务状况。第二，公司只有在充分考虑上述因素后，采购部门才可以择定供货单位，签订合同和发出订货单。

(2) 建立严格的预付款审批制度和支付制度合同。财务部门应根据生产计划、采购计划、请购单、采购合同以及经批准的预付款项，办理预付款的支付手续，尤其要认真审查，如果是分期预付款项，应严格执行分期支付手续。

(3) 建立后续检查制度。采购部门在发出订货单并办妥预付款手续后，供应部门是否能按照订货单所规定的条件交货，需要采购部门经常关注。采购人员在必要时可到供货单位查看产品的生产进度和质量，以保证供货单位按时、按质交货。同时采购人员还要掌握本公司的生产经营进度,以确保供货单位的供货能满足本公司生产经营的需要。采购部门对所进行的后续检查工作要做好记录,以便全面掌握材料的供应情况。

(4)建立与健全及时报告制度。采购人员一旦发现供应单位有异常情况或有上当受骗的可能,应及时报告上级主管部门,并及时处理,尽可能减少与挽回损失。

本章小结

采购部门根据业务部门的需要购入各种物质资料,满足生产和经营管理的需要,就构成了采购业务。采购活动往往形成债务,伴随着经济利益的流出,即出现付款业务。采购与付款是不可分离的业务过程。根据物料采购和付款业务的特点设计其内部控制制度,采购与付款的内部控制制度主要包括:采购与付款业务的不相容职务分离制度、采购的请购单控制制度、采购的购货订单控制制度、订货控制制度、物料验收控制制度、入账付款和应付账款控制制度、会计稽核与对账制度。

习 题

一、单项选择题

1.下列选项中,对需求部门提出的采购需求进行审核的是( )。

A.需求部门 B.财务部门
C.具有请购权的部门 D.总经理

2.以下关于A集团采购与付款循环的内部控制中,注册会计师认为与应付账款的完整性认定直接相关的是( )。

A.采用适当的会计科目表核算采购与付款交易
B.采购价格和折扣须经被授权人员的批准
C.会计主管复核付款凭单后是否附有完整的相关单据
D.订购单均经事先连续编号并将已完成的采购登记入账

3.下列采购与付款环节的内部控制中,不合理的是( )。

A.支票连续编号
B.记录应付账款的人员不得经手现金、有价证券和其他资产
C.会计主管应独立检查记入银行存款日记账和应付账款明细账的金额的一致性,以及与支票汇总记录的一致性
D.出纳定期编制银行存款余额调节表

4.在付款环节,下列控制活动中不正确的是( )。

A.支票的签署应由被授权的财务部门人员负责
B.被授权签署支票的人员应确定每张支票都附有一张已经适当批准的未付款凭单,并确定支票收款人姓名和金额与凭单内容一致
C.支票一经签署就应在其凭单和支持性凭证上用加盖印戳或打洞等方式将其注销,以免漏付款
D.只有被授权的人员才能接近未使用的空白支票

5.下列有关采购与付款交易的职责表述中,不属于不相容职务的是（　　）。
A.请购与审批　　　　　　　　B.询价与确定供应商
C.采购合同的订立与审批　　　D.采购与付款执行

6.存量控制的目的在于（　　）
A.降低库存数量和短缺概率　　B.及时采购
C.实现采购目标　　　　　　　D.生产经营需要

7.采购与付款环节的下列单据中,可能不需要连续编号的是（　　）。
A.请购单　　　B.订购单　　　C.验收单　　　D.入库单

8.以下有关付款业务的控制活动中,存在设计缺陷的是（　　）。
A.建立了退货管理制度,对退货条件、退货手续、货物出库、退货货款回收等做出明确规定
B.对已到期的应付款项由会计主管负责办理付款的审批与支付
C.财务部门在办理付款业务时,对供应商发票、结算凭证、验收单、订购单等相关凭证进行核对
D.定期与供应商核对应付账款、应付票据、预付账款等往来款项

9.不属于采购退货的内部控制是（　　）
A.退货条件　　　　　　　　　B.退货手续
C.退货货款的回收　　　　　　D.退货时间

10.下面不属于付款控制的是（　　）
A.申请程序　　　　　　　　　B.货款支付程序
C.授权审批程序　　　　　　　D.付款冲抵程序

二、多项选择题

1.采购业务控制应围绕下列哪些环节进行（　　）。
A.采购申请　　　　　　　　　B.合同签订
C.验收入库　　　　　　　　　D.货款结算

2.以下哪些属于请购与审批控制原则（　　）。
A.计划控制原则　　　　　　　B.预算控制原则
C.政策控制原则　　　　　　　D.审批控制原则

3.企业应通过一定的选择标准确定最终供应商。对供应商的评价标准包括（　　）。
A.能否满足企业采购标的的质量、数量、价格、服务等基本标准
B.资信品质标准　　C.道德规范标准　　D.权重调整标准

4.企业确定采购价格较常用的方法是结合使用（　　）等手段进行。
A.询价　　　　B.比价　　　　C.议价　　　　D.招投标

5.以下哪些属于采购与付款业务流程（　　）。
A.货款结算　　B.采购作业　　C.请购　　　　D.采购决策

6.采购业务应当关注的风险有（　　）
A.采购计划安排的风险　　　　B.采购物资质量和价格的风险
C.采购付款的风险　　　　　　D.资金管控的风险

7.采购可以采用( )方式完成。
A.招标　　　　　　B.询价　　　　　　C.定价　　　　　　D.直接购买
8.下列关于采购与付款交易的内部控制的说法中正确的是( )
A.验收商品的保管与采购属于不相容职务,应相互分离
B.采购商品与验收商品属于不相容职务,应相互分离
C.采购合同的谈判与签订可以由一人完成
D.验收商品与保管商品可以由同一人负责
9.关于企业采购业务内部控制,下列说法正确的有( )。
1.应采取多头采购或分散采购的方式,避免采购业务集中
2.应当对办理采购业务的人员定期进行岗位轮换
C.任何采购都不得安排同一机构办理采购业务全过程
D.重要和技术性较强的采购业务,应当组织相关专家进行论证,实行集体决策和审批
10.下列选项中属于采购与付款业务内部控制涉及的内容是( )
A.岗位分工与授权批准　　　　　　B.请购与审批控制
C.付款控制　　　　　　　　　　　D.采购预验收控制
E.监督检查

三、判断题
1.企业小额零星物品或劳务采购可以采取直接购买、事后审批的方式。( )
2.企业超过一定金额的采购需求,可以由领用部门自行采购。( )
3.企业可以由付款审批人和付款执行人单独完成询价与确定供应商工作。( )
4.企业所有的采购必须由企业管理层集体决定审批,再交予采购部门执行。( )
5.企业验收部门应使用顺序连续的验收报告记录收货,对无对应采购申请表的货物,不得签收。( )
6.为避免采购人员的舞弊,应该对采购人员定期轮岗。( )
7.采购中要建立供应商的评估、准入制度,并将其基本信息录入到信息系统当中。( )
8.采购合同的谈判与签订可以由一人完成。( )
9.采购商品与验收商品属于不相容职务,应相互分离。( )
10.预付账款支付的依据是采购人员和供应商签订的采购合同,所以付款之前不需要严格的授权审批程序。( )

四、思考题
1.采购与付款业务控制的不相容岗位有哪些?
2.请购与审批控制的要求有哪些?

五、分析题
A公司生产装潢建材,产品主要销售给各建筑工地,公司的原料有常备料及特殊配件。近年来,公司产销均衡,但库存有逐年增加的情况,经过调查发现,该公司在接到顾客订单后直接交采购员王某办理采购,王某不仅超量购买,而且购买单价偏高。采购经理是王某的亲戚,仍签字核准王某的采购。请问,A公司采购内部控制存在哪些缺陷?

学习情境四 存货的内部控制

学习目标及素质目标

1. 理解存货内部控制的岗位分工和授权批准的内容；
2. 掌握存货的取得、验收与入库控制；
3. 掌握存货仓储与保管控制；
4. 掌握存货的领用、发出和处置控制等内容；
5. 形成有效存货控制的价值观念；
6. 树立安全意识和爱岗敬业的职业道德。

情境导入

存货是指企业为销售和耗用而储存的各种资产,包括各种原料、材料、低值易耗品、包装物以及在产品、产成品、自制半成品等。在固定资产标准以下的工具、管理用具、办公用品等低值易耗品也包括在存货之中。存货的特点是具有流动性,不断地处于购置、耗用、重置过程中。因此,其价值随着实物的耗用而转移,随着销售的实现而及时得到补偿。

应用指引
资产管理

一、存货内部控制应重点关注的风险

1. 存货预算编制不科学、采购计划不合理,可能导致存货积压或短缺,流动资金占用过量、存货价值贬损或生产中断。
2. 验收程序不规范、标准不明确,可能导致数量克扣、以次充好、账实不符。
3. 存货仓储保管方法不当、监管不严密,可能导致存货损坏变质、价值贬损,资源浪费。
4. 存货领用发出审核不严格、手续不完备,可能导致货物流失。
5. 存货盘点清查制度不完善、计划不可行,可能导致工作流于形式、无法查清存货真实状况。
6. 存货报废处置责任不明确、审批不到位,可能导致企业利益受损。

二、存货内部控制的目标

根据存货的特点和管理要求,合理的存货内部控制应达到以下目标：

（一）保证合理、经济地购入存货

从存货的保管要求来讲，不合理购入的材料、商品，势必会造成存货的积压，不仅增加了保管的工作量，而且容易出现因长期不使用或不出售而导致实物的变质、损失和被盗事件。同时，有限的仓位或场地被积压存货所占据，可能导致其他存货的分散存放，从而使存货的盘点、保管产生困难。

（二）保护存货的安全与完整

由于存货种类数量繁多、流动性强、存放地点分散，因此容易发生损坏、变质、短缺和被盗。如何使这些情况发生的可能性降到最低，是存货内部控制制度的重要目标。良好的内部控制要求对各种存货进行合理分类，以便各类存货的集中存放和指定专人对其保管，每个存放地点都要做详细的记录，以避免存货存放日久而被遗忘。存货流转各环节应受到多方的牵制，建立定期或不定期的存货盘存制度，以加强保管和使用部门对存货控制的责任。

（三）保证合理确定存货价值

存货价值是否合理确定，直接影响着当期资产能否合理计价和当期净收益能否正确计算。企业必须确立和执行恰当的存货计价方法。首先，应将存货计价方法建立在符合存货特征和会计准则的基础之上。其次，应监督合理的计价方法被一贯地执行，防止任意改变存货的计价方法。再次，应保证产品的成本计算必须通过适当的分类账户予以归集分配。最后，应保证存货成本的计算过程和会计账务处理正确。

（四）保证公允列示销售成本

利润表上所反映的财务信息，可以评价一个企业的经营效率和成果，还可以使人们预测企业在未来一定时期内的盈利趋势。销售成本是利润表的重要组成部分，它直接关系到企业计算的净收益是否恰当，以及能否正确表示企业的经营成果。通过内部控制，要求企业在列示销售成本时，正确地计算本期材料、商品的采购成本和制造成本以及销售存货成本，以防止股东或非执行业务的业主错误地理解企业净收益和财务状况。

（五）加速存货资金周转，提高存货资金效益

存货的内部控制要做好有关的存货决策。采购部门、销售部门和生产部门决定进货项目和选择供应单位，财务部门决定进货时间和进货批量，通过合理的进货批量和进货时间，使存货的总成本最低。以求在保证存货资金安全与完整的前提下，尽量减少存货资金占用，加速存货资金流转，尽力在各种存货成本与存货效益之间做出权衡，达到两者的最佳组合，既满足生产和销售的经营需要，又不断地提高存货资金的使用效益。

三 存货内部控制的范围

存货种类不同，其涉及的业务环节也各有差异。但一般而言，存货业务包括存货计划、存货验收、存货保管和存货发放，从而构成存货循环，如图 4-1 所示。

存货的会计控制范围一般包括以下几个方面：

（一）存货计划

存货计划是由存货保管部门依据库存控制要求编制的，它是采购计划编制的主要依据之一。

```
存货计划  →  存货验收
   ↑             ↓
存货发放  ←  存货保管
```

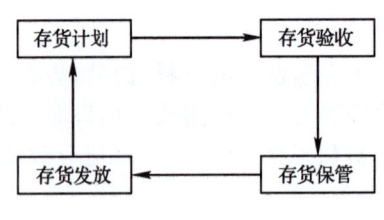

图 4-1　存货循环图

（二）存货验收

购进的存货应办理验收，检查货物的数量和质量，并据实填制验收单，验收完毕后方可将货物运交入库。即使是半成品、产成品、委托加工材料及自制材料，也应在完工或加工完毕验收后立即送交入库。

（三）存货保管

存货验收入库后，应根据存货的品质特征分类存放，妥善保管，并填制标签，建立库存卡片。

（四）存货发放

领用部门领用存货时应编制领料单或提货单，仓库在收到经过审批的上述单据后才可发放存货。

存货的内部控制有：岗位分工与授权审批、存货的取得、验收与入库控制、存货仓储与保管控制、存货领用、发出与处置控制。

▶ 任务一　岗位分工与授权批准

一、存货内部控制的业务环节

存货的内部控制涉及许多业务环节。这些业务环节及其控制的主要内容是：

（一）采购

采购供应部门根据生产经营需要和储备情况，确定采购货物的具体品种、规格、数量，指定采购人员组织采购。大宗货物采购应与供货单位签订合同，并将合同副本分送会计、会计控制以及请购部门，以便检查合同执行情况。为了防止盲目进货，计划外进货、合同外进货应严加控制，另行批准。

（二）验收

采购合同签订后，应建立催收制度，督促供货单位按期交货。采购的货物运达后，须由仓储部门对照购货发票、合同副本等清点数量，检验质量。根据点验结果填写入库单一式数联，除自存一联外，其余各联应分别送交采购供应部门、会计部门，以分别登记业务账、会计账和保管账。在验收时，如果出现品名、规格、花式、质量、数量等与合同不符的，应如实记录，并填写书面报告；如有严重不符，应提出拒收。

（三）付款

财会部门收到供货单位转来的发票结算联及银行的结算凭证后,应送采购供应部门复核,并与入库单、采购合同核对无误后,办理结算付款手续,同时在发票结算联上加盖"付讫"戳记。

（四）仓储保管

仓储部门对验收入库的存货,按品种数量进行登记入账;对各种类型存货的摆放、进出库房,按流程在记事本中登记。

（五）清查

定期对存货实地盘点,确定存货的实有数,并与账面数量核对。若发现存货盘盈、盘亏,应及时查明原因,分清责任,填写存货清查盘盈或盘亏报告表,并及时报送。

（六）领用发出

企业内部各部门因各种需要领用存货,应履行审批手续,填制领料凭证;仓库发出存货要填制发料凭证。

（七）记账

财会部门根据上述有关原始凭证,编制记账凭证,据此登记明细账和总分类账及其他有关账簿。

二、授权与批准

企业应该对存货业务建立严格的授权批准制度,具体如下:

1. 企业应由最高管理当局直接或授权具体部门或人员批准存货计划的制订和修订。如具体部门有计划批准权,则应界定其权限的范围。

2. 企业应授权实物管理部门或专门检验机构对拟仓储的原材料、辅料、燃料、低值易耗品和库存商品等进行检验,如因数量、质量等原因,可以拒收。

3. 生产指令一般由生产计划部门批准,但重大生产调整或重大指令修正应由企业最高管理当局批准或另行授权。

4. 领料单应由生产管理部门核准,而领料限额之外的超额审批权,需要企业特别授权。

5. 生产过程中发生的常规费用,应由生产管理部门批准;非常规费用或单笔大额费用需企业最高管理当局批准或专门授权。

6. 除实物管理部门及仓储人员外,其余部门和人员接近存货时,应由有权部门特别授权。如存贮的是贵重物品、危险品或需加以保密的物品,则需扩大接近限制;必要时,实物管理部门内部也执行授权接近。

7. 库存商品的发出需经有权部门批准,大批商品、贵重商品或危险品的发出应得到特别授权。残、次、冷、背存货的处置,存货盘盈、盘亏的处理,以及存货跌价准备的提取,应经企业最高管理当局的批准或授权。

8. 相关人员因故暂时外出,若其职责在外出期间确需行使,而通信方式无法解决时,应替代授权或授权替代。

三、存货的内部控制制度

(一)职务分离控制制度

存货业务涉及众多的部门和环节,需要实行严格的内部牵制办法,对不相容职务加以分离。企业存货业务的不相容职务,除在采购与付款环节上建立必要的职务分离外,还应当包括以下内容:

1. 企业货物采购、储存和使用人员与存货账务记录人员的职务相分离。
2. 企业接受或主管各种劳务的业务人员与账簿记录人员的职务相分离。
3. 企业产成品验收与产品制造部门相互独立。
4. 企业产成品储存保管人员与产成品账务记录人员的职务相分离。
5. 企业存货的盘点应由负责保管、使用、记账职能的人员以及独立于这些职能的其他人员共同进行。

(二)存货的储存保管制度

关于存货采购和验收的控制制度已在采购与付款内部控制情境进行阐述。仓储保管部门负责存货的储存保管。存货的储存保管制度主要应包括:

1. 适当授权

存货的领用必须经过适当的授权。生产部门根据生产计划编制领料单,经授权人员签字后,仓储保管部门经检查手续齐备后,方可办理领用存货业务。

2. 进入限制

仓储部门只有经授权批准的人才能进入。非工作人员或非授权人员不得进入。

3. 存货登记

仓储保管人员收到验收部门送交的存货和验收单后,应填制入库通知单,并据此登记存货实物收、发、存明细账簿,入库通知单应事先连续编号,并由交接各方签字后留存。发出存货后,应根据领料单及时登记存货收发存明细账簿,并填制存货出库单或者一式多联的领料单,及时送交会计部门。

4. 存货保管

存货的存放和管理应指定专人负责并分类编目,便于与会计部门账户记录的核对工作。仓储部门应定期对存货进行检查,查看有无损坏、变质或长期不流动的情况,检查结果应予以记录。如发现有损坏、变质情况,应及时填制专门的报告单,说明数量、原因,并经有关人员批准后,由仓储部门和会计部门分别调整实物和金额记录,以防止存货价值的金额不真实或高于存货的实际价值。

5. 存货库存量管理

在某些企业中,对于生产经营所需的常规存货,由仓储保管部门根据库存情况向采购部门提出请购。在这种情况下,仓库应建立最低库存量的报警系统,或者指定专人逐日根据各种材料的采购间隔期和当日材料的库存量分析确定应采购的日期和数量,或者通过计算机管理系统重新预测材料需求以及重新计算保险存货水平和经济采购量,据此进行再订购。

（三）存货盘存控制制度

存货盘存方法有永续盘存制、定期盘存制和永续定期相结合三种。

1. 永续盘存制

永续盘存制是指对于每笔存货的收发业务，都要根据原始凭证逐笔登记明细账并随时结出账面结存实物和(或)金额。企业在设计时，应考虑对于存货的计价方法以及存货管理的要求。一般而言，企业仓库的存货账采用数量永续盘存制，即按存货的名称分别登记收、发、存的存货数量；财务部门的存货明细账采用数量和金额并用的永续盘存制，即按存货的名称在收、发、存各栏分别以数量、单价和金额登记。

2. 定期盘存制

定期盘存制是指通过实物盘点的方法确定存货的期末结存数量，倒算本期存货减少数量。在这种方法下，各种存货的账面记录平时只根据原始凭证登记收入的数量和金额，不记录发出存货的数量和金额，期末通过实物盘点确定结存存货的数额，倒算出本期发出存货的数额，并据以登记存货明细账的发出栏。定期盘存制一般适用于受限于人力和核算水平的小型企业，或自然损耗大、数量不确定的鲜活商品。

3. 永续盘存制和定期盘存制的结合运用

实践中应当将两种存货盘存制度结合运用，即平时要求保持良好的永续盘存记录，同时规定进行必要的定期和分批的实地盘点，以防止永续盘存制下账存数和实存数不相符的现象发生。

在采用永续盘存制的同时，企业应对存货进行定期盘点，事先制订盘点计划，盘点计划应包括：

(1)盘点时间。存货盘点可以选择在企业员工休假期间、生产停工期间、存货量的低水平期间、年末或资产负债表编制日前某一个方便的月底进行。

(2)盘点参与人员。盘点是整个企业的一件大事，各级领导、有关人员，包括供应、存储、财务、生产等部门的有关人员都应参与。

(3)存货停止流动。为了保证存货数量的准确性，盘点时，单位各库房、各车间的存货必须停止流动，并分类摆放。

(4)编制连续编号的盘点标签或填写盘点清单。有条件的还应绘制存货摆放示意图，规划盘点路线。

(5)召开盘点预备会议。将盘点计划或指令贯彻到每一名参与人员。

上述盘点人员盘点后，企业应根据实际情况组织独立的小组，在盘点标签尚未取下之前，按照一定的比例进行复盘抽点。抽点时如发现差异，除应督促更正外，还应扩大抽点范围，如发现差错过大，则应要求重新盘点。

（四）存货计价控制制度

存货计价控制制度的目标是使各种存货采用的计价方法尽可能地使计价结果反映存货的实际价值，从而使销货成本的确定更为准确。企业可以根据实际情况选择不同的计价方法。

1. 存货计价方法

(1)具体辨认法。在采用具体辨认法时，该项存货必须是可以辨别认定的，而且对每一件存货的品种规格、入账时间、单位成本、存放地点等情况都有详细的记录。

(2)平均成本法。平均成本法是指按照各批收到的存货的单位平均成本,对发出存货和库存存货进行计价。平均成本法根据其在永续盘存制和定期盘存制中的不同应用,又可分为加权平均法和移动加权平均法。

(3)先进先出法。先进先出法假设先入库的存货先耗用或销售,这种方法同样可以分别在永续盘存制和定期盘存制下使用。

(4)成本与可变现净值孰低法。成本与可变现净值孰低法基于稳健性原则的考虑,规定在期末应对存货的重置成本和实际成本进行比较,以两者中较低的成本进行计价。我国股份公司会计制度要求股份公司的存货采用这种计价方法。控制制度应对提供存货账面价值低于可变现净值的证据予以监督,实施对可变现净值的检验。可变现净值一般为预计售价减去预计完工成本和销售所必需的预计税费后的余额。

2. 期末存货计价制度

企业应当定期或至少于每年年末,对存货进行全面清查,如由于存货受毁损、全部或部分陈旧过时或销售价格低于成本等原因,使存货成本不可收回的部分,应当提取存货跌价准备。存货跌价准备应按单个存货项目的成本与可变现净值计量,如果某些存货具有类似用途并与同一地区生产和销售的产品系列相关,且实际上难以将其与该产品系列的其他项目区别开来进行估价,可以合并计量成本与可变现净值;对于数量繁多、单位价值较低的存货,可以按存货类别计量成本与可变现净值。当存在以下一项或若干项情况时,应将存货账面价值全部转入当期损益。

(1)霉烂变质的存货;

(2)已过期且无转让价值的存货;

(3)生产中已不再需要,并且已无使用价值和转让价值的存货;

(4)其他足以证明已无使用价值和转让价值的存货。

当存在下列情况之一时,应当计提存货跌价准备。

(1)市价持续下跌,并且在可预见的未来无回升的希望;

(2)企业使用该材料生产的产品的成本大于产品的销售价格;

(3)因产品更新换代,原有库存材料或商品已不适应新产品的需要,而相关材料或商品的市场价格又低于其账面成本;

(4)因所提供的商品或劳务过时或消费者偏好改变而使市场的需求发生变化,导致产品的市场价格逐渐下跌;

(5)其他足以证明有关存货实质上已发生减值的情况。

任务二　存货的取得、验收与入库控制

一、存货取得控制内容

存货取得可以通过对外采购,也可以由企业自行生产。

(一)采购增加存货控制内容

采购方式取得存货是通过由生产部门或是仓储部门根据情况编制请购单,经相关部门审核之后再交付采购部门进行采购作业。有关存货采购方面的控制在采购与付款内部控制情境已进行讲述,这里不再赘述。

(二)生产增加存货控制内容

生产方式取得存货的控制流程:生产方式增加存货是通过生产部门或是仓储部门提出生产请求,经过相关部门的审核,审核通过之后再根据企业的资源分析情况,决定是采用自行生产还是委托生产,再分别编制计划,予以实施。自行生产由生产部门根据经审核的计划书进行生产作业,委托生产根据委托加工计划进行委托作业。

1. 编制生产请求单

生产部门或仓储部门依照生产计划、安全库存量、客户订单或企业其他方面的实际需求,按照企业生产用料标准以及仓储部门对于存货管理标准提出的生产请求,进行生产请求单的编制。

2. 审核生产请求单

生产部门提出生产请求之后,应由仓储部门进行库存量的审核,审核库存量是否满足生产部门的请求。请求单位应经过相关授权人员的批准才能够交往生产部门进行生产作业。

3. 费用比较

企业应综合分析自身人力、物力、财力资源,对自行生产和委托生产方式进行成本费用的比较,以决定生产的方式。

4. 编制生产计划

企业应根据经过审核的生产请求单进行生产计划的编制。

5. 审核生产计划

生产计划应由经过授权的相关人员进行审核,就计划的可行性以及其与生产请求的符合性进行审核。

6. 编制生产通知单

根据经过审核的生产计划进行生产通知单的编制。

7. 审核生产通知单

生产通知单应预先连续编号,并且需要经过相关部门的审核才能够予以执行,审核部门就生产通知单的作业安排是否合理有效进行审核。

8. 关于委托生产的控制

对于委托生产,应根据生产请求编制计划书,根据计划书通过成本费用等的比较,选择合适的委托生产单位,此外,单位还应不定期地对其进度、质量等进行抽查。委托生产计划应经过相关授权的人员进行审核,审核包括计划的有效性、成本的收益性等内容。

此外,对于存货增加的采购方式和生产方式中各项计划和原始单据的编制应予以记录,作为日后考核的依据。

二、存货验收入库主要控制内容

仓库的工作人员对于运抵的货物,根据交货单的内容对物品的数量、质量、品种以及到货的时间等进行检查,符合要求的予以入库,如有差异存在则进行原因分析,采取相应的措施。对于经由生产而进入仓库保存的物料,应对其质量、数量等进行检验。对于有特殊标准的货物,入库部门还应通过专家来进行特殊的检验。

验收入库环节内部控制的关键控制内容是:编制验收报告、审核验收报告、编制入库单、编制退货单、违约处理。

(一)采购存货验收主要控制内容

在采购的货物运抵之后,应由仓储部门根据订货单的要求对货物的数量、品种、到货期等情况进行验收,特别是货物的质量是否达到相关的标准。对于不符合要求的,属于违约事项,应予以相应的索赔。

(二)生产产品验收主要控制内容

对于单位自行生产的物品,在入库时仓储部门应检查物品的质量是否达到单位产品的质量标准,对于质量不符合的产品,将其退回生产部门进行再加工作业。生产产品验收的主要控制内容有:

第一,生产单位将生产完成的产品移至待验区,由仓储部门进行质量的检验。

第二,质量检验人员依据抽样计划及品质检验标准完成产品品质检验后,将检验结果填入验收报告。

第三,验收报告应经过相关授权部门审核无误后,再编制入库单,一式三联,一联交生产制造部门,一联交会计部门,一联留存做记录。

第四,品质检验不合格的次品,应注明退货原因,编制退货单,退回生产单位进行重新加工作业。

三、存货退回主要控制内容

存货的退回包括两个方面:一方面是销售退回,即销售中发现产品的质量或是其他的要求不符合客户的标准,以致客户退货;另一方面是领用退回,即生产中领用材料的多余部分退回。

(一)销售退回主要控制内容

第一,由退货接收部门进行所退货物质量、数量等情况的验收,对于验收通过的货物才可以进行接收。

第二,由接收部门根据验收情况编制退货接收报告,报告应包括所退货物的品种、名称、客户的名称等,并交由相关的主管部门进行审核。

第三,对于客户进行的退货业务,应查明退货发生的原因,采取相应的措施,追究相关的责任人。

第四,相关部门应对退货接收报告进行审核,只有审核通过之后才可以进行退货作业的处理。

第五，财务部门应根据经过审核过的退货接收报告进行退货业务的账务处理，对于客户退回的发票进行冲销处理。

(二) 领用退回主要控制内容

第一，由仓储部门对生产部门领用退回物料的质量、数量等情况进行验收，验收通过的货物才可以进行接收。

第二，由接收部门根据验收情况编制退料接收单，应包括所退货物的品种、名称等，并交由相关的主管部门进行审核。

第三，对于生产部门退料业务，应查明退货发生的原因，是因生产方式的进步还是由于原标准制定得过于宽松。再通过分析的结果采取相应的措施，追究相关的责任人。

第四，相关部门应对退料接收单进行审核，只有审核通过之后才可以进行退料作业的处理。

第五，财务部门应根据经过审核过的退料接受单进行退料业务的账务处理，以确保账实相符。

任务三　存货仓储与保管控制

一　存货数量的控制

企业应当根据销售计划、生产经营计划、采购计划、资金筹措计划等，对各种存货的使用和周转状况进行组织、调节，将存货的结构和数量保持在一个合理的水平上。存货数量控制的方法有多种，其中最常用的是存货经济批量法。

经济批量法是从存货成本角度考虑，进行存货数量控制的方法。

存货经济批量又称最优经济采购批量，简称EOQ，是指在保证企业经营需要的前提下，能使全年存货相关总成本最低的采购批量。

这里所说的EOQ控制基本模型是建立在如下一些基本假设条件之上的：

(1) 企业存货能做到及时补充，即从发出订货单到取得存货不需要准备时间；

(2) 能一次集中到货而不是陆续到货；

(3) 全年的需求量已知且确定；

(4) 不允许缺货；

(5) 全年内存货单价不变，不考虑商业折扣。

这种情况下，存货全年总成本公式如下：

$$TC = F_1 + \frac{U}{Q}V + F_2 + \frac{Q}{2}C + PU$$

式中　TC——存货全年总成本；

F_1——固定订货成本；

U——存货全年需用量；

V——每次订货的单位订货成本；

Q——每次订货数量；

F_2——固定性储存成本；

C——单位存货储存一年的变动性储存成本；

P——存货的单价。

由于 F_1、F_2、U、V、C、P 均为常数，所以存货全年总成本的大小取决于 Q，即 $TC = \frac{U}{Q}V + \frac{Q}{2}C$ 为最小时的 Q^* 为最优经济采购批量，如图 4-2 所示。

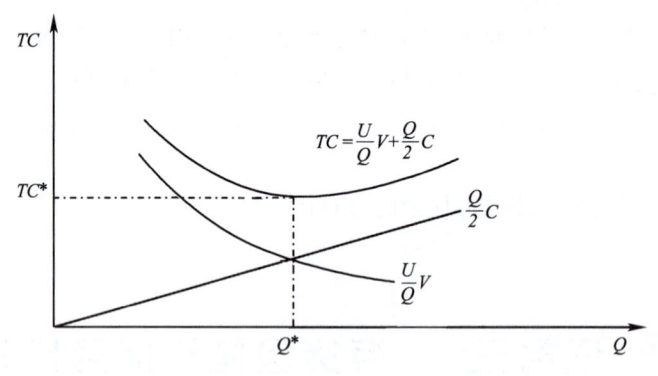

图 4-2 经济采购批量示意图

对 TC 求导，并令 $TC' = 0$，得：

$$\frac{d(TC)}{dQ} = -\frac{UV}{Q^2} + \frac{C}{2} = 0$$

$$\frac{UV}{Q^2} = \frac{C}{2}$$

$$Q^2 = \frac{2UV}{C}$$

$$Q = \sqrt{\frac{2UV}{C}}$$

即最优经济采购批量 $Q^* = \sqrt{\frac{2UV}{C}}$。

二、存货保管控制

存货的保管业务包括对存货的管理和对人员的管理。存货保管环节内部控制是指仓储部门根据存货的收发等情况进行存货登记表的编制工作及存货保管作业、存货搬运作业的控制和人员的管理工作。对存货保管进行控制，是为了确保存货的安全性和完整性，及时地满足生产和企业经营的需要。该环节内部控制的主要控制内容包括：存货的日常保管、存货的搬运控制和仓储部门人员的管理。

(一) 存货保管主要控制内容

存货保管控制包括：仓储控制应能够进行数量的协调，使存储的物料保持最低的必需限度,以节约成本,但同时应满足生产的需要;负责保管的人员对所存物料定期进行检查,发现储备量低于安全量时,应及时向仓储主管人员汇报,以便相关部门及时进行采购;物料应在生产作业开始之前就做好准备,以确保生产的正常进行;仓库的设计、库址的选择应方便企业物料的运输和配送。仓库的设计还应配以计算机控制系统,实现最有效的管理;应有效地利用仓库的空间,以有限的空间追求合理的最大化存储量,追求低成本高效益;仓库在设计时应该综合考虑自然、环境等因素对物料的影响。不同类别、不同要求的物料应该采取不同的保管措施,特别是对于危险品的保管,应予以隔离保管,以确保安全和质量;坚持对仓库的巡查和对物料的抽查制度,定期清理仓库中的呆滞料和不合格品;建立完整清晰的账物管理制度,对存货进行详细的记录;仓库的接收、保管等应由专人来负责,并通过保管责任来衡量其业绩。

(二)存货搬运主要控制内容

存货搬运控制包括:仓储部门应该配置与仓库性质相符合的搬运设备,以免增加不必要的设备支出;搬运设备的操作和搬运工作的进行均应遵循安全原则,以确保物料的安全性。

(三)人员管理主要控制内容

人员管理控制包括:仓储部门的人员执行工作时务必遵守相关的规定;仓储部门管理人员对于进入仓库的人员应办理登记手续;对于未经授权的人员,仓储部门管理人员应拒绝其进入仓库,以防物料被盗,保证存货的安全与完整。

三 存货盘点控制

企业要定期或者不定期地安排专人对存货的库存情况进行清查盘点,根据盘点的结果编制盘点报告,并针对发现的问题进行调查处理。

存货盘点即是由负责盘点的人员根据企业存货账面情况编制盘点计划,再根据审核通过的盘点计划进行实地的盘点工作,并且对盘点过程进行详细的记录。针对差异分析原因,提出处理意见,编制盘点报告。由相关部门对盘点报告进行审核,审核之后进行差异的处理,并追究相关的责任人。存货盘点环节的主要控制内容包括编制盘点计划、审核盘点计划、盘点作业、编制盘点报告、审核盘点报告、盘盈盘亏处理和账务处理等。

存货盘点控制应注意以下问题:盘点应由负责保管、使用、记账职能的人员和独立于这些职能的其他人员共同进行,并且在盘点工作开始之前编制盘点计划,以保证盘点的真实性和有效性;盘点计划应由经过授权的人员进行审核,以确保盘点计划的真实与可行性;盘点人员在执行盘点作业时应如实对盘点情况进行记录;盘点人员编制的盘点报告应包括盘点过程中的存货情况,并应对账面数和实际数之间的差异进行原因分析,提出处理意见;盘点报告的审核应对盘点工作的有效性等进行检查,并针对盘点报告中提出的处理意见进行审核,盘盈盘亏的处理须经过审核批准后方可执行;财务部门应根据审核通过的盘点报告来进行存货账面记录的调整,对于盘盈盘亏的账务处理应根据盘点报告的处理意见进行。

任务四　存货领用、发出与处置控制

一　存货领用、发出的主要控制内容

存货领用业务包括生产中物料的领用和销售中产品的发出。

(一)生产领料的主要控制内容

生产领料的主要控制内容包括：领料单应该根据生产部门的生产情况及其对原材料的需求情况进行编制；领料单应该进行连续的编号；领料单应经过相关的授权人员进行审核，仓库工作人员应根据审核通过的领料单进行发料。对于不符合要求的不予发料；对于超额或计划外的领料，仓库工作人员应经过领导审批之后才能进行发料；发料应做到单据齐全，名称、规格、计量单位等准确，并保证所发物料的质量达标；发料应该当面核对并点清，交与领用人；发料应做到迅速及时，不影响生产的进程；物料出库时应办妥出库手续，并进行相关的会计记录。

(二)销售领料的主要控制内容

销售领料的主要控制内容包括：发货通知单应该根据销售部门的销售情况和仓储部门的存货情况进行编制；发货通知单必须事先进行连续的编号；发货通知单必须由相关的授权人员进行审核，仓库工作人员应根据经审核过的发货通知单进行发货作业；产品出库时应做到单据齐全，名称、规格、计量单位等准确，并保证所发产品的质量达标；发货时应与客户单位就发货通知单的内容做进一步的核实，确保发货的准确性；产品出库时应办妥出库手续，并进行相关的会计记录。

二　存货处置的主要控制内容

存货处置业务包括对毁损和丢失的存货进行相关的处置。存货处置可能发生在采购、运输、生产、存储等环节，可能是由于人为的因素造成的，也可能是由于非人为的因素，诸如自然环境等造成的。对存货毁损及丢失的处置的控制目的是确保该业务执行符合相关的标准，并分析原因，避免类似情况再次发生。

存货处置的主要控制内容包括：存货情况分析、编制存货毁损丢失处置单、审核存货毁损处置单和财务信息处理等。

存货处置控制应注意以下问题：企业应定期对存货进行检查，对存货的存储状态进行分析，以确保充分、及时了解存货的毁损情况；经办存货毁损处置业务的人员进行存货毁损丢失处置单的编制，说明应处置存货的品种、规格、价值、存放地点等详细的情况，并经由部门的负责人审批确认；经过确认的存货毁损丢失处置单，应由相关的报废审核组进行审核，报废审核组应由企业的管理部门、仓储部门、财务部门和有关的技术人员共同组成；报废部门根据经过审核的存货毁损丢失处置单进行存货报废的作业；财务部门应根据存货毁损丢失单进行相关的账务处理等。

> **典型案例**

【案例资料】 甲企业是一家外资企业,2008年以来每年的出口创汇位居全市第三,年销售额达4 300万元左右。2009年以后该企业的业绩逐渐下滑,亏损严重,2010年破产倒闭。这样一家中型规模的企业,从鼎盛到衰败,探究其原因,不排除市场同类产品的价格下降、原材料价格上涨等客观的因素,但内部管理的混乱是其破产的根本原因。在税务部门的检查中发现:该企业的产品的成本、费用核算不准确,浪费的现象严重,存货的采购、验收入库、领用、保管不规范,归根到底的问题是缺乏一个良好的内部控制制度。存货的管理问题表现如下:

1.董事长常年在国外,材料的采购是由董事长个人掌握,材料到达入库后,仓库的保管员按实际收到材料的数量和品种入库,实际的采购数量和品种保管员无法掌握,也没有合同等相关的资料。入账不及时,会计自己估价入账,发票甚至有的长达一年以上才回来,发票的数量和实际入库的数量不一致,也不进行核对,造成材料的成本不准确,忽高忽低。

2.期末仓库的保管员自己盘点,盘点的结果与财务核对不一致的,不去查找原因,也不进行处理,使盘点流于形式。

3.材料的领用没有建立规范的领用制度,车间在生产中随用随领,没有计划,多领也不办理退库的手续。生产中的残次料随处可见,随用随拿,浪费现象严重。

【案例思考】 甲企业存货管理存在哪些问题?该如何处理?

【案例分析】 企业失败的原因可归纳如下:

(1)该企业基本没有内控制度,更谈不上机构设置和人员配备合理性问题。

(2)企业没有对入库存货的质量、数量进行检查与验收,不了解采购存货要求。没有建立存货保管制度,仓储部门可对存货进行盘点的结果随意调整。

(3)没有规范的材料的领用和盘点制度,也没有定额的管理制度,材料的消耗完全凭生产工人的自觉性。

(4)存货的确认、计量没有标准,完全凭会计人员的经验,直接导致企业的成本费用不真实。正是这些原因导致一个很有发展前途的企业最终失败。

改进措施:

(1)在内部控制中,单位法定代表人和高管人员应对实物资产处置的授权批准制度做出相互制约的规范,对重大的资产处置事项,必须经集体决策审批,而不能搞"一言堂"、"一支笔",应为企业负责人企图一个人说了算设置制度上的障碍。

(2)采购人员应将采购材料的基本资料及时提供给仓储部门,仓储部门在收到材料后按实际收到的数量填写收料单。登记存货保管账,并随时关注材料发票的到达情况。

(3)应细化控制流程,完善控制方法。企业实物资产的取得、使用是多个部门共同完成的。采购部门负责购置,验收部门负责验收,会计部门负责核算,使用部门负责运行和日常维护,各部门要各司其职,相互控制。

(4)对存货的确认和计量要制定标准,从严加强存货管理。

本章小结

存货资产的内部控制是企业内部控制的重要环节，做好存货资产的内部控制，有利于企业资产的安全完整，有利于企业资金的充分利用和经济效益的提高。存货的内部控制具体包括存货预算、存货增加、验收入库、存储保管、存货出库、存货处置、存货退回、存货清查等环节。存货内部控制制度包括职务分离控制制度、存货的储存保管制度、存货盘存控制制度、存货计价方法的控制制度、存货的期末计价制度等。

习 题

一、单项选择题

1. 委托生产的存货，应根据生产请求编制计划书，委托生产计划应经过相关授权的人员进行审核，审核包括计划的有效性、（　　）等内容。
   A. 成本收益性　　B. 可行性　　C. 符合性　　D. 相关性

2. 销售退货增加的存货，（　　）根据验收情况编制退货接收报告，报告应包括所退货物的品种、名称、客户的名称等，并交相关的主管部门进行审核。
   A. 财务部门　　B. 销售部门　　C. 接收部门　　D. 仓储部门

3. 仓储部门应当定期对存货进行检查，重视（　　）的材料、低值易耗品、半成品等物资的管理控制，防止浪费、被盗和流失。
   A. 仓库　　B. 生产现场　　C. 运输环节　　D. 销售环节

4. 根据《企业内部控制应用指引第8号——资产管理》的要求，下列关于存货内部控制的说法中不正确的是（　　）。
   A. 外购存货的验收，应当重点关注合同、发票等原始单据与存货的数量、质量、规格等核对一致
   B. 自制存货的验收，应当重点关注产品质量
   C. 其他方式取得存货的验收，应当重点关注存货来源、质量状况、实际价值是否符合有关合同或协议的约定
   D. 存货在不同仓库之间流动时无须办理出入库手续

5. 下列各项中，不属于企业存储存货原因的是（　　）。
   A. 保证生产的经营需要　　B. 出自价格的考虑
   C. 降低存货成本　　D. 保证销售的经营需要

6. 下列不属于存货内部控制的是（　　）
   A. 存货仓储与保管控制　　B. 工薪的内部控制
   C. 存货的取得控制　　D. 存货的领用控制

7. （　　）决定存货的进货时间和进货批量。
   A. 财务部门　　B. 采购部门
   C. 销售部门　　D. 生产部门

8.采购的存货需要( )清点数量,检验质量
   A.财务部门　　　B.采购部门　　　C.销售部门　　　D.生产部门
9.生产单位将生产完成的产品移至待验区,由( )进行质量检验。
   A.财务部门　　　B.采购部门　　　C.销售部门　　　D.仓储部门
10.存货数量控制的方法有很多,其中最常用的是( )
   A.固定期间法　　B.固定数量法　　C.存货经济批量法　D.物料需求计划法

二、多项选择题
1.存货业务的不相容岗位主要包括( )。
   A.请购与审批　　　　　　　　　B.采购与验收、付款
   C.保管与相关会计记录　　　　　D.发出的申请与审批
2.企业应配备合格的人员办理存货与固定资产业务。办理存货与固定资产业务的人员应当具备良好及专业的( ),并能遵纪守法,客观公正。
   A.业务知识　　　B.职业道德　　　C.会计知识　　　D.理论知识
3.企业可以根据业务特点及成本效益原则选用计算机系统和网络技术实现对存货的管理和控制,但应注意计算机系统的( ),并制定防范意外事项发生的有效措施。
   A.有效性　　　　B.相关性　　　　C.可靠性　　　　D.安全性
4.存货处置的主要控制内容包括存货情况分析、( )等。
   A.存货处置审核表　　　　　　　B.编制存货毁损丢失处置单
   C.审核存货毁损处置单　　　　　D.财务信息处理
5.关于存货保管内部控制,下列说法错误的有( )。
   A.存货在不同仓库直接流动时可以不必办理出入库手续
   B.按仓储物资所要求的储存条件贮存
   C.为便于集中管理,代管、代销、受托加工的存货与本单位存货一同存放和记录
   D.对存货进行保险投保,保证存货安全
6.下列内部控制中,与存货的"存在"认定相关的有( )。
   A.将已验收商品的保管与采购的其他职责相分离
   B.应由被授权的财务部门的人员负责签署支票
   C.存放商品的仓储区应相对独立,限制无关人员接近
   D.确定供应商发票计算的正确性
7.下列各项属于存货的有( )。
   A.协作件　　　　B.商品　　　　　C.低值易耗品　　D.产成品
8.存货的会计控制范围包括( )
   A.存货计划　　　B.存货保管　　　C.存货发放　　　D.存货验收
9.存货退回包括( )
   A.销售退回　　　B.存货损毁　　　C.领用退回　　　D.其他
10.存货处置的控制内容包括( )
   A.存货情况分析　　　　　　　　B.编制存货损毁丢失处置单
   C.审核存货损毁处置单　　　　　D.审核财务信息处理

三、判断题

1. 无论是生产企业还是商品流通企业，其存货业务流程的主要环节是一致的。（　）

2. 存货取得环节的控制目标有三个：一是存货取得合法合规；二是满足生产经营需要；三是保证存货处于最高储备状态。（　）

3. 存货盘点清查一方面是要核对实物的数量是否与相关记录相符，做到账实相符；另一方面也要关注实物的质量，是否有明显的损坏。（　）

4. 存货的领用必须经过适当的授权。（　）

5. 存货的存放和管理按存货类别不需要专人负责。（　）

6. 单位自行生产的物品，不符合质量要求的，直接作废。（　）

7. 单位要定期或不定期安排专人对存货的库存情况进行清查盘点。（　）

8. 存货的处置是对损毁的存货进行处置。（　）

9. 永续盘存制适用于自然损耗的数量不确定的鲜活商品。（　）

10. 单位应对存货建立严格的授权批准制度。（　）

四、问答题

1. 生产增加存货的控制流程是什么？
2. 简述存货的内部控制目标

五、分析题

A公司仓库保管员负责登记存货明细账，以便对仓库中的所有存货项目的收、发、存进行永续记录。当收到验收部门送交的存货和验收单后，根据验收单登记存货领料单。平时，各车间或其他部门如果需要领取原材料，都可以填写领料单，仓库保管员根据领料单发出原材料。公司辅助材料的用量很少，因此领取辅助材料时，没有要求使用领料单。各车间经常有辅助材料剩余，这些材料车间自行保管，无须通知仓库。如果仓库保管员有时间，偶尔也会对存货进行实地盘点。根据上述描述，回答以下问题：

你认为上述描述的内部控制有什么缺陷？并简要说明该缺陷可能导致的问题。针对该公司存货循环上的缺陷，提出改进意见。

学习情境五 成本费用的内部控制

学习目标及素质目标

1. 了解成本费用内部控制的原则、成本费用内部控制制度的构成、成本控制的方法;
2. 掌握成本费用预算控制、成本核算控制、成本费用分析考核控制的内容及方法;
3. 重点掌握成本核算的程序、控制措施和重点控制内容;
4. 形成成本费用最低的价值观念;
5. 树立量入为出的观念,防止铺张浪费的不良作风;
6. 形成俭以养德的优良作风。

情境导入

成本控制案例

一、成本费用控制的含义

(一)成本费用含义

成本,是指可归属于产品成本、劳务成本的直接材料、直接人工和其他直接费用,不包括为第三方或客户垫付的款项。费用,是指企业在日常活动中发生的、会导致所有者权益减少的、与所有者分配利润无关的、除成本之外的其他经济利益的总流出。企业应当合理划分期间费用和成本的界限。期间费用应当直接计入当期损益;成本应当计入所生产产品、提供劳务的成本。企业成本费用核算是对企业日常生产活动中生产的产品成本与费用进行核算,主要包括:直接材料、直接人工、制造费用、销售费用、管理费用、财务费用。前三者计入产品成本,后三者作为期间费用直接计入当期损益。

(二)成本费用控制含义

成本费用控制是指在成本费用形成过程中,对其事先进行规划、预算和制定目标;事中进行监督执行,及时发现和纠正偏差;事后进行评价分析,在总结和改进的基础上,修订和建立新成本目标的一系列活动。简而言之,成本费用控制是为实现成本管理目标而采取的行动和措施,包括成本预测、成本计划、成本控制、成本核算、成本考核和成本分析环节。

成本费用内部控制是在企业的生产经营活动中,根据事先制定的成本费用目标,以不断降低成本和提高经济效益为目的,对影响成本的各种因素进行的财务控制。通过对成本费用的内部控制,可以及时发现其与预定目标成本费用之间的差异,及时采取纠正措施,保证成本费用目标和成本费用预算任务的完成。

二、成本费用内部控制的原则

成本费用内部控制的原则是进行成本控制的行为规范,是任何企业实施成本控制都应遵循的原则,也是有效控制的必要条件。成本费用内部控制的原则一般包括四个方面。

(一)经济原则

经济原则,是指因推行成本控制而发生的成本不应超过因缺少控制而丧失的收益。经济原则在很大程度上决定了我们只在重要领域中选择关键因素加以控制,而不对所有成本都进行同样周密的控制。

(二)因地制宜原则

因地制宜原则,是指成本控制必须个别设计,适合特定企业、部门、岗位和成本项目的实际情况,不可照搬别人的做法。

(三)全员参与原则

企业的任何活动,都会发生成本,都应在成本控制的范围之内。任何成本都是人的某种作业的结果,只能由参与或者有权干预这些活动的人来控制,不能指望另外的人来控制成本。任何成本控制方法其实质都是设法影响执行作业或有权干预作业的人,使他们能自我控制,所以每个职工都应负有成本责任。成本控制是全体员工的共同任务,只有通过全体员工协调一致的努力才能完成。

(四)领导推动原则

由于成本控制涉及全体员工,并且不是一件受人欢迎的事情,因此必须由最高领导当局来推动。

三、成本费用内部控制应重点关注的风险

1. 成本费用管理不善,确认和计量不符合国家会计准则制度的规定,可能导致企业成本费用的核算和相关会计信息不合法、不真实、不完整,企业财务报告失真,最终导致企业遭受外部处罚、经济损失和信誉损失。

2. 成本费用支出未经适当审批或超越授权审批,可能会产生重大差错或舞弊、欺诈行为,从而导致企业经济损失。

3. 成本费用核算与客观经济事项不符,产生人为降低成本的现象,会导致企业的权益受损。

四、成本费用内部控制的目标

成本费用控制的目标是指预期成本费用应该控制的水平及控制标准。它的最终目标是成本费用最小化。确立成本费用控制目标的基本要求:

(一)保证各项成本费用的合法性

各项成本费用的开支符合国家有关财经法规的要求,严格遵守国家规定的成本费用

开支范围和开支标准。

（二）保证各项成本费用开支的合理性

各项成本费用开支必须符合企业生产经营活动的需要，正确划分资本性支出和收益性支出的界限，正确划分产品成本和期间费用的界限，体现收入与费用的配比原则，做到经济合理。

（三）保证成本费用的正确核算

成本费用信息资料是国家进行宏观管理的重要资料，应及时提供真实、可靠的成本费用信息资料以保证成本费用的正确核算。

（四）加强成本费用的管理，提高经济效益

应通过采用目标成本、标准成本、定额成本以及责任成本控制等科学的控制方法，努力节约费用开支，减少损失和浪费，降低成本，提高经济效益。

任务一　成本费用内部控制制度

为了加强成本费用的内部控制，防范成本费用核算中的差错与舞弊，提高资金使用效益，企业应制定以下成本费用内部控制制度。

一　岗位分工及授权批准

企业应当建立成本费用业务的岗位责任制，明确相关部门和岗位的职责、权限，确保办理成本费用业务的不相容岗位相互分离、制约和监督。

成本费用业务不相容岗位包括以下内容：

(1)成本费用预算的编制与审批职务分离；

(2)成本费用支出的审批与执行职务分离；

(3)成本费用支出的执行与相关会计记录职务分离。

同一岗位人员应定期做适当调整和更换，避免同一人员长时间负责同一业务。并配备合格人员办理成本费用的核算业务。办理成本费用核算的人员应当有良好的业务知识和职业道德，遵纪守法，客观公正。企业应当通过培训，不断提高他们的业务素质和职业道德水准。

二　成本费用预测、决策与预算控制

（一）预测

企业应当根据本企业历史成本费用数据、同行业同类型企业的有关成本费用资料、料工费价格变动趋势、人力、物力的资源状况以及产品销售情况等，运用本量利分析、投入产出分析、变动成本计算和定量、定性分析、价值链成本比较分析等专门方法，对未来企业成本费用水平及其发展趋势进行科学预测，制定科学、合理的成本费用管理目标。开展成本费用预测，应本着费用最少、效益最大的原则，明确合理期限，充分考虑成本费用预测的不

确定因素,确定成本费用定额标准。成本费用预测应当服从企业整体战略目标,考虑各种成本降低方案,从中选择最优成本费用方案。

(二)决策

企业对成本费用预测方案进行决策,应当对产品设计、生产工艺、生产组织、零部件自制或外购等环节,运用价值分析、生产工序、生产批量等方法,寻找降低成本费用的有效措施。

(三)预算

企业应当根据成本费用预测决策形成的成本目标,建立成本费用预算制度。通过编制成本费用预算,将企业的成本费用目标具体化,加强对成本费用的控制管理。

三、成本费用执行控制

1. 企业应当根据成本费用预算、定额和支出标准,分解成本费用指标,落实成本费用责任主体,保证成本费用预算的有效实施。

2. 建立成本费用支出审批制度,根据费用预算和支出标准的性质,按照授权批准制度所规定的权限,对费用支出申请进行审批。

3. 企业应当规范成本费用开支项目、标准和支付程序,从严控制费用支出。对未列入预算的成本费用项目,如确需支出,应当按照规定程序申请追加预算。

四、成本费用核算控制

企业应当建立合理的成本核算、费用确认制度。成本费用核算应符合国家统一的会计准则制度的规定,对生产经营中的材料、人工、间接费用等进行合理的归集和分配,不得随意改变成本费用的确认标准及计量方法,不得虚列、多列、不列或者少列成本费用。

建立成本费用核算制度,制定必要的消耗定额,建立和健全材料物资的计量、验收、领发、盘存以及在产品的移动管理制度。企业应当根据本企业生产经营特点和管理要求,选择合理的成本费用核算方法。成本费用核算方法一般有品种法、分批法、分步法等。

五、成本费用分析与考核

根据企业内部控制的基本规范,企业应当建立成本费用分析制度。运用比较分析法、比率分析法、因素分析法、趋势分析法等分析方法开展成本费用分析,检查成本费用预算完成情况,分析产生差异的原因,寻求降低成本费用的途径和方法。

▶ 任务二 成本费用业务控制

成本控制需要建立在健全各项基础工作的基础上,实行事前预算控制、事中核算控制、事后分析控制,成本费用业务控制流程如图5-1所示。

```
事前预算控制 ─── 1.成本费用预测
                 2.划分责任中心,明确责任目标
                 3.制定成本费用控制标准

事中核算控制 ─── 1.生产成本控制
                 2.生产成本控制的主要内容
                 3.期间费用控制
                 4.成本费用内部报告控制

事后分析控制 ─── 1.成本费用分析
                 2.考核评价
```

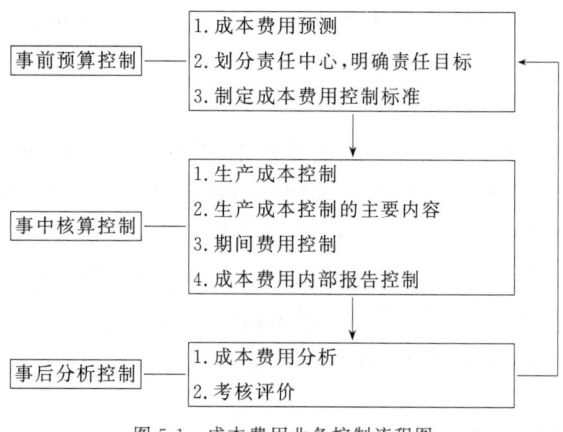

图 5-1　成本费用业务控制流程图

一、事前预算控制

事前预算,即成本费用预算,主要包括成本费用预测、划分责任中心和明确责任目标、制定成本费用的控制标准等方面的内容。成本费用预算控制的核心是成本费用预测。

(一)成本费用预测

成本费用预测是指根据单位的经营总目标和预测期可能发生的各个影响因素,采用定量和定性的分析方法,确定目标成本和费用、预计成本和费用水平变动趋势的一种管理活动。为编制成本费用预算进行的成本费用预测,主要包括费用水平预测、目标成本预测,以及成本降低目标保证程度预测等内容。

1. 成本费用预测的方法

成本费用预测的方法一般分为两类:定性分析法和定量分析法。

2. 成本费用预测的步骤

成本费用预测的步骤包括:

第一步,根据企业的经营总目标,提出初始的目标成本;

第二步,初步预测在当前生产经营条件下成本可能达到的水平;

第三步,提出各种降低成本方案,对比和分析各种成本方案的经济效果;

第四步,选择成本最优方案并确定正式目标成本。

(二)划分责任中心,明确责任目标

1. 划分责任中心

责任中心是企业内部可在一定范围内控制成本发生、收益实现和资金使用的组织单位,是全面预算的执行主体。按责任和控制范围的大小,这些责任单位可以分为成本中心、利润中心和投资中心。

2. 明确责任目标

责任中心划定后,还应明确各责任中心的目标。责任目标是有关责任中心在其权责范围内,预计应当完成的生产经营任务和财务指标。它把企业全面预算所确定的成本费用目标和任务进行分解,为每一责任中心确定相应的责任预算,以便使各责任中心了解其

所应完成的具体任务。通过确定责任预算和考核标准,各责任中心有了明确的奋斗目标和行为标准。

(三)制定成本费用控制标准

成本费用控制标准规定了在一定生产条件下,材料、工资和其他成本的实际耗费所应遵守的数量界限。成本费用控制标准主要包括直接材料用量标准、直接人工消耗标准、材料价格标准、直接工资的分配率标准和制造费用的开支限额及分配率等。

为了有效地进行成本控制,有些成本费用控制标准还必须依据分级归口管理原则,按成本形成的责任单位逐级分解成小指标,落实到各部门、各单位、班组和个人,作为其成本控制标准,以保证企业成本计划的实现。

二、事中核算控制

(一)生产成本控制

生产成本业务在企业所有业务环节中处于中心地位,涉及的部门很多,其中财务部门的生产成本核算非常重要,各部门要配合财务部门做好成本核算工作。

1. 生产成本业务涉及的职能部门

(1)技术部门。技术部门根据生产计划规定的品种和数量,负责制定材料消耗定额,进行产品及工艺流程设计,指导和监督产品的制造。

(2)劳动部门。劳动部门负责制定工时定额,调整劳动组织,按照工序安排和组织生产。

(3)物资部门。物资部门负责采购、保管和及时提供合格的生产所需物资。

(4)生产部门。生产部门负责制定和执行生产计划,按规定的生产工序进行产品生产。

(5)财务部门。财务部门负责生产费用的归集和分配,并进行产品成本的计算和确定。

2. 生产成本核算程序

(1)生产费用支出的审核。对发生的各项生产费用支出,应根据国家、上级主管部门和本企业的有关制度、规定进行严格审核,以便对不符合制度和规定的费用,以及各种浪费、损失等加以制止或追究经济责任。

(2)确定成本计算对象和成本项目,开设产品成本明细账。企业的生产类型不同,对成本管理的要求不同,成本计算对象和成本项目也就有所不同,因此应根据企业生产类型的特点和对成本管理的要求,确定成本计算对象和成本项目,并根据确定的成本计算对象开设产品成本明细账。

(3)进行要素费用的分配。对发生的各项要素费用进行汇总,编制各种要素费用分配表,按其用途分配计入有关的生产成本明细账。对能确认某一成本计算对象耗用的直接计入费用,如直接材料、直接工资等,应直接记入"生产成本——基本生产成本"账户及其有关的产品成本明细账;对于不能确认的费用,则应按其发生的地点或用途进行归集分配,分别记入"制造费用""生产成本——辅助生产成本"和"废品损失"等综合费用账户。

(4)进行综合费用的分配。对记入"制造费用""生产成本——辅助生产成本"和"废品损失"等账户的综合费用,月终采用一定的分配方法进行分配,并记入"生产成本——基本生产成本"以及有关的产品成本明细账。

(5)进行完工产品成本与在产品成本的划分。通过要素费用和综合费用的分配,所发生的各项生产费用均已归集在"生产成本——基本生产成本"账户及有关的产品成本明细账中。在没有在产品的情况下,产品成本明细账所归集的生产费用即为完工产品总成本;在有在产品的情况下,就需将产品成本明细账所归集的生产费用按一定的划分方法在完工产品和月末在产品之间进行划分,从而计算出完工产品成本和月末在产品成本。

(6)计算产品的总成本和单位成本。在品种法下,产品成本明细账中计算出的完工产品成本即为产品的总成本;分步法下,则需根据各生产步骤成本明细账进行逐步结转或平行汇总,才能计算出产品的总成本。以产品的总成本除以产品的数量,就可以计算出产品的单位成本。

3. 生产成本核算控制

(1)费用的审查批准。企业各车间和职能部门需要开支的各项费用,在由专人填制有关凭证后,要经过车间或部门负责人进行审查批准。对于超过限额或预算的费用开支则由上级主管人员审查批准。

(2)费用发生的审核。财务部门检查各种以货币资金形式支付的各种综合性费用支出是否超过限额或预算的费用开支,应检查是否经过有效的批准手续。

(3)原始凭证审核。有关财务人员应审查由采购、劳资等部门转来的各项费用开支的原始凭证基本要素的完整性、处理手续的完备性、经济要素的合法性、计算要素的正确性,并签字盖章以示审核。劳资部门检查车间和其他部门转来的考勤记录、产量记录等原始记录后签发由财务部门提供的工资单。

(4)记账审核。企业财务部门核算人员根据审核后的领退料凭证、工资结算单以及其他有关费用的原始凭证,按照费用的用途归类,划分应计入产品成本和不应计入产品成本的费用,并按照成本项目编制各项费用汇总表和分配表。企业在记账前,稽核人员应审核材料发出汇总表、工资结算汇总表、固定资产折旧计算表及其他费用支出原始凭证基本要素的完整性、处理手续的完备性、经济要素的合法性、计算要素的正确性,还应审核记账凭证基本要素的完整性、处理手续的完备性、其所反映的费用归集要素和金额与原始凭证的一致性,并签字盖章以示稽核。

(5)成本明细账、总账登记及核对。生产成本明细账会计主管根据原始凭证或记账凭证及时登记生产成本等明细账,登记完毕后,核对其发生额与原始凭证或记账凭证的合计金额,并签字盖章以示登记。生产成本总账会计根据记账凭证登记生产成本总账,登记完毕后核对其发生额与记账凭证的合计金额,并签字盖章以示登记。在企业稽核人员的监督下,生产成本明细账会计主管与生产成本总账会计定期核对生产成本明细账与生产成本总账的发生额和余额,并相互取得对方签证以示对账。

(6)期末在产品清查。企业财务部门应会同生产部门定期清查盘点在产品,核实在产品数量,确定在产品完工程度,及时处理盘亏盘盈及报废的在产品,编制在产品盘存表并进行盈亏的相关账务处理。

(7)完工产品总成本及单位成本计算。企业财务部门成本核算人员应在规定的时期内,把已经发生应计入生产成本的生产费用在各个期间、各种产品以及完工产品和在产品之间进行分配,计算出完工产品的总成本和单位成本,并编制成本计算单。

(8)成本计算稽核。企业财务部门主管人员应在生产成本计算出来后,核算成本核算方法是否适当、分配方式和分配比率是否合理、核算程序是否合规、计算结果是否正确。复核无误后,在成本计算单上签章以示复核。

(9)生产成本汇总及成本报表编制。企业财务部门会计主管根据复核的生产成本计算单,编制生产成本汇总表,填制有关记账凭证,及时结转生产成本,并根据生产成本计算单及有关科目余额编制成本报表。企业会计主管核对成本报表资料,做到账表及表表相符,核对无误后签章,并送企业负责人审核和签章。

(二)生产成本控制的主要内容

1. 材料成本控制

(1)建立健全各种材料的收发、领退、保管手续责任制度。

(2)根据生产经营计划、财务成本计划,结合材料库存和供应情况,认真审核材料的供应计划和供应合同,制订材料的采购计划。采购成本是在采购与付款环节中发生的,是影响产品成本的外部因素,在制订采购计划时,应努力降低采购成本。采用ABC控制法,努力降低存货的储存成本,储存成本是影响产品成本的内部因素。

(3)财务部门应参与有关部门制定科学合理的材料定额制度,材料消耗要先进合理,随着生产技术条件的改变要及时对其加以调整、修订,促进合理节约使用材料。直接材料分别按各种原材料、燃料等消耗定额乘以其相应的计划价格,并加总得出其定额成本。

(4)制定材料节约和超支的奖惩制度,该制度的实施要与材料耗用定额制度结合起来,做到认真记录、严格考核、奖惩分明、切合实际、不流于形式。

2. 人工成本控制

(1)对工资与人力资源业务实行职务分离控制。一般来说,人力资源管理部门负责工资与人力资源计划和决策、人员聘用等工作;企业内部各部门负责编制考勤记录;财务部门负责编制工资单,记录和分配工资。

(2)工资、人力资源计划与决策控制。人力资源管理部门应当根据企业的发展规划,制订出工资与人力资源计划,提出各级各类人才的需要量,做出聘用合格人才的决策。为此,应当保存相应的工资与人力资源计划、面试和聘用记录资料。各个职能部门在劳动及人力资源方面应当受制于工资与人力资源计划和决策。

(3)人力资源管理制度控制。人力资源管理部门应当建立健全人力资源管理制度,包括与新进员工签订用工合同,对工资定级及变动进行授权,保管人事记录,防止未经授权接近记录,同时对员工的能力和诚信进行调查、考核等。

(4)考勤记录控制。考勤记录是计算应发工资的基础。如果考勤记录和与之相关的产量工时记录有虚假,就会导致工资费用失真。因此,应当建立工时产量等原始凭证的控制制度,严格考勤措施。出勤记录、工时记录和产量记录应当经过主管部门的授权和审核。抽查产量和工时记录,抽取若干天的工时台账和实际工时统计记录,核对是否相符,或抽取若干直接人工产量记录和产量统计报告,核对是否相符。

(5)薪酬费用的确认与计量。计入成本费用的薪酬费用包括应付工资、应付福利费及其他应付职工薪酬。应付职工薪酬是企业在一定时期内应当支付给全体员工的劳动报酬总额。企业应采用规定的方法和出勤记录、工时记录和产量记录等原始资料正确计算应付职工薪酬。

(6)工资单审核控制。人力资源管理部门应当审核工资单的计算和汇总,指定专人审核工资单中的直接人工成本和人工费用分配表中的直接人工费是否一致。核对每一位员工的考勤记录和工资率是否正确,检查根据产量和单位标准工时计算的标准工时总数和与标准工资率的乘积同成本计算单中的直接人工是否一致。

(7)工资发放控制。工资单和工资汇总表经审核后才能发放。签发支票要经过授权批准。出纳人员根据记账凭证填制的提款单提取现金,工资支付后在付款凭证上加盖"付讫"印章,并编制工资领用明细表。工资的实际领取需要经过当事人的签字。

(8)记录和分配工资费用控制。按照审核过的工资汇总表登记有关"生产成本""制造费用""应付职工薪酬"等账户,按照审核过的工资分配表分配工资费用。

3. 制造费用控制

制造费用是指各个生产车间和辅助生产车间为组织和管理生产所发生的各项费用,包括车间管理人员的工资、车间设备的折旧费、租赁费、机物料消耗、水电费等。

(1)确定制造费用的范围。费用发生时应该详细分析其发生的原因和用途,并归属于应负担的各生产部门。合理设置明细账和总账,不得将其他费用列入制造费用。

(2)确定合理的费用分配方法。这一环节着重审查分配标准的选择是否合理有效。制造费用的分配一般采取生产工人工时比例、生产工人工资比例或机器工时比例等分配方法。

(3)审查月终汇总归集的正确性。在月末,负责成本核算的会计人员根据明细账、总账编制汇总表及分摊表,将费用摊入各成本中心或产品成本,并检查分摊的内容和数字是否正确。

(三)期间费用控制

(1)发生费用申请控制。一是经过部门主管授权的部门成员向上级部门主管递交费用开支申请报告;二是在费用开支发生前提出申请;三是申请金额在分级归口的费用开支额度之内;四是申请报告要详实明晰,向上级主管递交时还要有本部门主管的签章;五是申请人要向具有审批权限的直接上级部门主管提交申请。

(2)发生费用审批控制。一是部门主管按照分级归口的费用审批规定,检查自己是否符合审批资格,对无权审批或越级申请行为不予受理;二是提交费用开支申请时必须具备由部门主管签章同意的书面申请报告,并附加相关资料;三是审批人员要审核申请资料是否真实完整,内容是否明晰,并严格检查开支项目的合法性、合理性和经济性,必要时还要与申请人以及财务部门进行沟通;四是申请报告核准必须由审批人员签章以示同意。

(3)发生费用单据审核控制。发生费用单据审核控制的关键点主要有:财务部门有关人员分别审查由行政管理、销售及后勤服务等部门转来的各项费用开支原始凭证及转账凭证基本内容的完整性、处理手续的完备性、经济内容的合法性、计算内容的正确性,并签字盖章以示审核。

(4) 办理结算控制。会计部门有关人员根据各个部门审批签字的各种费用开支凭证以及开支情况说明材料,严格复核后,结合部门费用额度,按照企业费用结算办法办理各项费用开支结算业务。

(5) 核算期间费用并登记入账控制。一是财务部门根据各项费用结算后取得的凭证,将费用发生情况登记备查,同时将费用在各个期间进行分配核算。二是财务部门主管人员检查期间费用的分配方式和分配比率是否合理,核算程序是否合规,计算结果是否正确。复核无误后在费用计算单上签章以示复核。三是财务部门主管会计根据复核的费用计算单编制费用汇总表,填制有关记账凭证。四是在稽核人员监督下,费用明细账与费用总账定期核对并相互取得对方签章以示对账。

(6) 编制费用报告控制。一是财务部门主管会计一方面根据费用计算单及有关科目余额编制费用会计报表,另一方面修订分级归口的企业内部各单位费用开支情况报表,以便于更好地落实成本责任制;二是会计主管核对费用会计报表资料,做到账表及表表相符,核对无误签章后送企业负责人审核并签章。会计主管根据本期发生额和上期余额核对各个部门费用开支情况表,核对无误后签章,作为落实成本责任制的依据。

(四) 成本费用内部报告控制

1. 成本费用内部报告的内容

(1) 实际成本。实际成本资料可以通过账簿系统提供,也可以在责任中心设置兼职核算员,在账簿系统外收集加工。

(2) 控制目标。控制目标可以是目标成本,也可以是标准成本,一般都是按实际业务量进行调整。

(3) 两者之间的差异和原因。实际成本反映"完成了多少",控制目标反映"应该完成多少",而这两者之间的差异可以反映出"完成得好不好,是谁的责任"。

2. 内部报告的质量要求

(1) 报告的内容应与其责任范围一致;
(2) 报告的信息要适合使用人的需要;
(3) 报告的时间要符合控制的要求;
(4) 报告的列示要简明、清晰、实用。

3. 成本费用报告制度的类型

一般情况下,成本费用报告制度包括以下两类:日常报告制度和期末报告制度。

三 事后分析控制

事后分析,即对成本费用的各项分析。成本费用分析考核控制是内部控制的主要组成部分,其目的在于不断降低成本费用消耗,以达到用最少的劳动消耗获得最大的经济效益的目的。

(一) 成本费用分析

企业可以运用比较分析法、比率分析法、因素分析法、趋势分析法等方法开展成本费用分析,检查成本费用预算完成情况,分析产生差异的原因,寻求降低成本费用的途径和方法。

企业对各项成本费用及其升降情况的分析应包括以下要素：

1. 成本、费用计划完成情况分析；
2. 成本费用降低任务完成情况分析；
3. 单位成本的分析；
4. 营运支出项目的分析。

(二)考核评价

为了使成本费用控制系统发挥积极作用，维持系统长期有效运行，企业必须建立一套成本费用考核评价制度。即应当定期比较成本费用实际执行情况与成本费用标准，从而对目标成本的实现情况和成本计划指标的完成结果进行全面的审核和评价。然后把考核评价结果同利益奖惩相结合，利用利益机制来激发成本中心完成任务的积极性。在考核评价过程中，应注意奖惩必须分明，不得奖惩不分或有奖无惩。

任务三 成本费用控制方法

一、成本控制方法

从事生产经营活动的单位应当采用标准成本、定额成本、作业成本、目标成本或责任成本等成本控制方法，利用现代信息技术，结合生产工艺特点，实施对成本的控制与管理。常用的成本控制方法有以下几种：

(一)标准成本控制方法

标准成本是指在一定条件下，根据科学方法预先制定的、用以衡量实际成本高低的一种成本尺度，是一种预定的目标成本。产品标准成本是由直接材料、直接人工、制造费用三大项目组成的，因此，标准成本一般按每种产品耗用的直接材料、直接人工和制造费用分别制定。标准成本控制法是一种较理想的事中控制成本的方法。它的基本原理是对控制对象事先确定标准成本，并设立标准成本卡，在生产过程中，不断地将实际消耗量与标准成本做比较，计算成本差异，分析差异原因，采取控制措施，将各项成本支出控制在标准成本范围内。标准成本法涉及的主要内容包括标准成本的制定、成本差异的计算、成本差异的账务处理和成本差异的分析。

(二)定额成本控制方法

定额成本控制方法是根据制定的定额成本来控制实际成本的发生，以达到降低成本目的的一种控制方法。实行定额成本控制，必须先制定单位产品的消耗定额、工时定额和费用定额，并据以计算单位产品的定额成本。产品定额成本是以现行消耗定额为根据计算出来的产品成本，是企业现有生产条件和技术水平下所应达到的成本水平。产品定额成本的制定过程，也就是对产品成本进行事前控制的过程。

实行定额成本控制制度，能在生产耗费发生的当时，随时揭示脱离定额的各种差异，有利于考核生产各个环节成本控制的成效，进一步挖掘降低成本的潜力。需要指出的是，采用定额成本控制,要与企业的经济责任结合起来,并建立在员工参与的基础上,使责、权、利三者结合起来,达到降低成本的目的。

（三）作业成本控制方法

作业是企业为了提供一定产量的产品或劳务所消耗的人力、技术、原材料、方法和环境的集合体。作业成本法(Activity-Based Costing)指以作业为核算对象,通过成本动因来确认和计算作业量,进而以作业量为基础分配间接费用的成本计算方法。与传统成本制度相比,作业成本计算采用比较合理的方法来分配间接费用。该方法首先汇集各作业中心消耗的各种资源,再将各作业中心的成本按各自的作业动因分配到各产品。归根到底,它是采用多种标准分配间接费用,是对不同的作业中心采用不同的作业动因来分配制造费用。而传统的成本计算只采用单一的标准进行制造费用的分配,无法正确反映不同产品生产中不同技术因素对费用发生的不同影响。因此,从制造费用的分配准确性来说,作业成本法计算的成本信息比较客观、真实、准确;从成本管理的角度来讲,作业成本控制方法把着眼点放在成本发生的前因后果上,通过对所有作业活动进行跟踪动态反映,可以更好地发挥决策、计划和控制的作用,从而促进作业管理的不断提高。

（四）目标成本控制方法

目标成本控制是针对目标成本进行策划并将其延伸至设计、制造阶段,运用价值工程进行功能成本分析,从而不断降低成本、增加竞争能力的一种成本管理方法。其基本思想是在产品的策划与设计阶段,作为经营者,必须关注将要制造的产品成本的上限,即目标成本。通过市场需求决定的目标售价(预期售价)和目标利润这两个因素来求得目标成本。可用公式表示如下：

目标成本＝目标售价－目标利润

目标成本＝目标售价×(1－目标利润率)

这意味着,目标成本控制要求确保制造过程实际消耗的成本乃至用户的使用成本都不允许超越这一范围,这就必须把成本管理的立足点从制造阶段转向制造前阶段。在制造前阶段(产品的策划、构想与设计阶段)摆脱单纯会计思想方法的束缚,使以价值工程方法为主的多样化工程方法与会计计量方法有效结合起来,借此大幅度降低成本。这一控制过程由三个环节构成：(1)目标成本设定；(2)目标成本分解；(3)目标成本考核。

（五）责任成本控制方法

责任成本控制是指在企业内部确定责任成本层次,建立责任中心,并对各责任层次和责任中心的责任成本进行核算和考评的一种内部控制制度。它把成本计算、成本控制与经济责任制紧密结合起来,从而可以充分调动各责任单位的积极性,促进成本降低。

进行责任成本控制,首先,要划分责任层次,建立责任中心,明确各责任中心的成本责任和权限；其次,根据可控性原则将责任成本目标分解到各成本责任中心,作为考核和评价各成本责任中心业绩的标准；最后,建立一套完整的计量、记录和报告责任成本的核算体系,通过责任成本实际发生数和控制标准的对比和报告,检查和考核各责任层次和责任中心的实绩。

二、期间费用的控制方法

由于单位的管理体制不同,可以采取不同的控制方法。期间费用的内部控制方法主要有预算控制法、定额控制法、审批控制法和归口分级管理法。

(一)预算控制法

期间费用的预算控制是依据企业成本费用的计划要求而编制的期间费用支出的预算,并据以控制日常期间费用开支。期间费用预算主要根据期间费用项目的特点和各项期间费用过去年度的资料,并考虑了计划期可能发生的变化而分项目编制。预算编制出来以后,各部门、各单位必须严格按照预算执行,不得突破预算指标。年终应根据预算进行考核,对于超出指标的部门、单位和个人要进行惩罚,对于节约的要给予奖励。

(二)定额控制法

定额是指在一定条件或经济环境下,为生产某种产品或零部件或为完成某项业务而需要耗费的人力、物力、财力的数量标准。为完成同一项业务,不同的人在不同的技术条件和经济环境下,采用不同的方法,其耗费的人力、物力和财力是不同的。为了控制费用开支,需要确定一个额度,作为费用开支的标准。凡是在定额以内可予以报销,节约的还可以给予一定的奖励,超过定额的部分就不予以报销。期间费用的许多项目都可以采用定额进行控制,如住宿费、交通费、招待费等。凡是能通过定额加以控制的期间费用项目,企业都应当制定出相应的定额标准,作为制度并公布执行,以控制费用开支。在确定定额标准时,在保证完成工作的前提下,应当本着"节约办一切事情"的原则,综合考虑业务的性质、技术条件、经济环境和岗位的职务差别等因素合理地确定。不同性质的业务、不同的技术条件、不同的经济环境、不同岗位和职务的人员等,在定额标准上应有所差别。比如,住宿费标准通常因受各地经济发展水平和物价水平的影响而有较大差别。定额标准一旦制定,就必须严格执行,不得随意更改。当然,随着技术条件和经济环境的变化,定额标准应定期进行修订,使之适应新的条件和环境。

(三)审批控制法

各项费用的发生,必须按照有计划(预算)、有审批的原则进行控制管理。企业不能仅有预算而没有审批制度。企业应当建立严格的费用审批控制制度。费用审批控制制度应当明确审批的人员及其权限,也就是说,应当明确什么人能批准多大范围的费用开支。通过分层审批,可以有效监督期间费用预算的执行,减少期间费用超额度、超标准和造假贪污等不正常现象的发生。审批控制操作时,一般由费用发生部门业务人员提出申请,经有关领导审批后在额度内开支;费用开支后,由有关人员将有关单据填报报销单,按费用审批控制制度规定经有关领导审批后方可予以报销。

(四)归口分级管理法

归口分级管理法也是期间费用管理的一项基本方法。其主要内容包括以下几方面:

1. 归口管理

按照管理权限和管理责任相结合的原则,合理安排企业内部各部门、各单位在期间费用上的权责制度,调动各部门、各单位管理好相关费用的积极性。一般来讲,管理费用主要由行政管理部门管理,销售费用由销售部门管理,财务费用由财务部门管理,进货费用由进货部门管理。

2. 分级管理

各管理部门应当根据各项费用的具体情况，将费用控制责任层层分解，层层落实，让归口管理部门的所属单位和个人都对相关费用的控制和管理负有责任，从而加强对期间费用的控制。

财务部门对期间费用实行统一管理。财务部门作为综合管理部门，应对期间费用进行统一管理。所有期间费用开支都由财务部门统一办理借款报销手续。财务部门按照企业有关规定的费用开支范围和开支标准，严格执行企业制定的费用预算、费用定额和费用审批制度，对每一笔期间费用支出认真进行审核，凡是符合规定的予以报销，违反规定的不予报销。

在实际工作中，以上几种期间费用控制方法并不是孤立的，而是相互交叉、相互联系的。比如，预算控制总是建立在定额控制和归口分级控制之上的；定额控制又是和审批控制和归口分级控制联系在一起的；审批控制和分级归口控制直接相联系等。这四种方法相结合，构成一个完整的期间费用控制体系。

典型案例

【案例资料】 某国企2016年营业收入在其所在省同行中排名第二，但该年发生巨额亏损。经调查，主要原因是企业成本费用没有得到合理控制。其相关的成本控制如下：

（1）为鼓励销售人员打开销路，实行销售费用实报实销制度；

（2）供应部为确保生产消耗的需要，在根据经验估计正常持有量的基础上增加一倍原材料库存量，由于该类存货市场价格持续下降，大量库存给企业造成较大负担；

（3）生产工人执行计时工资制度，工人认为多干少干一个样，生产积极性不高。

为强化成本费用管理，总经理决定试行下列措施：

（1）取消销售费用实报实销制度，实行"基本工资＋奖金制度"，奖金由总经理根据员工工作情况以"红包"形式不公开发放；

（2）由车间主任根据生产消耗情况提出请购申请，经过总经理批准后交采购部门进行采购；

（3）改计时工资为计件工资。

这些措施试行半年后发现，销售部门员工经常埋怨，销售情况时好时坏，产品质量下降，产成品库存很大。

【案例思考】 该企业原有内部控制制度和后来试行的控制制度各存在哪些问题？如何改进？

【案例分析】

该企业原有问题有：(1)销售费用实报实销制度造成销售费用失控，不利于提高资金的利用效率；(2)根据经验估计正常持有量，并加倍持有原材料，不利于对材料采购成本和储存成本进行控制；(3)单纯的计时工资制度不利于提高工人的生产积极性，容易造成消极怠工的现象。

后来试行的问题有：(1)"红包"制度随意性太大，虽然销售人员报销费用失控现象得以控制，但企业仍然不能对销售费用进行合理控制，因为缺乏对总经理发放奖金的约束；

同时这种做法也不利于加强企业职工的凝聚力。(2)明确请购、审批、采购、验收的程序和要求是必要的,但由车间主任根据生产消耗情况提出请购申请并不合适,由仓储部门提出更为合理。(3)计件工资制度能够激发工人生产的积极性,但应该配套实施严格的产品质量检验制度,将计件工资与产品质量挂钩,在增加产品数量的同时,确保产品质量不下降。

改进措施:企业整体上存在的问题在于缺少对成本费用进行的有效预算控制。要么是积压物资,要么是质量失控。

正确的做法是:

(1)根据企业经营目标和经营计划确定销售目标,对销售部门进行严格的目标管理和预算控制,明确责、权、利和奖惩措施;

(2)根据目标销售量由仓储部门按照生产要求和经济批量要求,提出请购申请,经批准后由采购人员根据批准情况采购;

(3)不管采用何种工资制度,均应建立人工成本控制制度,使人工成本与产品数量、质量挂钩,严格按照标准成本系统的要求控制成本项目,从而实现企业的经营目标。

本章小结

本学习情境介绍了成本费用内部控制的原则和成本费用内部控制制度的构成;详细介绍了成本费用控制的内容,包括事前预算控制、事中核算控制及生产成本的重点控制内容,即材料成本控制、人工成本控制和制造费用控制;介绍了成本费用考核控制;简单介绍了成本费用控制的方法。

习题

一、单项选择题

1.费用是指企业在日常活动中发生的、会导致(　　)减少的、与所有者分配利润无关的、除成本之外的其他经济利益的总流出。

　　A.负债　　　　B.资产　　　　C.所有者权益　　D.净资产

2.(　　)是将企业的成本费用目标具体化,加强对成本费用的控制管理。

　　A.预测　　　　B.预算　　　　C.决策　　　　D.分析

3.建立成本费用支出审批制度属于(　　)

　　A.成本费用预测控制　　　　　　B.成本费用执行控制

　　C.成本费用核算控制　　　　　　D.成本费用分析与考核

4.产品成本的计算业务主要由企业(　　)负责。

　　A.技术部门　　B.生产部门　　C.财务部门　　D.物资部门

5.成本费用分析属于成本费用控制的(　　)。

　　A.事前控制　　　　　　　　　　B.事中控制

　　C.事后控制　　　　　　　　　　D.成本费用预算控制

6.(　　)属于成本费用业务控制的事前控制。

　　A.生产成本控制　　　　　　　　B.期间费用控制

　　C.制定成本费用控制标准　　　　D.成本费用分析与考核

7. 生产成本控制的主要内容有（　　）。
   A. 材料成本控制　　　　　　　　　　B. 销售费用控制
   C. 管理费用控制　　　　　　　　　　D. 财务费用控制
8. 生产成本核算的第一步骤是（　　）。
   A. 生产费用支出的审核　　　　　　　B. 确定成本计算对象和成本项目
   C. 进行要素费用的分配　　　　　　　D. 进行完工产品成本与在产品成本的划分
9. 生产费用的发生与（　　）相联系。
   A. 一定品种和数量的产品　　　　　　B. 一定的车间和部门
   C. 一定的时期　　　　　　　　　　　D. 一定的成本计算对象
10. （　　）是指以作业为核算对象，通过成本动因来确认和计算作业量，进而以作业量为基础分配间接费用的成本计算方法。
    A. 标准成本控制法　B. 预算控制法　　C. 定额控制法　　D. 作业成本控制法

二、多项选择题

1. 以下属于成本费用事中控制内容的是（　　）。
   A. 制定成本控制目标　　　　　　　　B. 产品成本核算控制
   C. 期间费用发生控制　　　　　　　　D. 成本费用分析
2. 成本费用预测常用的定量分析法有（　　）。
   A. 因素分析法　　B. 德尔菲法　　C. 类推法　　D. 趋势分析法
3. 期间费用的内部控制方法主要有（　　）。
   A. 预算控制法　　B. 定额控制法　　C. 归口分级管理法　　D. 审批控制法
4. 成本控制标准主要包括（　　）。
   A. 直接工资的分配率标准　　　　　　B. 制订费用开支限额
   C. 直接人工消耗标准　　　　　　　　D. 材料价格标准
5. 产品成本包括（　　）。
   A. 直接材料　　　　　　　　　　　　B. 直接人工
   C. 其他直接费用　　　　　　　　　　D. 为第三方或客户垫付的款项
6. 成本费用内部控制的目标（　　）。
   A. 保证各项成本费用的合法性　　　　B. 保证各项成本费用开支的合理性
   C. 保证成本费用的正确核算　　　　　D. 加强成本费用的管理，提高经济效益
7. 责任中心是全面预算的执行主体，可以划分为（　　）责任单位。
   A. 成本中心　　B. 利润中心　　C. 投资中心　　D. 项目中心
8. 目标成本控制的过程包括（　　）三个环节。
   A. 目标成本设定　B. 目标成本分解　C. 目标成本分析　D. 目标成本考核
9. 成本费用业务控制包括（　　）。
   A. 事前预算控制　B. 生产成本控制　C. 期间费用控制　D. 事后分析控制
10. 实行定额成本控制，计算单位产品的定额成本必须先制定单位产品的（　　）
    A. 消耗定额　　B. 脱离定额差异　　C. 费用定额　　D. 工时定额

三、判断题

1. 产品成本与生产费用两者无实质上的区别。　　　　　　　　　　　　　　（　　）

2. 成本费用支出的执行与相关会计记录职务必须分离。（   ）

3. 成本费用内部控制是在企业的生产经营活动中，根据事后制定的成本费用目标，以不断降低成本和提高经济效益为目的，对影响成本的各种因素进行的财务控制。（   ）

4. 成本费用报告制度包括日常报告制度和期末报告制度。（   ）

5. 根据企业内部控制的基本规范，企业一般运用比较分析法、比率分析法、因素分析法、趋势分析法等分析方法开展成本费用分析。（   ）

6. 成本费用预算控制的核心是成本费用预测。（   ）

7. 企业在没有在产品的情况下，产品成本明细账所归集的生产费用即为完工产品的单位成本。（   ）

8. 部门主管按照分级归口的费用审批规定，检查自己是否符合审批资格，对无权审批或越级申请行为不予受理。（   ）

9. 实际成本和控制目标成本不同，两者之间的差异可以反映出"完成的好不好，是谁的责任"。（   ）

10. 归口管理法是期间费用的一项基本方法，也就是管理费用由行政部门管理，销售费用归销售部门管理，财务费用归财务部门管理。（   ）

四、思考题

1. 成本费用内部控制的含义及原则？
2. 生产成本的核算程序是什么？
3. 企业进行成本预测的步骤是什么？
4. 如何进行生产成本核算控制？
5. 如何进行管理费用、财务费用、销售费用的控制？
6. 成本控制的方法有哪些？

五、分析题

近年，由于受人民币升值和西方有关国家贸易保护的影响，许多纺织企业效益下降。然而，德盛纺织企业实现工业产值亿元，利税 1 755 万元，其中税金比上年增加了 1 000 万元。该公司的做法在于"采取多种办法，开源与节流并举，实行成本取胜战略"。其主要措施有以下几个方面：

1. 控制原材料采购成本。该公司成立了购进物资价格咨询定价小组和质量把关小组，制定了一系列制度，对所有购进物资进行购前价格咨询和购后价格、质量把关，使采购权、定价权、审核权及把关权相分离。

2. 降低产品生产费用。为了切实降低生产费用，该公司本着谁消耗、谁降耗的原则，在生产工序上配齐了计量器具，使各项消耗指标得到了准确计量，层层分解到车间、班组、工序和个人。同时为充分发挥激励作用，拿出工资的 30% 作为专项考核成本。

3. 截住浪费的源头。为了控制费用，公司对期间费用进行预算控制，实行超支不予报销，节约予以奖励。同时针对企业存在的跑、冒、滴、漏现象，公司向职工"集智问计"，鼓励职工积极献计献策，有效地降低了费用。

4. 减少单位成本工资。抓效率就是抓成本，公司推行了分钟效率管理法，即推算出每工种、每人、每分钟的生产效率，然后停台时间也用分钟来计算，使每名员工思想不麻痹，工作不懈怠，努力向新的目标攀登。该公司的做法符合哪些成本费用内部控制要求？

学习情境六 预算环节的内部控制

学习目标及素质目标

1. 了解全面预算的含义、预算管理的基本原则、范围、内容以及预算控制体系;
2. 理解全面预算的编制;
3. 理解全面预算审批的内容、分类及程序;
4. 适当掌握预算编制的起点和编制方法的选择,加强实践中企业全面预算管理的内部控制工作;
5. 培养工作的计划性和有序性意识;
6. 形成工作执行中总结、分析、完善的思维体系;
7. 树立工作的大局意识。

情境导入

预算控制是内部控制中使用较为广泛的一种控制措施。通过预算控制,使得企业的经营目标转化为各部门、各岗位以至个人的具体行为目标,作为各责任单位的约束条件,能够从根本上保证企业经营目标的实现。

一、全面预算的含义

全面预算,是指企业对一定期间的各项生产经营活动做出的预算安排。企业全面预算一般包括经营预算、资本预算和财务预算等。

企业全面预算管理至少应当关注下列风险:第一,缺乏预算或预算编制不完整,可能导致企业盲目经营;第二,预算执行不力,可能导致企业无法实现生产经营目标。

企业应当建立全面预算管理制度,强化预算约束,明确预算编制、执行、考核等环节的主要风险点,采取相应措施,实施有效控制。

二、全面预算应强化控制

企业在建立与实施预算内部控制中,应当强化对下列关键方面或者关键环节的控制:第一,职责分工、权限范围和审批程序应当明确规范,机构设置和人员配备应当科学合理;第二,全面预算编制、执行、调整、分析与考核、评估与披露等的控制流程应当清晰严密,对预算编制方法、审批程序、预算执行情况检查、预算调整、预算执行结果的分析考核等应当有明确的规定。

三 预算管理原则及内容

预算管理是将企业的目标及其资源的配置方式以预算方式加以量化,并使之得以实现的企业内部控制活动或过程的总称。

(一)预算管理原则

预算管理是对预算的编制、审批、执行、控制、调整、考核及监督等多项管理方式的总体概括。为了强化预算控制,必须坚持预算管理原则:

1. 量入为出,综合平衡;
2. 效益优先,确保重点;
3. 先急后缓,统筹兼顾;
4. 全面预算,过程控制;
5. 权责明确,分级实施;
6. 规范运作,防范风险。

(二)预算管理范围及内容

预算管理由预算编制、预算执行、预算控制、预算考评等环节构成,内容可以涵盖单位经营活动的全过程,包括融资、采购、生产、销售、投资、管理等诸多方面。公司所有涉及价值形式的经营管理活动,都应纳入预算管理,明确预算目标,实现预算控制。具体包括以下几方面:

1. 损益预算

反映预算期内利润目标及其构成要素的财务安排,包括销售收入预算、成本费用支出预算、财务费用预算、营业外收支预算和所得税预算。

2. 资本性收支预算

反映预算期内资本性来源及资本性支出的财务安排,主要包括资本性收入预算和资本性支出预算。

3. 专项预算

反映非常规性的具有特定资金用途的,需公司有关部门审批的项目所做的专项财务安排。

4. 现金流量预算

反映预算内现金流入、现金流出及其利用状况的财务安排,包括经营活动中产生的现金流量预算、投资活动产生的现金流量预算和筹资活动产生的现金流量预算。

四 企业实行全面预算管理应重点关注的风险

1. 不编制预算或预算不健全,可能导致企业经营缺乏约束或盲目经营。
2. 预算目标不合理、编制不科学,可能导致企业资源浪费或发展战略难以实现。
3. 预算未经适当审批或超越授权审批,可能导致预算权威性不够、执行不力,或可能因出现重大差错、舞弊而导致损失。

4.预算缺乏刚性、执行不力，或者预算调整依据不充分、方案不合理、审批程序不严格，可能导致预算管理流于形式。

5.预算考核不严、差异得不到及时分析，预算监控难以发挥作用，可能导致预算目标难以实现。

▶ 任务一　岗位分工与授权批准

预算控制涉及从企业目标、企业战略到预算目标、预算制定、预算执行、预算分析和评价等多个环节。预算控制组织体系是预算控制工作的基础，该体系的设计与设置是否合理，将会影响到预算控制职能的发挥。我国目前比较流行的预算控制组织体系通常分为三级，即党政联席会议——预算管理委员会——各预算责任部门。

一　全面预算工作不相容岗位

（一）预算编制（含预算调整）与预算审批

编制预算的人员与审批人员是不相容的。审批人应当根据预算工作授权批准制度的规定，在授权范围内进行审批，不得超越审批权限。经办人应当在职责范围内，按照审批人的批准意见办理预算工作。对于审批人超越授权范围审批的预算事项，经办人有权拒绝办理，并同时向上级部门报告。

（二）预算审批与预算执行

预算审批与执行工作也是不相容的，执行这两个工作的人员应该各司其职，具有明确的界限，跨过这个界限，就属于违背了内部控制关于预算控制的基本规范。

（三）预算执行与预算考核

预算执行人员与对预算进行考核的人员不能由一个人同时担任，这两者属于不相容岗位。企业应当配备合格的人员执行预算工作。经办人员应当具备良好的业务素质和职业道德，熟悉国家有关法律法规和本企业的经营业务、管理要求和工作程序。预算考核人员应该由独立的、不参与预算执行的人员担任。

二　预算管理组织体系的构建

预算管理组织是全面预算管理职能的执行主体，公司应建立由公司党政联席会议、预算管理委员会、预算责任单位构成的三级预算管理体系。

（一）公司党政联席会议

公司党政联席会议是预算管理的最高决策机构，负责确定公司年度经营目标，审批公司年度预算方案及其调整方案。

（二）预算管理委员会

预算管理委员会一般由正、副董事长、总经理、总会计师、财务经理及有关部门的主要负责人组成,预算管理委员会主任由公司常务副总经理担任。预算管理委员会负责审查预算草案、预算调整草案及预算执行情况报告,向公司党政联席会议提交预算草案和预算调整草案,组织预算考核与监督。

预算管理委员会下设办公室,负责预算的编制、初评、平衡、调整和考核等具体工作,并跟踪监督预算执行情况,分析预算与实际执行的差异,提出建议和改进措施。

(三)预算责任单位

公司内部各单位为具体预算责任单位,负责本单位分管业务的预算编制、执行、分析和控制等工作,并配合预算管理委员会做好公司总预算的综合平衡。

编制预算的初始基础资料应由各有关部门提供,其内容主要是各部门历史的和未来的业务状况。预算的编制不是将各部门提供的资料进行简单的汇总,而是要将各项预算与企业的总体目标相协调,最终编制成全面预算,其中还涉及各项预算之间的汇总和平衡等问题,工作量大且需要专门的技能,因此应由专门的机构负责。没有设置专门机构而由财务部门或计划部门兼任的,必须指定专人负责。

在实践中必须注意以下两点:

1. 强化预算管理委员会的职能,突出其在预算控制系统各环节中的作用

目前实践中一些企业的预算管理委员会往往形同虚设,没有发挥应有的作用,因此必须明确与完善预算管理委员会的职能,如预算目标设计、预算标准设计、预算评价设计等重大问题都应由预算管理委员会进行决策。预算管理委员会应定期召开会议,形成制度化、规范化的管理。预算管理委员会应有常设机构,负责执行预算管理委员会的各项决议。

预算管理委员会在组织体系中居于领导核心地位,在董事会的授权下处理和决定预算管理的各项重大事宜。

2. 建立分级预算控制体制,完善预算控制职能

企业内部控制体制从一定程度上讲也是一个授权体系。企业预算控制体制也涉及预算控制的授权问题。因此,企业除了必须建立和完善一级预算外,对于一些重要的部门、项目预算,应该将其进一步细化,建立二级预算,并真正建立起预算编制、分析和实施控制的主管部门,促使其认真执行预算,建立起对等的责、权、利关系。

三 预算执行组织的构建及工作内容

为了加强预算的执行,一般要建立预算责任中心。责任中心是预算的执行组织,确定责任中心是预算管理的一项基础工作。责任中心是企业内部成本、利润、投资的发生单位,这些单位的责任人被赋予一定的权利,并被要求完成特定的职责,从而便于对该责任区域进行有效的控制。

责任中心一般分为三部分:投资中心、利润中心、成本中心。根据企业组织一般划分为战略层、经营层和作业层的做法,战略层可界定为投资中心,经营层可界定为利润中心,作业层可界定为成本中心。

(一)战略层的预算工作内容

战略层预算工作的核心任务就是提出企业的预算总目标,也就是将明确的战略意图量化为若干个可分解、可操作、可衡量的关键指标,如市场占有率、投资报酬率等,并设定应达到的标准。同时,战略层还要审核、批准两个下一层级的流程预算与作业预算,保证企业战略目标的一致性。

(二)经营层的预算工作内容

经营层的预算工作内容主要是依据战略层的预算总目标建立各个流程的预算目标体系,并以此为依据在执行过程中进行控制,在预算结束后对整个流程进行考核和评价。作为战略执行单位的经营层,还应该将产品质量、顾客满意度、员工忠诚度及市场份额等非财务指标融入预算目标体系中。

(三)作业层的预算工作内容

作业层预算是针对作业中心进行的全面计划、控制和评价的工具,内容包括确定预算目标前针对预算管理的作业分析以及作业标准的确定。实施预算管理而进行的作业分析有两种方法:一是通过作业分析确定工作岗位,依据岗位工作量的大小确定岗位的工作人员,进而根据岗位工作性质确定岗位职责,并使之成为预算执行主体;另一种是对现有的岗位及人员进行分析,确定其应承担的作业或作业量,使之成为预算执行主体。第一种方法能更彻底地消除岗位、职责、目标确定中的不合理因素,从而使预算执行主体更为精炼、高效、合理,但其实施成本较高;第二种方法实际上是在第一种方法的基础上进行的,只有在岗位、部门整合较好的基础上它才具有意义,但不涉及组织结构的调整和部门、人员的较大的变动,因此成本较低。

任务二 预算编制内部控制

预算编制是企业预算总目标的具体落实以及将其分解为责任目标并下达给预算执行者的过程,或者说是预算控制标准的确定过程。预算编制是预算控制系统的一个重要环节,预算编制质量的高低直接影响预算执行结果,也影响对预算执行者的业绩评价。

一、预算编制内容分类

企业经营活动的层次性和复杂性,决定了全面预算控制体系中预算编制内容的复杂性。从不同角度来看,预算编制内容主要可以分为以下几种:

(一)按预算编制的内容分类

按照预算编制的内容,全面预算控制体系应包括经营预算、财务预算和投资预算三个方面。但在实务中多数企业只编制了经营预算和财务预算,很少编制投资预算。

1. 经营预算

经营预算是指企业日常发生的各项活动的预算。它主要包括销售预算、生产预算、直接材料采购预算、直接人工预算、制造费用预算、单位生产成本预算、推销及管理费用预算等。其中最基本和最关键的是销售预算,它是销售预测正式的、详细的说明,也是预算控制的基础。生产预算是根据销售预算中的预计销售量,按产品品种、数量分别编制的。生产预算编制好后,在生产预算和生产进度日程表的基础上,可以编制直接材料采购预算、直接人工预算和制造费用预算。这三项预算构成对企业生产成本的统计。

2. 财务预算

财务预算是指企业在计划期内反映预计现金收支、经营成果和财务状况的预算。它主要包括现金预算、预算收益表和预计资产负债表。财务预算是各项经营业务和投资的整体计划,故亦称"总预算"。

3. 投资预算

投资预算是指对企业的固定资产的购置、扩建、改造、更新等方面,在可行性研究的基础上编制的预算。它具体反映在何时进行投资、投资多少、资金从何处取得、何时可获得收益、每年的现金流量为多少、需要多长时间回收全部投资等。投资预算应当力求和企业的战略以及长期计划紧密联系在一起。

(二)按预算编制的时间分类

按照编制时间不同,全面预算体系应包括年度预算、季度预算和月度预算。但是目前多数企业除年度预算编制得比较全面外,季度预算和月度预算都编制得很不全面,如月度预算只编制现金流量预算等。

(三)按照预算控制功能分类

按照预算控制功能,全面预算体系应包括企业整体预算、部门预算和项目预算三个层次。在实务中,许多企业的部门预算和项目预算编制得很不完善,尤其是在编制时没有考虑与企业整体预算的关系。

(四)按照预算控制目标分类

按照预算控制目标,全面预算体系应该区分重点预算和一般预算。尽管许多企业近几年一直推行建立全面预算体系,但是并没有在实务中得到很好的贯彻和执行,其中一个主要原因就是没有遵循"先急后缓、统筹兼顾"的原则,没有区分重点预算和一般预算。

二 预算编制和审批程序

(一)预算的编制程序

公司预算的编制,涉及公司经营管理的各个部门,一般多采用"从上到下,再从下到上"的程序。具体程序如下:

1. 公司党政联席会议确定公司预算年度的经营目标。

2. 预算管理委员会根据公司预算年度的经营目标,于每年11月初制定印发公司预算编制纲要,确定公司下一年度预算编制的原则和要求。

3. 各预算责任单位按照统一格式,结合当年预算执行情况,编制本单位归口管理业务的下一年度的预算建议,并于12月中旬送交预算管理办公室。

4. 预算管理办公室对各预算责任单位提交的预算建议方案,结合各预算责任单位当年的预算执行分析报告,会同公司有关职能部门进行初审、汇总和平衡,并就平衡过程中发现的问题进行充分协调,提出初步的调整建议,然后在此基础上提出公司下一年度预算草案,于次年的1月中旬报公司审查。

(二)预算的审批程序

1. 公司预算管理委员会应于预算年度的1月中旬前召开预算管理委员会会议,审查公司当年预算草案。对未能通过预算管理委员会审查的项目,有关预算责任单位应进行调整。

2. 公司预算管理委员会审查后的预算草案,应于预算年度的1月下旬报公司党政联席会议,党政联席会议原则上在预算年度的2月上旬审批预算。

3. 公司预算草案经党政联席会议审议通过后,由预算管理办公室下达公司各预算责任部门执行。

三、预算编制起点

按照产品的生命周期理论,根据企业预算编制起点选择的不同情况,可将预算管理模式分为以下四种:

(一)初创期以资本预算为起点

企业在初创期面临着极大的经营风险:一方面,大量的资本支出与现金支出,导致企业的现金流量为负数;另一方面,企业新产品开发的成败以及未来现金流量的不确定性使企业的投资风险较大。所以,企业在为高风险的新产品开发及其他项目投入资本时,要慎重考虑,预算管理应以资本预算为重点。

(二)成长期以销售预算为起点

进入成长期的企业,尽管其产品逐渐为市场所接受,其对生产技术的把握程度也有较大的提高,但企业仍面临较大的风险:一方面是经营风险,即其产品是否能完全为市场所接受,以及接受的价格如何;另一方面是财务风险,即由于为打开市场而投入大量的市场营销费用,以及为吸引客户而实施信用条件和信用政策,从而导致现金流量入不敷出,这是由企业的战略定位决定的。企业在这个时期的战略重点是开发市场潜力,扩大市场占有率,并在此基础上理顺内部的组织关系。企业的预算管理也必须为其营销战略提供支持,因此,这个时期实行以销售为起点的预算模式是必要的。

(三)成熟期以成本预算为起点

对于成熟期的产品而言,利润的高低不取决于产品的价格,而是主要取决于成本这一可控因素,期望利润等于预计收入减去期望成本。因此,成本控制是该阶段的财务内部控制的核心,以成本预算为起点的预算管理模式是该阶段的基本管理模式。

以成本预算为起点的预算管理模式强调成本管理是企业管理的核心。它以期望收益为依据,按照市场价格来规划企业的总预算成本,然后把总预算成本分解到涉及成本发生的各个责任中心,形成约束各责任中心的分预算成本。这里的总预算成本与分预算成本与传统意义上的标准成本是不同的。标准成本与标准产量联系在一起,而预算成本是与市场相对应的,也就是与市场可接受的需要量相联系,因此预算成本也就能从制度上保证:实现了预算成本也就实现了目标利润。

(四)衰退期以现金流量为起点

企业进入衰退期时,经营上,企业所拥有的市场份额稳定但市场总量下降,销售出现负增长；财务上，大量应收账款在本期收回，而潜在的投资项目还未确定，造成大量的自由现金流量闲置，并可能被经营者所滥用。以现金流量为起点的预算管理模式旨在借助于现金预算解释：企业各部门的现金来源和用途，某一时点上能被周转使用的现金余额是多少；如何筹资以用于到期的现金支付，现金支出的合理程度是多少；如何通过现金预算避免不合理的现金支出以及抑制自由现金流量被滥用；企业应采用何种现金管理模式，是采用现金收支两条线制度还是备用金制度，是采用现金的内部结算周转信用制度还是集团内部的财务公开制度。这些问题都与现金预算管理模式有关。

四 预算编制方法

（一）弹性预算法

1. 弹性预算法的含义

弹性预算也称变动预算，是以某一业务范围（而非某一业务水准）为基础编制而成的预算，其所列的预算数字可自动随实际业务量的变动而调整。弹性预算法是根据可预见的不同业务量规模，以业务量、成本、利润之间的依存关系为依据，以变动成本法为基础，在编制预算时使预算依据不同的业务量水平，具有一定的伸缩范围，从而使预算能够适应于不同的业务量水平的一种预算编制方法。由于弹性预算是按不同的业务量编制而成的，只要费用、成本水平、产品价格水平不变，弹性预算的结果在不同的生产经营活动水平下都能适用，任何实际业务量都可以找到相同或相近的控制依据和考核标准。此外，弹性预算编制的成本是随业务量变动的弹性成本，反映了不同成本与业务量之间的关系，因此也便于控制和考核成本，挖掘降低成本的潜力。

2. 弹性预算的编制方法

首先，选择合适的业务量，确定预期内业务量波动的可能范围；然后，分析预计将要发生的各项成本的成本性态，将其划分为变动成本、固定成本、混合成本，并确定总成本、固定成本、变动成本和业务量之间的数量关系；最后，根据上述关系确定不同业务量水平下的总成本预算和总成本预算下的不同业务量的相应预算。表 6-1 给出了弹性预算的一个范例。

表 6-1　　　　　　　　　　　　弹性预算

销售量(件)	30 000	35 000	40 000	45 000	50 000
销售收入(元)	60 000	70 000	80 000	90 000	100 000
变动成本(元)	45 000	52 500	60 000	67 500	75 000
贡献毛利(元)	15 000	17 500	20 000	22 500	25 000
固定成本(元)	10 000	10 000	10 000	10 000	10 000
经营利润(元)	5 000	7 500	10 000	12 500	15 000

（二）滚动预算法

1. 滚动预算法的含义

滚动预算法又称连续预算法或永续预算法，是指按照近细远粗的原则，根据上一期的预算完成情况，调整和具体编制下一期预算，并将编制预算的时期逐期连续滚动向前推移，使预算总是保持一定的时间幅度。简单地说，就是根据上一期的预算指标完成情况，调整和具体编制下一期预算，并将预算期连续滚动向前推移的一种预算编制方法。在编制预算时，可先按年度分季，并将其中第一季度按月划分，编制各月的详细预算。其他三个季度的预算可以粗一些，只列各季度总数；到第一季度结束前，再将第二季度的预算按月细分，第三、第四季度及下年度第一季度只列各季度总数，依此类推，使预算不断地滚动下去。

2. 滚动预算法的优点

滚动预算能随时间的推进不断加以调整和修订，能使预算与实际情况更相适应，有利于充分发挥预算的指导和控制作用。

采用滚动预算的方法，预算编制工作比较繁重。为了适当简化预算的编制工作，也可采用按季度滚动编制预算。这样不仅有利于管理人员对预算资料做经常性的分析研究，还可以根据当前的执行情况及时加以修订，保证企业的经营管理工作稳定而有秩序地进行。

滚动预算法适用于规模较大、时间较长的工程类或大型设备采购项目。

3. 滚动预算的实施

将原定的预算结果不断地进行更新和修改，这种更新和修改正是滚动预算要做的事情，也是它优于普通年度预算之处。这是因为，预算有两个较为重要的作用：考核和计划。作为考核，沿用正式的预算是正常的，但作为计划和资源配置的重要工具，预算是前一年编制的，到实际执行时，情况可能已经发生变化，原来的假设可能已不适用，所以要有最新的预测来指导经营决策，滚动预算起的就是这个作用。但滚动预算一般不会作为更新的考核指标，以确保在目标设置上预算的权威性。所以滚动预算并不是不断地修改目标，而是不断地修改预测的结果，以指导最新的决策。

（三）零基预算法

1. 零基预算法的含义

零基预算法的基本原理是：对任何一个预算期，任何一种项目费用的开支，都不是从原有的基数出发，即根本不考虑各项目基期的费用开支情况，而是一切都以零为基础，从零开始，即在编制预算时对于所有的预算支出，均以零为基底，不考虑以往情况如何，从根本上研究分析每项预算是否有支出的必要和支出数额的大小。这种预算不以历史为基础做修补，在年初重新审查每项活动对实现组织目标的意义和效果，并在成本效益分析的基础上，重新排出各项管理活动的优先次序，并据此决定资金和其他资源的分配。

2. 零基预算法的特点

零基预算法与传统的调整预算法截然不同，有以下三个特点：

（1）预算的基础不同。调整预算法的编制基础是前期结果，本期的预算额是根据前期的实际额调整确定的；零基预算的基础是零，本期的预算额是根据本期经济活动的重要性和可供分配的资金量确定的。

(2)预算编制分析的对象不同。调整预算法的重点是对新增加的业务活动进行成本效益分析,而对性质相同的业务活动不做分析研究;零基预算法则不同,它要对预算期内所有的经济活动进行成本效益分析。

(3)预算的着眼点不同。调整预算法主要以金额高低为重点,着重从货币角度控制预算金额的增减;零基预算除重视金额外,还重视是否有必要支出。

3.零基预算法的步骤

(1)划分和确定基层预算单位。企业里各基层业务单位通常被视为能独立编制预算的基层单位。

(2)编制本单位的费用预算方案。由企业提出总体目标,然后各基层预算单位从企业的总目标和自身的责任目标出发,编制本单位为实现上述目标的费用预算方案,在方案中必须详细说明提出项目的目的、性质、作用,以及需要开支的费用数额。

(3)进行成本效益分析。基层预算单位按下达的"预算年度业务活动计划",确认预算期内需要进行的业务项目及其费用开支后,管理层对每一个项目的所需费用和所得收益进行比较分析,权衡轻重,区分层次,划出等级,挑出先后。基层预算单位的业务项目一般分为三个层次:第一层是必要项目,即非进行不可的项目;第二层是需要项目,即有助于提高质量、效益的项目;第三层是改善工作条件的项目。进行成本效益分析的目的在于判断基层预算单位各个项目费用开支的合理程度、先后顺序以及对本单位业务活动的影响。

(4)审核分配资金。根据预算项目的层次、等级和次序,按照预算期可动用的资金及其来源,依据项目的轻重缓急,分配资金,落实预算。

(5)编制并执行预算。资金分配方案确定后,即制定零基预算正式稿,经批准后下达执行。执行中遇有偏离预算的地方要及时纠正,遇有特殊情况要及时修正,遇有预算本身问题要找出原因,从而总结经验加以提高。

4.零基预算法的优点

(1)有利于提高员工的"投入—产出"意识。传统的预算编制方法,主要是由专业人员完成的,零基预算以"零"为起点观察和分析所有业务活动,并且不考虑过去的支出水平,因此,需要动员企业的全体员工参与预算编制。这样使得不合理的因素不会继续保留,从投入开始减少浪费,通过成本效益分析,提高产出水平,从而能使"投入—产出"意识得到增强。

(2)有利于合理分配资金。每项业务都要经过成本效益分析,对每个业务项目是否应该存在、支出金额多少,都要进行分析计算,精打细算,量力而行,这样才能使有限的资金流向富有成效的项目,所分配的资金能更加合理。

(3)有利于发挥基层单位参与预算编制的创造性。零基预算的编制过程,使企业的内部情况易于沟通和协调,企业整体目标更趋明确,业务项目的轻重缓急容易得到共识,这样有助于调动基层单位参与预算编制的主动性、积极性和创造性。

(4)有利于提高预算管理水平。零基预算极大地增加了预算的透明度,预算支出中的人头经费和专项经费一目了然,各级之间争论的现象可以得到缓解,预算会更加切合实际,更好地起到控制作用,整个预算的编制和执行也能逐步规范,预算管理水平得以提高。

尽管零基预算法和传统的预算方法相比有许多好的创新，但在实际运用中仍存在一些"瓶颈"。比如，由于一切工作从零做起，因此采用零基预算法编制工作量大、费用相对较高；分层、排序和资金分配时，可能会受主观因素影响，容易引起部门之间的矛盾；任何单位工作项目的"轻重缓急"都是相对的，过分强调当前的项目，可能会使有关人员只注重短期利益，而忽视了本单位作为一个整体的长远利益。

各种预算方法各有其优缺点，企业在选择预算控制方法时必须注意以下几点：

第一，预算编制应当以企业价值创造为目标，具体地说，应以提高资本经营效益为目标。在此基础上，根据企业的实际情况来选择编制起点和编制重点。

第二，预算编制应该采取自上而下、自下而上的编制程序，在确定预算目标的过程中应该采用"分权"和"集权"相结合的策略，既应注意发挥下属部门的积极性，又应注意树立预算管理委员会的权威性。

第三，预算编制应该采用定期预算与滚动预算相结合，增量预算与零基预算相结合的编制方法，这样既考虑到各种预算方法本身所具有的缺陷，又遵循了成本效益原则。

任务三　预算执行与调整内部控制

一、预算执行内部控制

企业预算编制完成后，便开始进入执行阶段，企业各部门在生产经营及相关的各项活动中，需要充分地按预算办事，围绕实现预算开展经济活动。同时，在预算的执行过程中，企业应该明确各项业务的授权审批权限及审批流程，强调预算的"硬约束性"，对于无预算或者超预算的项目进行严格控制。

（一）预算执行要求

企业应当加强对预算执行环节的控制，对预算指标的分解方式、预算执行责任制的建立、重大预算项目的特别关注、预算资金支出的审批要求、预算执行情况的报告与预警机制等做出明确规定，确保预算严格执行。企业预算一经批准下达，各预算执行单位必须认真组织实施，将预算指标层层分解，从横向和纵向落实到内部各部门、各环节和各岗位。

企业应当建立预算执行责任制度，对照已确定的责任指标，定期或不定期地对相关部门及人员责任指标完成情况进行检查，实施考评。在建立预算执行责任制时要充分考虑各责任中心的责权利的关系，主要可以从以下几个方面考虑：

1. 权责明确、权责相当

即授予与其管理职能相适应的经营决策权。权力和责任应该匹配，如果责任大于权力，或者权力大于责任，就会出现滥用权力或无法控制相应权力的情况，从而使全面预算管理无法实施。权责相当，有利于提高管理的效率。

2. 责任可控

即赋予权力和完成任务之间有必然联系，只有可以控制才能承担责任。只有控制了才能对其负责，才能在实际中让全面预算执行起来并收到实际效果，通过可控原则的运用将使权责范围更加明确,使责任考核不会流于形式,可控和不可控划分的界定是执行预算责任制的基本要求。

3. 有效激励

任何行为的产生,都是由动机驱使的。给每个员工权力和责任,让他们有动力去用好权力完成任务,最为重要的一点就是建立激励机制,让每个员工个人利益与其业绩联系起来,使预算能够得到有效执行。

企业应当以年度预算作为预算期内组织、协调各项生产经营活动和管理活动的基本依据,可将年度预算细分为季度、月度等时间进度预算,通过实施分期预算控制,实现年度预算目标。

(二)预算执行注意问题

1. 企业应当加强对货币资金收支业务的预算控制,及时组织预算资金的收入,严格控制预算资金的支付,调节资金收付平衡,严格控制支付风险。

2. 企业办理采购与付款、工程项目、对外投资、成本费用、固定资产、存货、筹资等业务,应当严格执行预算标准。对超出企业预算的资金支付,实行严格审批制度。

3. 企业应当健全凭证记录,完善预算管理制度,严格执行生产经营月度计划和成本费用的定额、定率标准,并对执行过程进行监控。

4. 企业对重大预算项目和内容,应当密切跟踪其实施进度和完成情况,实行严格监控。

(三)预算预警机制

预警是度量某种状态偏离预警线的强弱程度、发出预警信号的过程。"预警管理"的思想起源于 20 世纪初,在 20 世纪 50 年代证明了它的作用。《企业内部控制应用指引——全面预算》要求,企业应当建立预算执行情况的预警机制和报告制度,确定预警和报告指标体系,密切跟踪预算实施进度和完成情况,采取有效方式对预算执行情况进行分析和监控,发现预算执行差异,及时采取改进措施。建立预算预警机制的模式主要为:对可计量的风险因素可以运用指标预警法;对不可计量的风险因素则采用因素预警法,与前者相比,使用范围较小;将指标预警法与因素预警法结合起来,并把诸多因素综合进行考虑。

二 预算调整内部控制

企业内部控制规定:企业批准之后正式下达的预算应当保持稳定,不得随意调整。由于市场环境、国家政策或不可抗力等客观因素,导致预算执行发生重大差异确需调整预算的,应当履行严格的审批程序。

(一)预算调整的意义

预算调整是预算管理中一个必不可少的环节。一方面,在预算执行过程中,主、客观环境的变化,尤其是当外部环境发生重大变化时,如果片面强调预算的刚性,预算就会变得呆板僵化,妨碍企业的有效运作,此时,预算调整就必不可少;另一方面,预算调整又是一个十分规范的过程,必须建立严格规范的调整审批制度和程序,必须按照规定的程序进行调整，在变化中求不变。企业应当加强对预算调整环节的控制，保证预算调整依据充分，方案合理，程序合规。

（二）预算调整的程序

企业在预算执行过程中，由于市场环境、经营条件、国家法规与政策等发生重大变化，或出现不可抗力的重大自然灾害、公共紧急事件等致使预算的编制基础不成立，或者将导致预算执行结果产生重大差异，需要调整预算的，应当报经原预算审批机构批准。调整预算由预算执行单位逐级向原预算审批机构提出书面报告，阐述预算执行的具体情况、客观因素变化情况及其对预算执行造成的影响程度，提出预算的调整幅度。

企业预算管理部门应当对预算执行单位提交的预算调整报告进行审核分析，集中编制企业年度预算调整方案，提交原预算审批机构审议批准，然后下达执行。

对预算进行调整应按照严格的程序和规范操作。其程序一般有如下三个：

1. 预算执行情况的分析

预算执行单位在具体执行预算时，如发现预算偏差，必须进行具体的分析，如属于主观原因，则不得进行调整；如为客观原因，则应向预算管理委员会申请进行预算调整。

2. 预算调整的申请

预算调整应由责任中心向预算管理委员会提出书面申请，申请报告内容应详细说明调整理由、调整的建议方案、调整前后预算指标的比较，以及与原有预算指标的对比、调整后预算指标可能对企业预算总目标的影响等。涉及财务预算调整的，应同时向财务部门申请。

3. 预算调整的审查

预算管理委员会接到预算单位的申请后即进入调整审查程序，预算管理委员会根据预算调整事项性质的不同，并根据权限批准预算调整事项，并下发预算单位执行。

（三）预算调整方案的基本要求

1. 预算调整事项符合企业发展战略和现实生产经营状况；
2. 预算调整重点放在预算执行中出现的重要的或非正常的关键性差异方面；
3. 预算调整方案客观、合理。

对于不符合上述要求的预算调整方案，企业预算审批机构应予以否决。

▶ 任务四　预算考核与监督内部控制

一、预算分析与考核控制

预算管理涉及企业经营管理的各个方面，要较好地发挥预算管理的作用，就必须坚持实施控制与结果考核相结合。如果没有以预算为基础的考核，预算就会流于形式，失去控制力。

（一）预算分析与考核意义

1. 预算分析意义

预算分析是预算管理体系中的核心环节。通过对相关数据的对比分析，找出差距，分析原因,为提高企业运营效率、改进和优化流程提供支持,为生产经营及投资决策提供依据,保证预算的有效执行。预算管理委员会及财务管理部门应对预算的执行情况按月度、季度进行分析,对当期实际发生数与预算数之间存在的差异,不论是有利的还是不利的,都要认真分析其成因,而且要写明拟采取的改进措施。预算分析的重点是差异的原因及应采取的措施。

2. 预算考核意义

在预算管理循环中,预算考核是承上启下的关键环节。一方面,在预算执行过程中,通过预算考核信息的反馈以及相应的调控,可随时发现和纠正实际业绩与预算的偏差,实现过程控制;另一方面,预算编制、执行、考核作为一个完整的系统,相互作用,周而复始地循环,实现对整个企业经营活动的最终控制。

企业应当建立严格的预算执行考核奖惩制度,坚持公开、公正、透明的原则,对所有预算执行单位和个人进行考核,切实做到有奖有惩、奖惩分明,促进企业实现全面预算管理目标。

(二)预算分析与考核控制

企业应当加强对预算分析与考核环节的控制,通过建立预算执行分析制度、审计制度、考核与奖惩制度等,确保预算分析科学、及时和预算考核严格、有据。

1. 建立预算执行分析制度

企业预算管理部门应建立预算执行分析制度,定期召开预算执行分析会议,通报预算执行情况,研究、解决预算执行中存在的问题,提出改进措施。

2. 收集多方资料进行分析

企业预算管理部门和各预算执行单位应当充分收集有关财务、业务、市场、技术、政策、法律等方面的信息资料,根据不同情况分别采用比率分析、比较分析、因素分析等方法,从定量与定性两个层面充分反映预算执行单位的现状、发展趋势及其存在的潜力。对于预算执行差异,应当客观分析产生的原因,提出解决措施或建议,提交企业决策机构研究决定。

3. 建立预算执行审计制度

企业应当建立预算执行情况内部审计制度,通过定期或不定期地实施审计监督,及时发现和纠正预算执行中存在的问题。

4. 建立预算执行考核制度

建立预算执行考核制度,财务部门负责对各个预算单位的预算执行情况进行跟踪检查。结果上报公司预算管理委员会,并与以后年度资金安排挂钩。考核的主要内容有:预算是否符合国家财经法规和公司各项预算管理规定;各项财务收支是否全部纳入公司预算管理;预算资金是否按规定程序拨付和存放;预算资金是否切实按照预算规定使用;各预算责任单位的内部控制制度是否健全等。

(1)企业预算管理部门应当定期组织预算执行情况考核。有条件的企业,也可设立专门机构负责考核工作。

(2)企业预算执行情况考核,依照预算执行单位上报预算执行报告、预算管理部门审查核实、企业决策机构批准的程序进行。企业内部预算执行单位上报的预算执行报告,应经本单位负责人签章确认。

（3）企业预算执行情况考核，以企业正式下达的预算方案为标准，或以有关部门审定的预算执行报告为依据。

（4）企业预算执行情况考核，应当坚持公开、公平、公正的原则，考核结果应有完整的记录。应当建立预算执行情况奖惩制度，明确奖惩办法，落实奖惩措施。

二、评估与披露

企业应当建立全面预算管理的评估制度，对预算编制、执行、考核等过程和结果进行全面评估，针对发现异常的情况，应当及时报告给相关部门和人员。

同时企业也应当披露预算执行情况和全面预算管理中的主要风险等内容，能够使相关部门和人员全面地了解本期预算的执行情况与相应的风险，进而为下一期预算工作的展开提供相应的资料。

典型案例

【案例资料】某集团公司经过公司改制后，总部分为一厅三部一队，即办公厅、发展部、财务部、人力资源部和经警队。从1994年起，公司实行集团总费用预算管理，各部配预算员一人，负责预算各部月度费用，各部预算费用表经部门负责人审核后送财务部，由财务部编制预算报告。

总部管理费用预算报表分为以下三部分：

（1）定额费用部分。对于每月发生且支出额固定的费用纳入定额范围。如员工基本工资、办公用品费、值班费等。

（2）统筹费用部分。人力资源部、办公厅、财务部负担统筹费用职责。由人力资源部统筹的费用有：员工奖金、员工福利费。由办公厅统筹的费用有：出国费、邮电费、会议费、小车费、工会费、绿化费、水电费。由财务部统筹的费用有业务费。三个部门的统筹费用，在做决算时按实际耗费分配于各部门。

（3）自理支出部分。除定额费用、统筹费用外，各部门自行的费用。如：差旅费、修理费、礼品费及其他费用。

由于每月既要核算各部管理费用，又要管理各明细费用，工作量较大，因此财务部首先对预算管理推行电算化，运用数据库核算，大大加快了核算进程，月度决算工作只需三天就可以完成。决算以财务会计凭证为依据进行现金决算，不另设账簿，工作量增加不多，增加的计算费用也不多。

采用预算管理后，以此定量考核各部费用控制的成绩。除定量考核外，财务部每月还对各部门预算进行定性考核，并明文规定凡未纳入当月预算的费用一律不予列支；凡已纳入当月预算但经办人员未及时办理的，一律不允许转入下月预算。预算考核成绩与部门奖金挂钩。因此，各部门工作任务必须在预算监控下完成。

【案例思考】该公司采用什么方法对管理费用进行管理？这样做对管理有什么样的效果？

【案例分析】 对管理费用采用了预算控制法。为切实降低费用,通过对各部门实行责任费用按不同性质进行分类并编制预算是科学可行的。通过推行预算管理,一方面明确了各部门的经济责任,强化了管理人员的理财意识,加强了对各部门的约束,降低了管理费用;另一方面,由于各部门都掌握了一部分自主安排资金,从而也调动了各部门管理人员的工作积极性。

本章小结

预算是根据计划目标和实施方案具体筹划与确定资源的分配、使用以及相应行动预期结果的数字化形式。预算管理是指对预算的编制、审批、执行、控制、调整、考核及监督等管理方式的总称。预算管理的基本原则是:量入为出,综合平衡;效益优先,确保重点;先急后缓,统筹兼顾;全面预算,过程控制;权责明确,分级实施;规范运作,防范风险。预算控制组织体系通常分为三级,即党政联席会议、预算管理委员会、各预算责任单位。公司预算的编制,涉及公司经营管理的各个部门,一般多采用"从上到下,再从下到上"的程序。按照产品的生命周期理论,根据企业预算编制起点选择的不同情况,可将预算管理模式分为以下四种:初创期以资本预算为起点;成长期以销售预算为起点;成熟期以成本预算为起点;衰退期以现金流量为起点。预算方法有弹性预算法、滚动预算法和零基预算法。预算控制从控制环节来看,包括预算的编制、预算的执行、预算的差异分析和纠正偏差。

习题

一、单项选择题

1. 在预算组织体系中作为最高预算控制主体的是(　　)。
   A. 公司党政联席会议　　　　B. 预算管理委员会
   C. 预算管理工作机构　　　　D. 预算责任中心

2. 作为全面预算的核心环节,关乎预算目标能否实现的关键是(　　)。
   A. 预算编制　　B. 预算执行　　C. 预算控制　　D. 预算考核

3. 某企业决定研究开发一种新产品,并要求财务部门编制预算,这种预算属于(　　)。
   A. 经营预算　　B. 资本预算　　C. 注重结果　　D. 现金收支预算

4. 对企业预算的执行情况进行日常监督和控制,收集相关信息并形成分析报告的是(　　)
   A. 预算管理委员会　　　　B. 预算管理工作机构
   C. 各责任中心　　　　　　D. 各利润中心

5. 企业在初创期,编制预算时以(　　)为起点。
   A. 销售预算　　B. 资本预算　　C. 成本预算　　D. 现金流量

6. 企业在成长期,编制预算时以(　　)为起点。
   A. 销售预算　　B. 资本预算　　C. 成本预算　　D. 现金流量

7. ( )以某一业务范围为基础而编制的预算,其所列的预算数字可自动随实际业务量的变动而调整。
A. 弹性预算　　　B. 滚动预算　　　C. 零基预算　　　D. 固定预算

8. 企业应当建立( ),对照已经确定的责任指标,定期或不定期地对相关部门及人员责任指标完成情况进行检查,实施考评。
A. 预算考核制度　　　　　　　　B. 预算调整
C. 预算执行责任制度　　　　　　D. 预算预警机制

9. 企业预算编制完成后,便开始进入( )阶段。
A. 执行阶段　　　B. 分析阶段　　　C. 调整阶段　　　D. 考核阶段

10. 离开了( ),预算就会流于形式,失去控制。
A. 执行　　　　　B. 分析　　　　　C. 调整　　　　　D. 考核

二、多项选择题

1. 全面预算主要包括( )。
A. 业务预算　　　　　　　　　　B. 资本预算
C. 现金预算　　　　　　　　　　D. 财务预算
E. 年度预算

2. 全面预算的实施主体一般包括( )。
A. 决策机构—预算管理委员会(战略层)最高级别控制主体
B. 工作机构—预算管理工作机构(经营层)
C. 监管部门
D. 执行单位—各责任中心(工作层)
E. 控制机构

3. 下列属于经营预算的是( )。
A. 销售预算
B. 现金收支预算,包括资本预算,分为投资和筹资预算
C. 生产预算
D. 研究与开发预算
E. 采购预算

4. 关于预算管理的原则,以下表述正确的是( )。
A. 量入为出,综合平衡　　　　　B. 效益优先,确保重点
C. 不分先后,统一重视　　　　　D. 全面预算,过程控制
E. 责权明确,分级实施

5. 下面哪些工作岗位不能相容( )
A. 预算编制与预算审批　　　　　B. 预算编制与预算执行
C. 预算审批与预算执行　　　　　D. 预算审批与预算考核
E. 预算执行与预算考核

6. 企业在编制预算时选择起点正确的是( )
A. 企业在初创期,编制预算时以销售预算为起点

B. 企业在成长期，编制预算时以销售预算为起点

C. 企业在成熟期，编制预算时以成本预算为起点

D. 企业在衰退期，编制预算时以现金流量为起点

E. 以上描述都正确

7. 下面关于预算管理组织体系，描述正确的有（　　）

A. 公司党政联席会议是预算管理的最高决策机构

B. 预算管理委员会负责审查预算草案、预算调整草案及预算执行情况报告，向公司党政联席会提交预算草案和预算调整草案，组织预算考核与监督。

C. 预算责任单位负责本单位分管业务的预算编制、执行、分析和控制等工作，并配合预算管理委员会做好公司总预算的综合平衡。

D. 强化预算管理委员会的职能，突出其在预算控制系统各环节中的作用。

E. 建立分级预算控制体系，完善预算控制职能。

8. 按照预算控制功能可以分为（　　）。

A. 年度预算　　　　B. 整体预算　　　　C. 部门预算　　　　D. 项目预算

E. 重点预算

9. 下面关于零基预算的表述正确的有（　　）

A. 有利于提高员工的"投入—产出"意识

B. 有利于合理分配资金

C. 有利于发挥基层单位参与预算编制的创造性

D. 有利于提高预算管理水平

E. 加重了预算编制的工作量。

10. 预算编制的方法有（　　）。

A. 固定预算　　　　B. 弹性预算　　　　C. 滚动预算　　　　D. 浮动预算

E. 零基预算

三、判断题

1. 为了加强预算的执行，一定要建立预算责任中心。（　　）

2. 编制预算的人员和审批的人员可以为同一个人。（　　）

3. 预算执行人员与对预算进行考核的人员不能由一个人同时担任，这两者属于不相容岗位。（　　）

4. 预算审批与执行工作也是不相容的，执行这两项工作的人员应该各司其职，具有明确的界限，跨过了这个界限，就属于违背了内部控制关于预算控制的基本规范。（　　）

5. 企业可以不用编制预算，根据市场情况自由发展。（　　）

6. 公司预算的编制，涉及公司经营管理的各个部门，一般采用"从下往上，再从上往下"的程序。（　　）

7. 企业在成熟期，编制预算时以销售预算为起点。（　　）

8. 企业批准之后正式下达的预算应当保持稳定，任何时候都不得调整。（　　）

9. 滚动预算能随时间的推进不断加以调整和修订，能使预算与实际情况更相适应，有利于充分发挥预算的指导和控制作用。（　　）

10. 企业应当加强对预算分析与考核环节的控制,通过建立预算执行分析制度、审计制度、考核与奖惩制度等,确保预算分析科学、及时和预算考核严格、有据。（　　）

四、简答题

1. 预算管理的基本原则是什么？
2. 预算管理的范围和内容是什么？
3. 如何选择预算编制的起点？
4. 预算调整的程序有哪些？

五、分析题

华星公司成立于2011年,是一家致力于汽车零配件研发、生产及销售的公司。2015年公司拟实行全面预算管理体系,并于2015年底由财务总监牵头各部门负责人成立预算管理小组,该小组根据公司的发展战略和经营计划直接编制2016年年度预算草案,由总经理审核通过并下发各部门。公司给销售部下达的2016年预算收入指标为5 000万元。2016年6月,甲公司采购员李某联络华星公司销售员张某,表示需要购买价值300万元的汽车零部件,李某承诺先支付定金30万元,余款在三个月内偿还。过去几年甲公司李某从华星公司大批量采购过几次货物,属于华星公司的重要客户,这几年的交易中甲公司信用不错,双方合作愉快。这次销售员张某见其很有购买诚意,该业务又属于公司重大的销售业务,便直接与甲公司签订了购销合同,并电话通知仓储部门按合同三天内给甲公司发送全部货物。三个月后甲公司并没有支付余款,华星公司财务部联系甲公司催收货款,发现甲公司2016年2月就已经陷入财务危机,8月已经处于破产清算状态。华星公司只能全额计提坏账准备。由于受甲公司事件影响,10月份销售部发现今年预算难以完成,自行把预算销售额调整为4 500万元,然后就详细情况通告了预算管理小组。

依据《企业内部控制应用指引第15号——全面预算》,简要分析华星公司在预算管理环节中存在的内部控制缺陷。

学习情境七 工程项目的内部控制

学习目标及素质目标

1. 熟悉并理解工程项目内部控制的内容；
2. 掌握工程项目内部控制建立的过程及控制流程；
3. 形成精益求精，追求卓越的工匠精神；
4. 树立安全责任意识，增强社会责任感。

情境导入

一、工程项目概述

工程项目是投资项目中最重要的一类，是一种既有投资行为，又有建设行为的项目决策与实施活动。投资是项目建设的起点，没有投资就不可能进行建设，而没有建设行为，投资的目的也就无法实现，投资与建设是分不开的。所以，建设过程实质上是投资的决策和实施过程，是投资目的的实现过程，是把投入的货币转换为实物资产的经济活动过程。

（一）工程项目的概念及意义

工程项目，是指企业自行或者委托其他单位所进行的建造、安装活动，包括企业自行建造房屋、建筑物、各种设施以及进行大型机器设备的安装工程、固定资产建筑工程、安装工程、技术改造工程、大修理工程等。

工程项目建设周期长、投资多、风险大且建成后无法改变，它由许多前后衔接的阶段和各种各样的生产技术活动构成，所处的环境是开放的、复杂多变的，有较大的风险性和不确定性。项目建设涉及多个不同的利益主体，包括建设单位、承包商、供应商、设计单位及中介咨询机构等。这些特殊性决定了工程项目内部控制必须遵循客观规律，按特定目的、原则和程序实行内部控制。工程项目内部控制对于企业实现工程项目管理目标、提高单位资金使用效率具有重要的意义。因此，企业至少应当关注工程项目的下列风险：

(1) 缺乏科学论证，盲目上马，可能导致工程失败；
(2) 存在商业贿赂舞弊行为，可能导致工程质量低劣，存在安全隐患；
(3) 项目资金不到位，可能导致建设项目延期或中断。

141

（二）工程项目的特征

1. 建设目标的明确性和约束性

任何工程项目都具有明确的建设目标，包括宏观目标和微观目标。政府有关部门主要审核项目的宏观经济效果、社会效果和环境效果。企业则较多重视项目的盈利能力等微观财务目标。工程项目实现其建设目标，要受到多方面条件的制约，主要有：

（1）时间约束，即工程要有合理的工期时限；

（2）资源约束，即工程要在一定的人力、财力、物力条件下完成；

（3）质量约束，即工程要达到预期的生产能力、技术水平、产品等级等要求；

（4）空间约束，即工程要在一定的施工空间范围内通过科学合理的方法来组织完成。

2. 一次性和不可逆性

工程项目建设地点要一次性确定，一旦建成后不可移动；工程项目设计的单一性和施工的单件性使它不同于一般商品的批量生产，一旦建成，要想改变非常困难。

3. 工程项目影响的长期性

工程项目一般建设周期长，投资回收期长，工程寿命周期长，工程质量影响面大，作用时间长。

4. 投资的风险性

由于工程项目建设是一次性的，而且建设过程中有很多不确定因素，比如来自业主和承包商方面的风险，以及技术层面上的风险等，因此，投资的风险性很大。

5. 管理的复杂性

工程项目的内部结构存在许多结合部，是项目管理的薄弱环节，这使得参加建设的各单位之间的沟通、协调困难重重，也是工程实施中容易出现事故和质量问题的地方。因此，需要加强工程项目的内部控制，以便更好地进行工程的管理。

二、工程项目内部控制应重点关注的风险

1. 立项缺乏可行性研究或者可行性研究流于形式、决策不当、盲目上马，可能导致难以实现预期效益或项目失败。

2. 项目招标暗箱操作、存在商业贿赂，可能导致中标人实质上难以承担工程项目、中标价格失实及相关人员涉案。

3. 工程造价信息不对称、技术方案不落实、概预算脱离实际，可能导致项目投资失控。

4. 工程物资质次价高、工程监理不到位、项目资金不落实，可能导致工程质量低劣，进度延迟或中断。

5. 竣工验收不规范，最终把关不严，可能导致工程交付使用后存在重大隐患。

三、工程项目内部控制理论基础

工程项目内部控制是指为了保证工程项目业务顺利进行，实现工程项目管理目标，提高企业资金使用效益，从工程项目决策开始，经过工程项目招标、投标、定标、工程项目施工到工程项目竣工验收整个周期的控制活动。

工程项目内部控制的理论基础有：

(一)控制论

根据工程项目建设过程和一般的控制理论,工程项目的控制模型是由相互联系的六个步骤组成的,如图 7-1 所示。

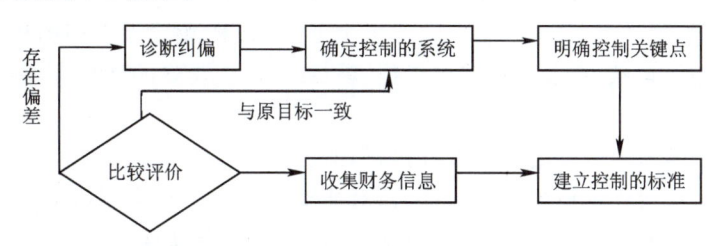

图 7-1 工程项目内部控制的步骤

由图 7-1 可知,信息传递的滞后,往往会引起控制纠偏的滞后,即便采取了措施也无法弥补有些由于偏差而造成的损失。因此,强调事前控制从组织治理结构入手,是非常关键的。

(二)系统论

按照系统论的观点,一个工程项目可视为一个主系统,并可分为若干要素或子系统,如项目决策、勘察设计、招投标、施工、竣工验收等,这些子系统相互依赖,是建立工程项目内部控制并保证控制系统有效运行的内在根据。

(三)信息论

信息是进行偏差分析、确定控制措施的决定性因素,因此信息渠道的畅通是保证纠偏迅速、及时的必要条件。计算机信息技术的发展为解决这一矛盾提供了工具和手段,但并不是所有的问题都能解决,管理体制的问题仍然是困扰人们实施管理的因素。因此,在整个工程项目内控系统设计时,特别要强调控制不能阻碍信息的渠道。

四 工程项目内部控制的内容

(一)岗位分工与授权批准

企业应该根据工程项目的特点,配备合格的人员办理工程项目业务。建立工程项目业务的岗位责任制,明确相关部门和岗位的职责、权限,确保办理工程项目业务的不相容岗位相互分离、制约和监督。对工程项目相关业务要建立严格的授权批准制度,明确审批人的授权批准方式、权限、程序、责任及相关控制措施,规定经办人的职责范围和工作要求。制定工程项目业务流程,明确项目决策、概预算编制、价款支付、竣工决算等环节的控制要求,并设置相应的凭证,如实记录各环节业务的开展情况,确保工程项目全过程得到有效控制。

(二)项目决策控制

企业应当建立工程项目决策环节的控制制度,对项目建议书、可行性研究报告的编制、项目决策程序等环节做出明确规定,确保项目决策科学合理。企业应当组织工程、技术、财会等部门的相关专业人员对项目建议书和可行性研究报告的完整性、客观性进行技术经济分析和评审,出具评审意见。企业应当建立工程项目的集体决策制度,决策过程应有完整的书面记录。严禁任何个人单独决策工程项目或者擅自改变集体决策意见。企业应当建立工程项目决策及实施的责任制度,落实责任,并进行定期或不定期检查。

(三)概预算编制控制

企业应当建立工程项目概预算环节的控制制度,对概预算的编制、审核等做出明确规定,确保概预算编制科学、合理。企业应当组织工程、技术、财会等部门的相关专业人员对编制的概预算进行审核,重点审查编制依据、项目内容、工程量的计算、定额套用等是否真实、完整、准确。

项目建设应该按照批准的初步设计进行,能够符合投资计划的要求;各单位在进行工程建设时要严格按批准的概预算内容执行;对原概预算中不符合项目建设实际需要的部分进行修改、补充而编制的调整概预算应该具有合法性、合理性和准确性;项目建设不能存在超概预算的问题,对超概预算问题,应该从勘察设计、建设管理、施工组织、外部条件等方面进行分析,发现问题,采取有效措施,对超概预算合规部分加强控制,对不合规部分依法查处,以加强对投资规模的控制。

(四)价款支付控制

企业应该建立工程进度价款支付环节的控制制度,对价款支付的条件、方式以及会计核算程序做出明确规定,确保价款支付及时、准确;财务人员应该对工程合同约定的价款支付方式、有关部门提交的价款支付申请及凭证、审批人的批准意见等进行审查和复核;因工程变更等因素造成价款支付方式及金额发生变动的,应该提供完整的书面文件和其他相关资料,财务人员也要对工程变更价款支付业务进行审核。

(五)竣工决算控制

企业应该建立竣工决算环节的控制制度,明确竣工清查的范围、内容和方法,如实填写并妥善保管竣工清查清单,确保竣工决算真实、完整、及时;交付使用财产应该真实、完整,交付应该符合交付条件,移交手续应该齐全、合规;成本核算要正确,不能出现挤占成本、提高造价、转移投资等问题。

工程项目内部控制的研究具有重要意义;可以为各建设单位建立与完善内部控制制度提供指导;有助于完善工程项目内部控制规范和内部控制体系的健全;有利于针对工程项目内部控制中存在的问题进行分析并提出相应对策。下面从岗位分工与授权批准控制、项目决策控制、业务实施与概预算控制、价款支付与工程竣工验收决算控制等环节进行学习。

任务一　岗位分工与授权批准控制

工程项目的岗位分工控制

企业应当建立工程项目业务的岗位责任制,明确相关部门的职责、权限,确保办理工程项目业务的不相容岗位相互分离、制约和监督。工程项目的岗位分工控制主要包括两个方面:一是不相容岗位相分离,在进行分工时,不能将不相容的岗位配置到同一个部门或单位;二是要建立专门的监督机构,专门行使控制职能。

（一）工程项目业务不相容岗位

工程项目业务不相容岗位一般包括：
1. 项目建议、可行性研究与项目决策；
2. 概预算编制与审核；
3. 项目实施与价款支付；
4. 竣工决算与竣工审计。

（二）建立专门管理机构

企业应建立专门的管理机构。企业应当根据工程项目的特点，配备合格的人员办理工程项目业务，办理工程项目业务的人员应当具备良好的业务素质和职业道德。

企业应建立专门的监督机构。就是在进行具体的岗位分工中，以监督功能为基础，建立专门的监督部门，专门进行监督管理。

二、工程项目的授权批准控制

企业应当对工程项目相关业务建立严格的授权批准制度，明确审批人的授权批准方式、权限、程序、责任及相关控制措施，规定经办人的职责范围和工作要求。

审批人应当根据工程项目相关业务授权批准制度的规定，在授权范围内进行审批，不得超越审批权限。经办人应当在职责范围内，按照审批人的批准意见办理工程项目业务。对于审批人超越授权范围审批的工程项目业务，经办人有权拒绝办理，并及时向审批人的上级授权部门报告。

严禁未经授权的机构或人员办理工程项目业务。

岗位分工与授权批准流程如图 7-2 所示。

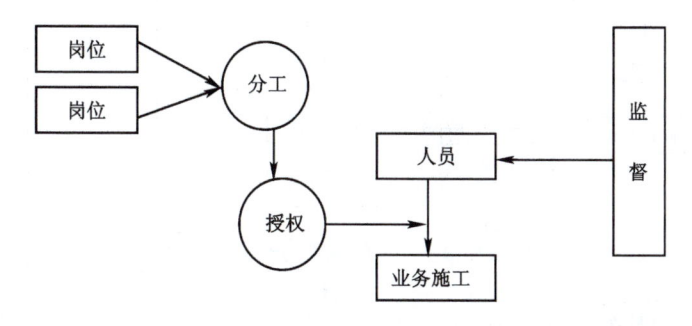

图 7-2 岗位分工与授权批准流程图

说明：在对工程项目进行岗位分工的基础上，结合施工人员的情况进行授权批准，之后才能进行相应的施工。在此过程中，需要由监督管理部门进行全程监督。

三、工程项目内部控制实施程序

企业应当制定工程项目业务流程，明确项目决策、概预算编制、价款支付、竣工决算等环节的控制要求，并设置相应的凭证，如实记录各环节业务的开展情况，确保工程项目全过程得到有效控制。

1. 工程项目管理部门通过招标等多种方式选择勘察设计单位,组织专家对设计方案进行评审;

2. 工程项目管理部门编制工程项目概预算;

3. 财会部门对工程项目的概预算进行审核;

4. 进行招标,组织专家或成立专业机构进行评标和定标,并签订施工合同;

5. 与中标单位签订施工合同;

6. 施工单位组织施工后,建立专门的部门或机构进行工程管理监督;

7. 财会部门进行工程项目资金控制,根据授权批准的工程价款支付报告支付工程款;

8. 施工单位完工后向项目管理部门交付工程,由管理部门组织竣工验收;

9. 工程管理部门会同财会部门进行竣工决算;

10. 委托审计机构对工程决算进行审计。

工程项目内部控制实施程序如图 7-3 所示。

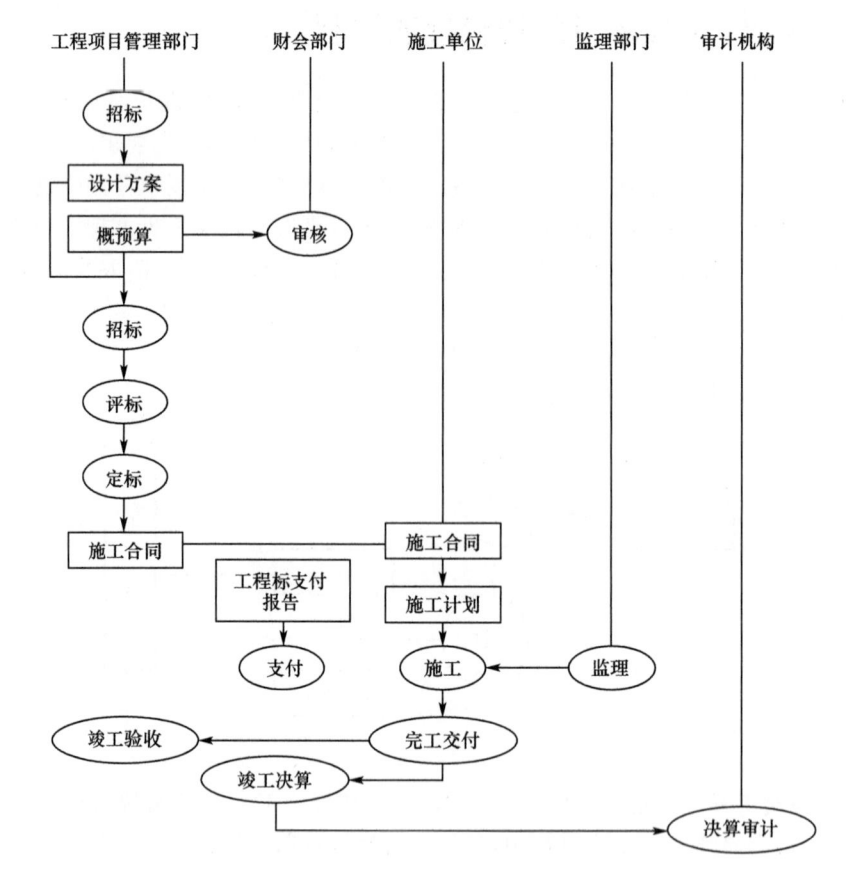

图 7-3 工程项目内部控制实施程序

任务二 项目决策控制

工程项目决策是指企业对拟建项目的必要性和可行性进行技术经济评价，对不同建设方案进行比较选择，并对拟建项目的技术经济指标做出判断和决定的过程。工程项目决策是工程项目的起点，是工程项目管理的关键环节，决策的正确与否，决定着整个工程项目的成败。为保证决策成功，在决策时应遵循科学性、民主性、系统性和合理性等原则。

一、工程项目投资机会研究

工程项目投资机会研究又称为项目投资机会鉴别，其主要任务是提出对工程项目投资方向的建议，即在一个确定的地区和部门内，根据自然资源、市场需求、国家产业政策及国际贸易情况，通过调查、预测和分析研究，选择项目，识别最有利的投资机会。

工程项目投资机会研究的主要内容是：投资项目的选择，投资机会的资金条件、自然资源条件和社会地理条件，项目在国民经济中的地位和对产业结构、生产力布局的影响，拟建项目产品在国内外市场上的需求量及替代进口的可能性，项目的财务收益和国民经济效益的大致预测等。

经工程项目投资机会研究认定有前途的项目，可进入项目初选阶段，一般也称为初步可行性研究或预可行性研究阶段。进入这一阶段的项目通过了工程项目投资机会研究的认定，值得继续研究，但一般又不能肯定是否值得进行详细的可行性研究。在这个阶段，需进一步判断项目是否有较高的经济效益，决定对项目中哪些关键性问题做进一步的辅助研究。按照我国目前的项目管理程序，经项目初选后认定为可行的工程项目，可进入项目建议书编制环节。

二、项目建议书的编制

项目建议书是拟建项目的承办单位用文字形式对投资项目的轮廓进行描述，宏观上就项目建设的必要性和可能性提出论证，进而向政府主管部门推荐此项目，供主管部门选择项目的法定文件。编制项目建议书的目的是提出拟建项目的轮廓设想。项目建议书编制的主要内容有：

1. 项目的名称、承办单位、项目负责人；
2. 项目提出的目的、必要性和依据；
3. 项目的产品方案、市场需求、拟建生产规模、建设地点的初步设想；
4. 资源情况、建设条件、协作关系和引进技术的可能性及引进方式；
5. 投资估算和资金筹措方案及偿还能力预计；
6. 项目建设进度的初步安排计划；
7. 项目投资的经济效益和社会效益的初步估计。

项目建议书的批准，称为"立项"，之后项目即可纳入项目建设前期工作计划，列入前期工作计划的项目可开展可行性研究。

三、项目可行性研究

可行性研究是一种系统的投资决策分析研究方法,是项目投资决策前,对拟建项目的所有方面(工程、技术、经济、财务、生产、销售、环境和法律等)进行全面的、综合的调查研究,对备选方案,从技术的先进性、生产的可行性、建设的可能性、经济的合理性等方面进行比较评价,从中选出最佳方案的研究方法。

项目可行性研究报告内容由以下部分组成:

(一)总论

1. 项目提出的背景和依据

项目提出的背景是指项目是在什么背景下提出的,包括宏观和微观两个方面。项目提出的依据是指项目依据哪些文件而设立的,以考察该项目是否符合规定的投资决策程序。

2. 投资者概况

投资者概况包括投资者的名称、法定地址、法定代表人、注册资本、资产和负债情况、经营范围和经营概况(近几年的收入、成本、利税等)、建设和管理拟建项目的经验等,以考察投资者是否具备实施拟建项目的经济技术实力。

3. 项目概况

项目概况包括项目的名称、性质、地址、法人代表、占地面积、建筑面积、覆盖率、容积率、建设内容、投资和收益情况等,以使有关部门和人员对拟建项目有一个充分的了解。

4. 编制依据和研究内容

可行性研究报告的编制依据一般包括:有关部门颁布的关于可行性研究的内容和方法的规定、条例,关于技术标准和投资估算方法的规定,投资者已经进行的前期工作和办理的各种手续,市场调查研究资料,其他有关信息资料等。可行性研究报告的研究内容包括市场、资源、技术、经济和社会五大方面。

(二)项目建设必要性分析

项目建设必要性分析从两个方面进行,即宏观必要性分析和微观必要性分析。宏观必要性分析包括:项目建设是否符合国民经济平衡发展和结构调整的需要,项目建设是否符合国家的产业政策。微观必要性分析包括:项目产品是否符合市场的要求,项目建设是否符合地区和部门的发展规划,项目建设是否符合企业发展的要求,能否给企业带来效益。

(三)产品市场分析与结论

产品市场分析是指对项目产品供求关系的分析。通过科学的方法预测项目产品在一定时期的供给量和需求量,并对其关系进行定量和定性分析,最后得出结论,即项目产品是否有市场。

(四)生产规模的确定

首先分析决定拟建项目生产规模的因素,然后依据这些因素,用科学的方法确定项目的生产规模,并分析拟建项目的规模经济性。

(五)建设条件分析与结论

项目的建设条件主要有:物质资源条件,即自然资源条件、原材料和动力条件;交通运输条件,主要指厂外的交通运输;工程地质和水文地质条件;厂址条件和环境保护条件等。

建设条件分析主要是分析资源条件的可靠性,原材料供应的稳定性,燃料、动力供应和交通运输条件的保证性,厂址选择的合理性和环境保护的可行性等。结论是对建设条件总的评论,即资源是否分配合理,是否能保证及时和稳定的供应,价格是否基本合理,动力是否有保证,是否可以节约使用,交通是否经济合理,同步建设投资是否落实,厂址的选择是否有利于生产、销售和方便生活等。

(六)技术条件分析与结论

技术条件包括拟建项目所使用的技术、工艺和设备条件。技术分析包括技术的来源、水平,工艺分析包括工艺过程、工艺的可行性和可靠性,设备分析包括设备的询价、先进程度和可靠性。技术条件分析的结论包括:所用技术是否先进、适用、成熟,有无必要从国外引进;工艺是否科学合理,有无改进的可能;设备是否先进,是否可靠,是国内制造还是从国外引进。

(七)财务数据估算

财务数据是财务效益分析和国民经济效益分析的原始数据,是指在现行的财税制度下,用现行价格计算的投资成本、产品成本费用、销售收入、销售税金及附加、利润及利润分配等。

(八)财务效益分析

财务效益分析就是根据财务数据估算的资料,编制一系列表格,计算一系列技术经济指标,对拟建项目的财务效益进行分析和评价。评价指标有反映项目盈利能力和清偿能力的指标。反映项目盈利能力的指标包括动态指标和静态指标。动态指标包括财务内部收益率、财务净现值、动态投资回收期等;静态指标包括投资回收期(静态)、投资利润率、投资利税率、资本金净利润率等。反映项目清偿能力的指标包括借款偿还期和"财务三率",即资产负债率、流动比率和速动比率。

在财务效益分析中,计算出的评价指标要与有关标准或规定,或历史数据、经验数据等进行比较,以判断项目的盈利能力和清偿能力,确定项目财务角度的可行性。

(九)不确定性分析

不确定性分析用来判断拟建项目风险的大小,或者说用来考察拟建项目抗风险能力的强弱。进行不确定性分析,一般要进行盈亏平衡分析和敏感性分析,有时根据实际情况会使用概率分析方法。盈亏平衡分析是一种静态分析方法,主要是通过计算盈亏平衡时的产量和生产能力利用率来考察拟建项目适应市场变化的能力和抗风险能力。敏感性分析是通过分析对拟建项目经济效益影响比较大的因素(如产品价格、经营成本、建设投资、建设周期等)的变化给评价指标所带来的变化,考察哪些因素对拟建项目经济效益影响最大以及拟建项目的抗风险能力。

(十)国民经济效益分析

国民经济效益分析是站在国民经济整体角度来考察和分析拟建项目的可行性。一般来说，凡是影响国民经济宏观布局、产业政策实施或生产有关国计民生的产品的大中型投资项目，都要求进行国民经济效益分析。

国民经济效益分析的关键有两点：一是外部效果（外部效益、外部费用，也称间接效益或间接费用）的鉴别和度量；二是对不合理的产出物和投入物的现行价格进行调整，调整成影子价格。

（十一）社会效益分析

社会效益分析是比国民经济效益分析更进一步的分析。它不但考虑经济增长因素，而且还考虑收入公平分配因素，是站在整个社会的角度来分析、评价投资项目对实现社会目标所做的贡献。

（十二）结论与建议

结论与建议由两部分组成：一是拟建项目是否可行或选定投资方案的结论性意见，二是问题和建议。主要是在前述分析、评价的基础上，针对项目所遇到的问题，提出一些建设性意见和建议。

项目的问题和建议包括政策和体制两方面的问题和建议，还包括项目本身的问题和解决措施等。

四、工程项目的评估与决策

（一）工程项目评估

工程项目评估就是在可行性研究的基础上，在最终决策之前，对其市场、资源、技术、经济和社会等方面的问题进行再分析、再评价，以选择最佳投资项目（或投资方案）的一种科学方法。工程项目评估是投资前期对工程项目进行的最后一项研究工作，也是建设项目必不可少的程序之一。它是由项目的审批部门委托专门评估机构及贷款银行，从全局出发，根据国民经济的发展规划，国家的有关政策、法律，对可行性研究报告或设计任务书提出的投资项目方案，就项目建设的必要性和技术、财务、经济的可行性等，进行多目标综合分析论证，对可行性研究报告或设计任务书所提供材料的可靠性、真实性进行全面审核，最后提出项目"可行"或"不可行"或"重新研究"的评估报告。如认为项目可行，即批准该项目。可行性研究报告应当客观、科学、公正地反映项目的本来面目。详细审查包括：

1. 应对编制可行性研究报告的单位进行审查。可行性研究报告一般由主管部门或建设单位委托的设计部门或工程咨询单位编制，通常先对编制单位的资格进行审定，未经资格认定的单位不能承担可行性研究报告任务。国家重点建设项目的可行性研究报告，要由省级以上的设计机构编制。

2. 应审查编写人员的任职资格及其签字盖章是否真实。

3. 要审查拟建项目是否为重复建设项目，产品有无销路。

4. 应审查技术水平是否可靠，拟建项目的原材料供应有无可靠来源。

5. 对环境保护措施进行审查。对那些污染严重、破坏生态平衡、危害人民身心健康又无有效治理措施的项目，可以不必继续评估。此外，还要审查厂址的环境状况，项目施工和投产后正常生产时对环境的影响以及"三废"治理措施。

6.要对项目的经济效益进行审查。一方面对投资、产品成本、价格、利息等指标和计算公式的正确性进行检查,另一方面要审核项目的财务评价和国民经济评价是否正确。工程项目评估是单位投资决策的基本依据,其结果也是项目融资机构贷款的依据。一旦项目评估对可行性研究报告予以肯定并形成投资决策,经有关部门批准,项目就可进入执行阶段。

(二)工程项目投资决策

在工程项目投资决策环节,内部控制应侧重以下几点:

1.编制项目建议书。建设单位应当指定部门或委托具有相应资质的单位编报项目建议书。项目建议书的编制,应当坚持真实客观的原则,不得随意缩小或扩大项目的投资规模,人为压低或提高投资估算,夸大项目的经济效益。

2.项目论证。建设单位应当组织会计、技术、工程等部门的相关专业技术人员对项目建议书进行技术经济分析和论证,严禁建设单位盲目决策。

3.会计机构或人员参与决策全过程。会计机构或人员应当直接参与项目建议书的编制,项目建议书中投资估算编制及经济效益评估应得到会计部门的认可。同时,会计机构或人员应当对项目建议书中财务分析和预测结论的可靠性发表具体的书面意见。相关决议应由会计部门签字。

4.投资估算,集体决策。建设单位应该按有关规定严格控制投资估算的精确度,严禁人为恶意调整投资估算。对于重大工程项目,建设单位应当实行集体决策,并根据客观经济条件的变化及时做出调整。

五 工程项目决策程序的控制

由于工程项目的决策过程较为复杂,而且也很重要,因此,根据上述工程项目决策的内容,以公司为例在此绘出流程图,如图7-4所示。

具体流程可以描述如下:

(1)投资评审小组进行投资机会研究;

(2)投资评审小组组织有关部门对工程项目进行初步可行性研究,向投资委员会提交初选项目的初步研究报告;

(3)投资评审小组将初步研究报告转投资或计划部门,经项目初选后认定为可行的工程项目,进入编写项目建议书环节;

(4)投资评审小组将初步研究报告转财会或资金管理部门;

(5)财会或资金管理部门编制资本预算报投资委员会;

(6)投资委员会组织有关专家及中介机构,对项目可行性进行进一步论证,出具是否可行的报告;

(7)投资委员会将可行性研究设计任务书、项目建议书和资本预算报董事会批准;

(8)董事会对经投资委员会论证后的项目报告进行评估和决策;

(9)董事会将重大项目报股东大会进行审批。

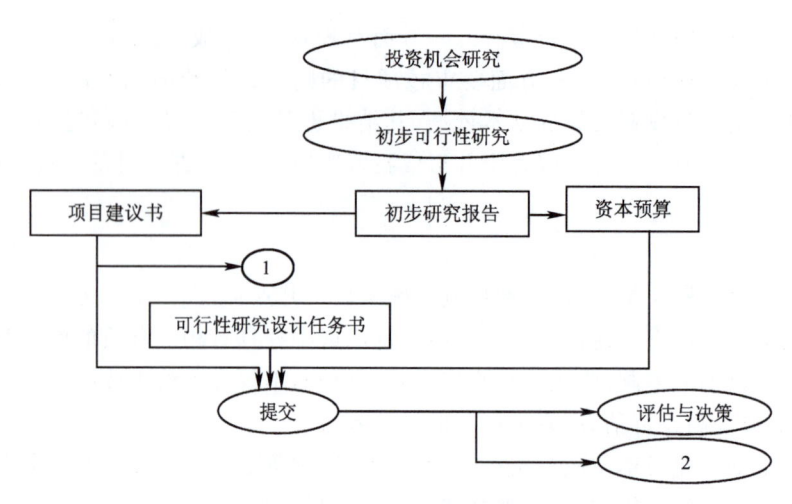

图 7-4　工程项目决策控制流程图

注："1"代表投资委员会组织有关专家及中介机构对项目可行性进行进一步的论证；
"2"代表董事会将重大项目报股东大会进行审批。

任务三　业务实施与概预算控制

工程勘察是运用多种科学技术方法，为查明工程项目建设地点的地形、地貌、土质、岩性等自然条件而进行的测量、测试、鉴定、评价等工作。工程设计是根据批准的设计任务书，按照国家的有关政策、法规，在规定的场地范围内，对拟建工程进行详细规划和布局。工程勘察和工程设计都可为概预算提供依据。

一、工程项目招标中的内部控制

所谓招标是指项目建设单位将工程项目的内容和要求以文件形式标明，招引项目承包单位（承包商）来报价（投价），以比较、选择理想承包单位并达成协议的活动。所谓投标，是指承包商向招标单位提出承包该工程项目的价格和条件等，供招标单位选择以获得承包权的活动。招标投标的活动一般分为四个阶段，现以建设工程施工项目为例进行分析。

（一）招标准备阶段

这一阶段基本分为以下几个步骤：具有招标条件的单位填写《建设工程招标申请书》，报有关部门审批。获批后，组织招标班子和评标委员会，编制招标文件和标底，发布招标公告，审定投标单位，发放招标文件，组织招标会议和现场勘察，接受投标文件。

（二）投标准备阶段

根据招标公告或招标单位的邀请，选择符合本单位施工能力的工程，向招标单位提交投标意向，并提供资格证明文件和资料。资格预审通过后，组织投标班子，跟踪投标项目，购买招标文件，参加招标会议和现场勘察，编制投标文件，并在规定时间内报送给招标单位。

标底反映的是建筑工程产品的价格,而不是市场行情价。投标报价是施工企业对工程项目的自主定价,体现了企业的自主定价权。企业自主定价必须建立在企业自身成本测算的基础上,反映的是企业的"个别劳动时间"和"社会劳动时间"的有机结合。

(三)开标评标阶段

按照招标公告规定的时间、地点,由招标投标方派代表并有公证人在场的情况下,当众开标;招标方对投标者做资格后审、询标、评标;投标方做好询标解答准备,接受询标质疑,等待评标决标。

建设单位应当要求投标人提供有关资质证明文件和业绩情况,并按确定的标准和程序对潜在投标人进行资格审查。建设单位的会计机构或人员应当对潜在投标人的财务情况进行综合审查,审查内容至少包括投标人以前年度经审计的财务报表以及下一年度的财务预测报告。

建设单位应依法组建评标委员会负责评标。评标委员会应由建设单位的代表和有关技术、经济等方面的专家组成,其中建设单位的代表应当包括会计人员。

(四)决标签约阶段

评标委员会提出评标意见,报送决定单位确定后,依据决标内容向中标单位发出《中标通知书》。中标单位在接到通知书后,在规定的期限内与招标单位签订合同。

建设单位应当依据《中华人民共和国合同法》的规定,分别与勘察设计单位、监理单位、施工单位及材料设备供应商订立书面合同,明确当事人各方的权利和义务。

建设单位会计机构或人员应当参与合同的签订,审核合同的金额、支付条件、结算方式、支付时间等内容。书面合同应留存会计机构一份,以便监督执行。

建设单位应监督审查合同的履行情况,运用法律的手段保证工程项目的质量、投资、工期和安全。会计机构或人员应当审核有关合同履行情况的凭证,并以此作为支付合同价款的依据。

二、概预算控制

工程项目的概预算是建设工程项目造价或建设项目计划投资总额的广义概念,是以建设项目为主体,围绕建设项目分层性的概预算造价体系,即建设项目总概算或修正概算、单项工程综合概(预)算、单位工程施工图概(预)算(包括分部工程预算与分项工程基价)等价格体系。工程概预算的编制、工程造价的确定贯穿于基本建设项目实施的全过程。

单位应当建立工程项目概预算控制制度,对概预算的编制、审核等做出明确规定,确保概预算编制科学、合理。单位应当组织工程、技术、财会等部门的相关专业人员对编制的概预算进行审核,重点审查编报依据、项目要素、工程量的计算、定额套用等是否真实、完整、准确。概预算制度是工程项目内部控制中最重要的部分。通常,大企业都应该编制旨在预测与控制工程项目立项、建造和合理运用资金的年度预算;小企业即使没有正规的预算,工程项目的建造也要事先加以计划。工程项目的立项和建造都应依据预算,对实际支出与预算的差异以及未列入预算的特殊事项,应履行特别的审批手续。

任务四 价款支付与工程竣工验收决算控制

一 工程项目的价款支付控制

企业应当建立工程项目价款支付环节的控制制度,对价款支付的条件、方式以及会计核算程序做出明确规定,以确保价款支付及时、正确。企业办理工程项目价款支付和工程项目采购业务,应当符合《企业内部控制规范》的有关规定。企业财会人员应对工程合同约定的价款支付方式、有关部门提交的价款支付申请及凭证、审批人的批准意见等进行审查和复核,复核无误后方可办理价款支付手续。企业财会人员在办理价款支付业务过程中,若发现拟支付的价款与合同约定的价款支付方式及金额不符,或与工程实际完工情况不符等异常情况,应当及时报告。企业因工程变更等因素造成价款支付方式及金额发生变动的,应有完整的书面文件和其他相关资料,并经财会部门审核后方可付款。

二 工程项目的竣工验收控制

工程项目竣工验收就是由建设企业、施工企业和项目验收委员会,以批准项目的设计任务书和设计文件,以及国家颁发的施工验收规范和质量检验标准为依据,按照一定的程序和手续,在项目建成并试生产合格后,对工程项目的总体进行检验和评定的活动。

(一)明确竣工验收标准

竣工验收准备工作全部完成以后,即可按竣工验收标准和合同规定正式办理竣工验收手续。验收标准包括:

1. 生产性工程和辅助公用设施,已按设计要求建完并能满足生产要求;
2. 主要工艺设备已安装配套,经试产合格,构成生产线,形成生产能力,能够生产出设计文件中所规定的产品;
3. 职工宿舍和其他必要的生活福利设施,能适应投产初期的需要;
4. 竣工决算已完成;
5. 工程技术档案资料(包括竣工图在内)已经准备齐全。

(二)加强竣工验收组织领导

企业一般应在竣工前,根据项目性质、大小,成立竣工验收领导小组或验收委员会负责竣工验收工作。

(三)竣工验收的程序

1. 单项工程验收

一个单项工程或一个车间,若已按设计要求建完,能满足生产要求或具备使用条件,即可由单位组织验收。单位要组织施工单位和设计单位整理有关施工的技术资料和竣工图,据以进行验收和办理交接手续。验收后,由单位根据有关规定投入使用。

2. 全部验收

验收准备工作,以单位为主,组织设计、施工等单位或聘请外部专门机构进行验收。在整个项目进行全部验收时,对已验收过的单项工程,不再办理验收手续。在工程项目竣工验收这一环节,应侧重以下内部控制:

(1)单位会计机构或人员在工程竣工后,应及时开展各项清理工作

清理工作主要包括各类会计资料的归集整理、账务处理、财产物资的盘点核实及债权债务的清偿,做到账账、账证、账实、账表相符。

(2)单位对符合竣工验收条件的工程项目审查其真实性和完整性

单位应会同监理单位、设计单位对施工单位报送的竣工资料的真实性、完整性进行审查,并依据设计与合同的要求组织竣工预验收。对存在的问题,应及时要求施工单位进行整改。

(3)单位对符合竣工验收条件的工程项目,应及时组织竣工验收

验收合格的工程项目,会计机构或人员应建立交付使用财产明细表,并转增固定资产。未经验收或验收不合格的工程不得交付使用。对于竣工验收后留有收尾工程的项目,建设单位应按照验收中审定的收尾工程内容、数量、投资和完成期限组织扫尾。

三 工程项目的竣工决算控制

竣工决算是以货币为计量单位,以日常核算资料为主要依据,通过编制报表和文字说明书的方法,综合反映经济活动和财务成果的总结性报告文件,综合反映工程项目从筹建到竣工全过程的财务状况和建设成果。

(一)竣工决算审查内容

竣工决算应重点审查下列内容:

1. 准确性和完整性

首先,审查竣工决算"文字说明书"和所叙述的事实是否全面系统,是否符合实际情况,有无虚假不实、掩盖矛盾等情况,报表中各项指标是否准确真实。其次,要审查竣工决算各种报表是否填列齐全,有无缺报漏报,已报的决算各表的栏次、科目、项目填列是否正确完整等。

2. 项目填列的正确性

单位应该核对竣工财务决算表中工程项目投入款项、交付使用资产等项目的余额是否正确。

3. 工程项目支出的审查

单位应根据批准的初步设计概算,审查工程成本中有无不属于工程范围的开支,所有工程项目是否属于计划范围内,有无搞计划外工程;增加的工程项目是否经单位管理部门批准;属于设计变更方面的,要审查有没有设计部门的变更设计手续。结合财务制度审查各项费用支出是否符合规定,有无乱挤乱摊成本、扩大开支范围现象,有无乱立标准、铺张浪费等情况。

4. 竣工时间的审查

竣工时间提前或拖后,对投资效果有着直接的影响。提前竣工,不仅可提前交付使

用、提前投产，还可以减少建设过程的费用支出；相反，竣工时间拖后，上述各项经济效果就要变成经济损失，造成极大浪费。

(二)竣工决算的内部控制

在工程项目竣工决算这一环节，应侧重以下内部控制：

(1)建设单位应当及时组织会计机构或人员对施工单位提交的竣工结算书进行审核，以审定金额作为工程款结算的依据。

(2)建设单位应当按照国家有关规定及时编制竣工决算，如实反映工程项目的实际造价和投资效果，不得将应计入当期经营费用的各种支出计入建设成本。

(3)建设单位应按有关规定及时组织决算审计，对建设成本、将会使用财产结合资金等内容进行全面审查。会计机构或人员应当按审定的金额确认新增固定资产的价值。

(4)建设单位应当建立由会计机构或人员参与的概算、预算及决算分析考评制度，在竣工决算后组织分析概算、预算执行结果及差异产生的原因。对于实际投资规模超过审定的投资规模的项目，应当追究相关决策者和执行人员的责任。

(5)建设单位应当建立工程项目的后评估制度，由会计机构或人员负责对投入使用的生产性项目进行成本效益分析。如果项目实际经济效益严重低于可行性研究分析，应追究相关人员的决策责任。

💡 典型案例

【案例资料】 据1999年10月22日《人民日报》报道：曾经引起社会广泛关注的杭州钱塘江"豆腐渣"工程引出的腐败案得到处理，杭州市江干区人民法院于1999年10月20日做出宣判，原杭州市水利建筑工程总公司总经理陈某等5名被告人分别以受贿罪一审判处7~12年有期徒刑，并没收所有赃款赃物。

从1997年开始，浙江省着手对始建于清朝年间的钱塘江大堤进行维修。但是，在大堤建设过程中，少数单位领导见利忘义，个别施工单位唯利是图，肆无忌惮地用烂泥充当混凝土，搞起了"豆腐渣"工程。经群众举报，浙江省水利厅和杭州市政府联合组成调查组，对这起恶劣事件进行了调查，发现在大堤质量隐患的背后存在着严重的权钱交易。1998年12月，有关责任人被检察机关依法逮捕。

杭州市江干区人民法院审理查明，原杭州市水利建筑工程总公司总经理陈某，杭州市钱塘江管理处处长钱某等5人利用职务之便，多次收受包工头和建筑施工单位的钱财，性质十分恶劣。其中被告人陈某利用职务之便，趁项目发包等机会，先后25次收受杭州市水利建筑工程总公司项目承包人韩某、郑某和个体户马某等人的贿赂，总计11万元。其余4名被告也均利用职权，大肆收受贿赂。

此前，钱塘江"豆腐渣"工程的承包商杭州市水利建筑工程总公司已经被浙江省水利厅取消参加招投标的资格，并罚款20万元；负责监理的浙江省水利水电建筑监理公司被处罚金10万元，总经理被撤职。有关监理人员已被辞退或吊销监理资格证书。

【案例思考】 针对以上案例，思考以下问题：
1. 出现"豆腐渣"工程的主要原因是什么？
2. 应采取什么样的对策？

【案例分析】

(1)出现豆腐渣工程的主要原因:不相容职务分离控制不到位,监督检查不到位。《企业内部控制基本规范》第四章第二十九条规定"不相容职务分离控制要求企业全面系统地分析、梳理业务流程中所涉及的不相容职务,实施相应的分离措施,形成各司其职、各负其责、相互制约的工作机制。"而钱塘江工程根本没有做到不相容职务的分离,内部控制失效,所以导致该后果发生。

(2)应采取的对策:对不相容职务进行分离,依法办事。建设单位应当明确工程项目决策和建设过程中各相关部门和岗位的职责权限,确保办理工程项目业务的不相容岗位相互分离、制约和监督。我们是法治国家,党中央、中纪委一再重申惩治腐败。监察、审计等部门要加大对市重点工程项目的监察、审计力度,对玩忽职守、弄虚作假、贪污受贿和截留、挤占、挪用、克扣工程建设资金的单位和个人,要依法严肃处理。同时要按国家、建设部颁布的建设工程法律、法规、标准规范依法办事、违法必究,使建设工程健康地向前发展。

本章小结

本情境重点分析了工程项目控制的方法、目标、内容以及内部控制制度的建立,尤其是工程项目内部控制制度的运用。工程项目内部控制的内容主要包括:岗位分工与授权批准、项目决策控制、概预算控制、价款支付控制和竣工决算控制。工程项目内部控制的建立过程是:岗位分工控制、授权批准控制、项目决策控制、概预算控制、价款支付控制、竣工决算控制、监督检查,这些是进行工程项目内部控制的必要过程,从整个流程上来说也是缺一不可的。

习 题

一、单项选择题

1. 工程项目控制的最终目标是(　　)
   A. 项目的质量　　　　　　　　B. 项目的投资额
   C. 项目的建设周期　　　　　　D. 项目的经济效益和环境效益最大化

2. 工程项目业务不相容岗位描述正确的是(　　)
   A. 概预算编制与审核岗位不相容　　B. 项目实施与竣工审计岗位不相容
   C. 竣工决算与价款支付岗位不相容　D. 项目建议与概预算审核岗位不相容

3. (　　)是工程项目的起点,也是工程项目管理的关键环节。
   A. 项目决策　　　　　　　　　B. 项目建议书编制
   C. 项目可行性研究　　　　　　D. 项目的评估

4. 介于机会研究和可行性研究之间的研究阶段,称为(　　)
   A. 技术经济可行性研究　　　　B. 初步可行性研究
   C. 专题(辅助、功能)研究　　　D. 投资机会研究

5. 项目论证的主要核心点是（　　）
A. 项目建议书的编制　　　　　　　B. 可行性研究报告的编制
C. 从多种方案中选优　　　　　　　D. 资料搜集与分析

6. （　　）业务属于开标评标阶段的工作。
A. 组织招标会议和现场勘察　　　　B. 编制投标文件
C. 投标方做好询标解答准备　　　　D. 建设单位应监督审查合同的履行情况

7. 项目可行性研究中属于项目概况的是（　　）
A. 投资者的法定地址　　　　　　　B. 投资者的注册资本金
C. 投资者的资产和负债情况　　　　D. 项目的占地面积

8. 反映项目盈利能力的动态指标有（　　）
A. 财务内部收益率　　　　　　　　B. 投资回收期
C. 投资利润率　　　　　　　　　　D. 资本金净利润率

9. （　　）是项目投资者和施工单位估算工程费用并据此确定工程标底的依据。
A. 设计概算　　B. 预算定额　　C. 施工图预算　　D. 施工方案

10. 竣工决算的内容，由（　　）和决算报表两部分组成。
A. 文字说明　　　　　　　　　　　B. 工程项目概算
C. 工程项目预算　　　　　　　　　D. 交付使用资产明细表

二、多项选择题

1. 工程项目内部控制应重点关注的风险有（　　）
A. 可行性研究流于形式　　　　　　B. 项目招标暗箱操作
C. 工程造价信息不对称　　　　　　D. 竣工验收不规范

2. 工程项目内部控制实施程序说法正确的有（　　）
A. 工程项目管理部门与中标单位签订施工合同
B. 工程项目管理部门组织招标、评标、定标
C. 财会部门进行工程项目资金控制
D. 委托审计机构对工程决算进行审计

3. 可行性研究报告的研究内容包括（　　）
A. 市场和社会方面　　　　　　　　B. 资源和技术方面
C. 经济方面　　　　　　　　　　　D. 决策方面

4. 概预算审核的重点内容有（　　）
A. 编制依据　　B. 项目内容　　C. 工程量的计算　　D. 定额套用

5. 工程项目投资决策的重要环节有（　　）。
A. 编制项目建议书　　　　　　　　B. 项目论证
C. 投资估算集体决策　　　　　　　D. 项目评估

6. 在工程项目招标过程中，评标委员会成员应当包括（　　）
A. 企业代表　　　　　　　　　　　B. 职工代表
C. 政府代表　　　　　　　　　　　D. 有关技术方面的专家
E. 有关经济方面的专家

7. 工程项目竣工验收由(　　)，按照一定的程序和手续，对工程项目的总体进行检验和评定。
   A. 建设企业　　　　　　　　　B. 施工企业
   C. 项目验收委员会　　　　　　D. 财政局
8. 订立书面合同的要求(　　)
   A. 在规定的期限内与中标人订立书面合同
   B. 明确双方的权利、义务
   C. 明确双方的违约责任
   D. 不得订立背离合同实质性的其他协议
9. 下列属于项目建设必要性分析中的微观分析内容有(　　)
   A. 项目建设是否符合国家的产业政策
   B. 项目产品是否符合市场的要求
   C. 项目建设是否符合地区和部门的发展规划
   D. 项目建设是否符合企业发展的要求
10. 竣工决算重点审查的内容是(　　)
    A. 准确性和完整性　　　　　　B. 项目填列的正确性
    C. 工程项目支出的审查　　　　D. 竣工时间的审查

三、判断题

1. 企业应该建立工程进度价款支付环节的控制制度，对价款支付的条件、方式以及会计核算程序做出明确规定，确保价款支付及时、准确。(　　)
2. 财会部门可以编制工程项目概预算。(　　)
3. 严禁未经授权的机构或人员办理工程项目业务属于工程项目的授权批准控制。(　　)
4. 在确定中标人之前，企业可以与投标人对投标方案、价格等进行谈判。(　　)
5. 项目建议书的批准，称为"立项"，可以纳入项目建设前期工作计划。(　　)
6. 企业应当在工程项目立项、正式施工后，依法取得建设用地、城市规划、环境保护、安全、施工等方面的许可。(　　)
7. 招标投标的活动一般分为招标准备、投标准备、开标评标、决标签约四个阶段。(　　)
8. 工程变更中，因变更原因造成的价款支付方式及金额变动的，应提供完整的书面文件和其他相关资料。(　　)
9. 职工宿舍能适应投产初期的需要跟工程项目竣工验收标准无关。(　　)
10. 建设单位应当及时组织会计机构或人员对施工单位提交的竣工结算书进行审核，以审定金额作为工程款结算的依据。(　　)

四、思考题

1. 什么是工程项目？分为哪几类？
2. 工程项目不相容岗位包括哪些？
3. 工程项目内部控制实施程序是什么？

4. 工程项目决策程序控制的流程有哪些?
5. 工程项目竣工全部验收应侧重的内部控制有哪些?

五、分析题

案例一　违背不相容职务分离原则

宏达房地产公司的工程中心经理王林在宏达公司工作10多年。工程中心发展以来，王林在其中充当着项目的采购管理的角色，如对采购计划的业务支持与审核、采购招标的参与和监督、对供应商进行考察等，同时也负责工程的成本管理、工程的设计变更管理等重要职责。由于身兼多职，供应商们自然知道王林的价值，频频给王林各种好处。王林暗地里进行着收取供应商回扣，擅自改变招标成本，对工程的设计进行变更等行为，导致工程质量每况愈下，渐渐引起了公司管理层的注意。

管理层组织了内部调查，对王林做出了直接辞退的处理。

案例二　限额设计缺失

一天，鑫诚房地产公司的总工程师张亮无意中逛到了某楼盘，楼盘坐落在该城市的普通地段，由全国著名的房地产龙头企业H公司开发。由于是做工程出身，张亮特别喜欢留意楼盘的各种设计用料，用料质量等情况。张亮看了一下，觉得这里的用料档次和质量还不错。走进小区的园林，错落有致的花木衬托出小区的优雅，花园的走廊用的是地砖，虽然看不出牌子，但也显出档次。走进楼层深处，外立面的装饰用的是本地知名企业XX的瓷砖，气派大方。

正看得出神，这时一个人拍了拍张亮的肩膀，张亮回过头，原来是当初大学工程专业的同学苗艳，二人很久没有接触了，一聊话匣子就打开了。原来苗艳现在是在H公司做工程质量管理。张亮随即聊起这个楼盘的设计，并感叹："H公司的实力果然不凡，这样一个中档楼盘的用料在鑫诚房产公司那边已经算是高档级别的了。"苗艳说："其实这些材料在我们那看来只是中档，之所以我们能控制成本，做到高档中用，中档低用，原因在于我们实行了精细化的限额管理。"张亮一听来劲了，问到H公司是如何做限额管理的，苗艳笑了笑说："来，让我们边走边说，首先，得从各项设计内容上建立相关的限额措施，如你现在看到的……"

案例三　工程项目内控流于形式

金华集团被地区财政厅确定为该地区内部控制体系建设工作试点单位，聘请我公司咨询团队开展内部控制与全面风险管理体系建设项目。从项目伊始，集团公司上至高管，下至各部门业务人员，都表现出极不重视、不配合的态度，导致内控梳理工作效率低下，项目周期严重拖延。主要表现有以下几点：

1. 项目启动会流于形式。因此次内控项目为财政厅主推的试点工作，客户持应付工作的态度。尽管我公司对客户报以严谨认真的态度，并派出公司某副总主持召开项目启动会，仍未能引起足够的重视，高管关注度不高，中层干部也应付了事，启动会仅仅是走了个过场，项目建设的意义和重要性宣传不到位，后续工作的开展遇到极大阻力。

2. 项目实施过程中，客户极度不配合。

(1) 风险评估阶段，由于客户高管重视程度不高，约访困难，反复多次仍难以见到客户进行当面沟通，导致德尔菲调研问卷回收率不高，且中层管理人员与高管之间意见严重相左，统计结果离散度较高。项目组成员只能决定重新进行一轮德尔菲调研。在第二轮问卷回收过程中,也遇到了很大的阻力,发放出去的问卷,平均经过3~4轮的催收才能收回。

(2)内控业务梳理阶段,各业务部门配合程度均较低,需多次反复催收,确认进度缓慢。财务部作为本次项目的借口部门,亦没有起到表率作用,部门经理推脱项目组成员先向其下属业务人员确认之后,她才能确认签字,下属业务人员也以工作繁忙为由,拒绝配合确认工作,直至项目组结束现场工作,打算撤场之前,才勉强将确认成果反馈给我们。另外,办公室和党群人事部是两个典型的不配合工作的部门,部门业务人员推说项目成果难以理解,看不懂,并拒绝项目组成员的讲解,部门负责人以"工作繁忙、业务人员需要先确认"为由,拒绝签字,其中办公室一个部门,仅项目组后期记载就有过8次追踪确认(前期未记载的追踪不计其数),最终仍未获取反馈结果。

(3)项目现场工作结束前,向董事会进行阶段性汇报时,客户一再变动召开董事会的时间,从春节前的1月份一再推迟到3月份。春节前夕,项目组成员已提前将汇报所需材料发至接口人XQ,确定汇报日期后,我们亦在第一时间将修改后的汇报材料发送至其邮箱。但汇报当天,罗辉竟然气愤的质问我项目总监为何没有提前将汇报材料发给她审阅,以至于耽误其准备汇报会议。汇报结束后,罗辉又找到项目组成员,生气的质问为什么她所在的财务部门缺陷点最多,整改需要的时间最长。我们百般解释因为财务部涉及的流程和控制较多,所以缺陷可能稍多,但仍不能将其说服。

以上几点仅为项目实施过程中的典型案例,其他业务部门因流程主责部门不清晰等问题相互推诿扯皮,不配合业务梳理,拖延确认进度的现象不胜枚举,最终导致项目延期,严重影响项目进度。

最后,在对董事会的阶段性成果汇报中,我们充分展示了项目期间的工作成果,包括风险评估阶段、业务访谈及梳理阶段、最后的流程、管理建议书的缺陷和建议汇总等诸多统计数据,以及有代表性的成果案例,给客户董事长及其他与会人员带来极大的震撼。董事长在总结讲话中,对此次项目工作表现出高度称赞,形容我们的工作成果令他"振聋发聩,对企业的管理提升具有重要意义",并督促各部门要引起高度重视,严格执行整改相关工作。汇报会议结束后,各业务部门才引起重视,尊称我项目组负责人为老师,主动打电话来请教问题,并要求其在离场之前予以当面指导。至此,客户对我们整个项目的咨询成果予以认可。

学习情境八 固定资产的内部控制

学习目标及素质目标

1. 理解固定资产内部控制中的岗位分工与授权批准；
2. 掌握固定资产的取得与验收控制、固定资产的日常保管控制；
3. 掌握固定资产的处置与转移控制；
4. 树立保护固定资产安全、完整的思想意识；
5. 养成严谨、细心、谨慎的工作作风。

情境导入

固定资产是指企业以生产商品、提供劳务、出租或经营管理为目的而持有的,使用年限超过一年,单位价值较高的有形资产。如使用期限超过一年的房屋、建筑物、机器、机械、运输工具以及其他与生产经营有关的设备、器具、工具等。

一、固定资产内部控制应重点关注的风险

1. 新增固定资产验收程序不规范,可能导致资产质量不符要求、进而影响资产运行。
2. 固定资产投保制度不健全,可能导致应投保资产未投保、索赔不力,不能有效防范资产损失风险。
3. 固定资产登记内容不完整,可能导致资产流失、资产信息失真、账实不符。
4. 固定资产操作不当、失修或维护过剩,可能造成资产使用效率低下、产品残次率高,甚至发生生产事故,或资源浪费。
5. 固定资产更新改造不够,可能造成企业产品线老化、缺乏市场竞争力。
6. 固定资产丢失、毁损等造成账实不符,或资产贬值严重。
7. 固定资产抵押制度不完善,可能导致抵押资产价值低估和资产流失。
8. 固定资产处置方式不合理,可能造成企业经济损失。

二、固定资产内部控制的目标

固定资产管理是一项复杂的组织工作,常见弊端有:盲目购建;资本性支出挤占生产

成本;盘盈不入账;闲置不处理,造成报废;残值不入账;虚增(减)折旧,虚列维修费用支出等。所以,加强固定资产内部控制具有重要意义。

(一)保证固定资产取得的合理性

固定资产的取得会涉及企业生产或服务能力的变化。取得固定资产需要企业抽出大量的资金或向银行贷款,这会影响企业日常的流动资金周转或者需要支付大量利息。同时资本支出决策一旦执行,则资金要经过较长时间才能收回,决策失误的后果往往难以改变,或者要再花很大代价才能改变,有的甚至会导致企业破产。因此,合理取得固定资产使企业在未来保持良好的经营状态和营利能力,是企业固定资产内部控制的首要目标。

(二)保证固定资产计价的正确性

确定企业在一项固定资产上投资效益时,首先必须正确计算该项资产上的投资金额和合理计量它的回报,这样才能合理地比较资本支出及其产生的效益。固定资产计价正确也为合理计提折旧提供了基础。此外,固定资产计价的正确与否影响到资产负债表所反映的企业财务状况。因此,内部控制应使固定资产账面上反映的金额符合取得这些资产时和达到预计可使用状态前所支付的一切必要和合理的支出。固定资产计价上不正确,大多是由于资本支出和收益支出划分不清所致,内部控制应使资本性支出和收益性支出得到合理的区分,防止将两者混淆。

(三)保证固定资产的安全、完整和合理保养与维护

要在长时期内使固定资产确实存在,需要一定的监督控制加以保证,良好的内部控制要求由专人使用固定资产并成立专门的部门来负责保管,同时,要求由使用和保管这些资产以外的人员定期地根据账面记录和其他有关记录来盘查各种固定资产,以保证固定资产的实际存在和账实相符。要使固定资产长期使用,应对其进行经常和定期的维护和修理,通过建立和实施保养和维修制度,达到使固定资产按照生产经营的正常状态来发挥作用的目标。

(四)保证折旧的合理性及计算的准确性

各期折旧、损耗和摊销额的确定,涉及大量的职业判断,它们难以像应收账款那样准确核定。同时,由于它们不是当期现金或实物性支出的费用,容易被用来调节各期营业费用。因此,内部控制要使固定资产有一种合理的折旧摊销方法,防止用折旧等来调整各期费用。

三 固定资产关键内部控制范围

(一)投资规划

企业根据未来生产能力发展的实际要求和资源条件,对固定资产建设或改造进行可行性研究,编制投资计划。

(二)投资预算

它是对企业生产设备、房屋建筑及其他设备扩建、改良、更新、重置的投资管理计划。其目的是预算未来一定时期内在设备和财产方面的资本支出,确定支出限额,并作为财务预算的投资支出,决定现金需要量。资本预算必须经过企业最高管理层的审批。

(三)购建验收

根据固定资产性质和企业自身能力,采取委托或自营形式购买、建筑及安装固定资产。如企业采取委托形式购建固定资产,还需进行招投标,择优选择施工单位。对每一次交付使用的固定资产,企业应组织施工、建设部门共同验收,验收合格后办理固定资产验收交换手续。

(四)资产计价

根据财务制度有关规定,确定固定资产原始价格、类别、使用年限、折旧率等,并登记固定资产卡片。

(五)计提折旧

固定资产要按有关规定定期计提固定资产折旧。

(六)盘点和清理

固定资产应定期盘点、清理,包括处置与报废固定资产等。

任务一 岗位分工与授权批准

一 岗位分工

企业应当建立固定资产的岗位责任制,明确相关部门与岗位的职责、权限,确保办理固定资产业务的不相容岗位相互分离、制约和监督。同一部门或个人不得办理固定资产业务的全过程。

固定资产业务不相容岗位至少包括:(1)固定资产投资预算的编制与审批;(2)固定资产投资预算的审批与执行;(3)固定资产采购、验收与款项支付;(4)固定资产投保的申请与审批;(5)固定资产处置的审批与执行;(6)固定资产取得与处置业务的执行与相关会计记录。

根据此规定,为了加强控制,固定资产的资本预算、处置、验收、保养和维修、盘点、报废和清理等必须有明确的职责分工,具体包括:(1)固定资产的需求应由使用部门提出,采购部门、企业内部的建筑或建设部门一般无权首先提出采购或承建的要求;(2)资产请购或建造的审批人应与请购或建造要求提出者分离;(3)资本预算的复核审批人应独立于资本预算的编制人;(4)固定资产的验收人应同采购或承建人、款项支付人职务分离;(5)资产使用或保管人不能同时担任资产的记账工作;(6)资产盘查工作不能只有使用、保管人员或只有负责记账的人员来进行,应由独立于这些人员的第三者共同参加;(7)资产报废的审批人不能同时是资产报废通知单的编制人。

二 固定资产权限

(一)固定资产管理

实践证明,对固定资产的有效管理必须在单位管理层的统一领导下,从纵、横两个方面把固定资产的各个主管部门和使用单位组成相互关联、相互交叉的管理网络,同时明确管理职责,确定管理工作程序和信息反馈系统,对固定资产的全过程综合运用管算结合、管用结合,价值管理与计划管理、技术管理、实物管理结合,集中管理与分级管理结合,专业管理与群众管理结合等手段进行系统的归口分级管理。

(二)固定资产权限划分

1. 财务部门的权限

财务部门的权限主要包括:(1)审核预算外资本性支出;(2)根据预算及采购合同、付款通知支付采购款项;(3)对固定资产及在建工程的实物资产进行控制管理;(4)审核批准在建工程预算、审查工程决算并及时进行相应的账务处理;(5)在报经单位最高管理当局批准后,对资本性支出预算案、重大资产采购及处置合同、重大资产报废申请、大额的盘盈盘亏、重大工程造价合同、预算外的各项资本性支出以及超预算的在建工程支出、各项资本性支出的预算及预算执行情况小结等事项进行管理。

2. 主管部门的权限

经单位最高管理当局授权,主管部门的权限主要包括:(1)负责资本性支出的日常审核;(2)向各工程建造单位和设备供应单位询价;(3)编制在建工程施工预算;(4)与供应单位签订采购合同;(5)对固定资产及在建工程实物资产进行监督管理;(6)审核固定资产等报废申请。

3. 使用部门的权限

经单位最高管理当局授权,固定资产使用部门的权限主要包括:(1)提出资本性支出申请;(2)对购置和建造完工的资产进行验收;(3)对固定资产及在建工程实物进行日常维护及管理;(4)提出对固定资产及在建工程报废申请等。

三 固定资产授权批准制度

建立、健全固定资产授权审批制度的关键是必须强化以下三方面的工作:限制接近控制点、登记责任制和固定资产使用协议。

限制接近控制点主要是对接近固定资产实物和固定资产重要记录的人员进行限制,明确接近人员的数量和权限,避免人员过多、责任不清等滋生的错漏和问题。出入仓库登记责任制控制点主要规范各个部门经办人员的行为,无论是何种目的,进出仓库都必须进行登记,并且在相应时间段内对固定资产出现的问题负连带责任。固定资产使用协议可以有效地明确各部门经办人员在固定资产使用方面的权利和责任。

任务二 固定资产取得与验收控制

为了加强控制,企业购建、扩建固定资产需要经过科学规范的决策过程。其决策过程包括以下控制环节:预算管理、请购与审批、采购控制、验收控制和入账控制。

一、预算管理

（一）固定资产预算管理制度

企业应当根据固定资产的使用情况、生产经营发展目标等因素拟定固定资产投资项目，对项目可行性进行研究、分析，编制固定资产投资预算，并按规定程序审批，确保固定资产投资决策科学合理。

对于重大的固定资产投资项目，应当考虑聘请独立的中介机构或专业人士进行可行性研究与评价，并由企业实行集体决策和审批，防止出现决策失误而造成严重损失；对于预算内固定资产投资项目，有关部门应严格按照预算执行进度办理相关手续；对于超预算或预算外固定资产投资项目，应由固定资产相关责任部门提出申请，经审批后再办理相关手续。

（二）固定资产预算管理制度的执行

就固定资产的预算控制，我们应当从以下几个方面进行控制和管理：

1. 由多方人员参加编制资本支出预算。编制资本支出预算，应由工程技术、计划、财务、采购、生产等部门的人员共同参加，以便减少资本支出预算错误发生的可能性。

2. 资本支出预算要在考虑多种因素的基础上予以编制。这些因素包括投资的预算额、投资的机会成本、投资的资本成本、预计现金净流量等。

3. 具体考虑投资额较大的专案。对于投资额较大的专案，资本支出预算应有各分项投资预算额，以便日后对投资实际支出额的控制。而对于投资将对企业产生重大影响的资本支出预算则必须由董事会批准才能执行。

二、请购与审批

（一）固定资产请购与审批制度

企业对于外购的固定资产应当建立请购与审批制度，明确请购部门（或人员）和审批部门（或人员）的职责权限及相应的请购与审批程序。固定资产采购过程应当规范、透明；对于一般固定资产采购，应由采购部门充分了解和掌握供应商情况，采取比质比价的办法确定供应商；对于重大的固定资产采购，应采取招标方式进行。

（二）固定资产的购置管理

固定资产的购置，应严格按照企业制定的固定资产内部控制制度和业务流程来进行。企业所有固定资产应由设备部门统一购买，但必须先由各部门填写请购单，并由设备部门做技术论证，进行询价和价格比较，填写好拟采购设备的名称、规格、型号、性能、质量、估计费用等资料，送相关部门会签并报总经理批准。

（三）特殊固定资产的管理

1. 专用固定资产。对一些专用固定资产如电脑、打印机等，由于其移动的方便性，管理上容易滋生漏洞。针对其管理上的薄弱环节，应制定特别的业务处理流程。如电脑等设备从确定采购时起就应定好使用人，确定责任人。

2. 重大工程项目。对重大工程建设项目,企业成立专门管理小组。成员应来自工程部,共同参与项目论证、公开招标等环节的工作。既体现公平、公正原则,又通过招标等良性竞争手段,为企业创造经济效益。

三 采购控制

(一)采购过程的控制

采购部在执行固定资产采购程序时,应先向供货商询价,并取得厂商报价单,进行比价,以报价较低且品质佳的厂商为采购对象,单批次 5 万元以下(含 5 万元)至少寻找 2 家以上的供应商进行询价比价;单批次 5 万元以上至 30 万元至少寻找 3 家以上的供应商进行招标采购,并报财务总监审批;单批次 30 万元以上至少寻找 3 家以上的供应商进行招标采购并组织招标小组确定最优方案,报财务总监、总经理审批。

重要固定资产或单台 5 万元以上或单批 10 万元以上的采购,采购单位应与厂商签订购买合同。合同一式两份,由采购部与供货商分别留存一份;采购部应复印一份留存,原件与发票交财务作为付款入账的依据。

(二)订购单的填写

依据请购单填写订购单并与供货商联络订购事宜,按一般采购程序办理。

四 验收控制

(一)固定资产验收制度

针对固定资产的验收管理,企业应当建立严格的固定资产交付使用验收制度,确保固定资产数量、质量等符合使用要求。固定资产交付使用的验收工作由固定资产管理部门、使用部门及相关部门共同实施。

1. 外购的固定资产

企业外购固定资产,应当根据合同协议、供应商发货单等对所购固定资产的品种、规格、数量、质量、技术要求及其他内容进行验收,出具验收单或验收报告。验收合格后方可投入使用。

2. 自行建造的固定资产

企业自行建造的固定资产,应由制造部门、固定资产管理部门、使用部门共同填制固定资产移交使用验收单,验收合格后移交使用部门投入使用。企业对投资者投入、接受捐赠、债务重组、企业合并、非货币性资产交换、外部企业无偿划拨转入以及其他方式取得的固定资产均应办理相应的验收手续。

3. 经营租赁、借用、代管的固定资产

企业对经营租赁、借用、代管的固定资产应设立登记簿记录备查,避免与本企业财产混淆,并应及时归还。

对验收合格的固定资产应及时办理入库、编号、建卡、调配等手续。

(二)固定资产验收制度重点关注项目

从外部购入的设备,采购人员应与厂商联系送货时间及地点。固定资产送达时,请购单位、采购人员、管理部门均应派员会同点收数量、检查品质及规格是否与请购单相符。其验收程序可按照存货验收程序进行，所不同的是固定资产一般要求有较高等级的技术人员来检查其质量或精密程度，故购入设备必须经过专职工程师的检查，并在收货报告单上签字同意。通过建筑或安装取得的设备在正式向承包商签发验收合格证书前，应做全面和综合性的测试验收检查工作。

各种监督和测试工作应当加以文字记录，并作为工程验收合格证书的附件妥善保管，验收合格证书必须由指定的授权人审核签字。

固定资产验收合格后，管理部门开具设备分配通知单并登记固定资产管理台账。采购人员将固定资产交请购单位使用。

五、入账控制

（一）固定资产入账制度

企业财会部门应当按照国家统一的会计准则制度的规定，及时确认固定资产的购买或建造成本。

（二）固定资产账户的登记

固定资产应分类设置各种账户，分别记录。固定资产主要有房屋、机器设备、家具、办公设备、运输设备等。各类固定资产账户应附有单独的卡片或表单，记录各种详细资料。每张卡片或表单应记录每项资产的简要说明、存放地点、购入或建造日期、相应的凭单或工作单号码、资产的价值、规定的计量单位、折旧计算方法、估计残值、每个会计期应提折旧及累计已提折旧金额。此外，固定资产卡片还应记录该项固定资产的维修和保养情况。所有卡片或表单应编上交叉索引号码，以便同控制账户或其他记录相核对。

（三）固定资产账户的核对

固定资产明细分类账应至少每年同总分类控制账户核对一次。控制制度应规定核对中发现的差异并做适当的标记。在对差异做出任何调整前，应由一名指定的企业高级管理人员负责对该差异进行调查，并对调查结果进行审批。

任务三 固定资产使用与维护控制

固定资产的使用与维护控制是固定资产管理工作的重要环节，它对促进单位管好用好固定资产、完善内部控制和经济责任制度、提高经济效益具有重要意义。

一、使用控制

（一）固定资产使用制度

企业应加强固定资产的日常管理工作，授权具体部门或人员负责固定资产的日常使用与维修管理，保证固定资产的安全与完整。企业应当定期或不定期地检查固定资产明细及标签,确保具备足够详细的信息,以便固定资产的有效识别与盘点。固定资产移动应当得到授权。

(二)固定资产的管理

1. 编制固定资产目录

由于工业企业固定资产品种规格繁多,在编制目录时,要注意划清两个界限:一是划清固定资产与低值易耗品的界限;二是划清生产用固定资产和非生产用固定资产的界限。固定资产目录及统一编号通常由权威部门制定。单位在编制固定资产目录及统一编号时应注意以下事项:(1)企业在进行固定资产编号时应遵循统一规定的编号方法;(2)号码一经编定后不能随意变动;(3)编号只有当发生固定资产处置,如固定资产调出、报废等情况时才能注销,并且编号一经注销通常不能补空;(4)新增固定资产应从现有编号依次续编;(5)每一个固定资产编号确定后,实物标牌号应与账面编号一致。

2. 建立固定资产卡片

固定资产购建完成后,应对设备及时进行测试和清点,并贴上标志。验收不合格,不得办理结算手续,核对账、卡、物,保证账账、账卡、账物相符。

建立固定资产卡片,是固定资产核算与管理业务工作量较大的一项工作,是进行明细核算的基础。固定资产卡片一般由企业财务部门签发,通常为一式三份,财务部门、固定资产主管部门和保管使用部门各一份。

固定资产卡片应按每一个独立登记对象进行登记,即一个登记对象设一张卡片。在每一张卡片中,应记载该项固定资产的编号、名称、规格、技术特征、技术资料编号、附属物、使用单位、所在地点、建造年份、开始使用日期、中间停用日期、原价、使用年限、购建的资金来源、折旧率、大修理基金提存率、大修理次数和日期、转移调拨情况、报废清理情况等详细资料。固定资产卡片应根据交接凭据和有关折旧、大修理、报废清理等凭证进行登记。

3. 建立固定资产增减登记簿

为了汇总反映各类固定资产的增减变动和结存情况,使固定资产卡片适应固定资产增减变动的要求,企业财务部门应按固定资产类别建立固定资产增减登记簿(增减登记簿可以采取按固定资产保管使用单位开设账页,按固定资产的类别和明细分类设置专栏,也可采取按固定资产类别开设账页,按固定资产使用和保管单位设置专栏两种形式进行登记核算),并以固定资产调拨(增减变动)通知单作为增减登记的依据,对固定资产的增减进行序时核算,每月结出余额。对固定资产都应设立卡片,有条件的单位,应尽量选用合适的固定资产管理系统,用电脑来管理固定资产数据。要及时对系统中的数据进行清理,查错防漏。在科技发展、环境及其他因素发生变化时,应调整相关固定资产的净残值。

4. 建立相关规章制度

设立企业各职能部门内部的设备管理员,加强对其进行固定资产管理知识的宣传和培训,提高对其所在部门设备和变动情况的监管力度;加强对在建工程账户的检查和清理,对已经在用或已经达到预定可使用状态的固定资产及时验收入账或暂估入账;对精密贵重以及容易发生安全事故的仪器设备,归口管理部门应制定具体操作规程,指定专人进行操作;做好固定资产的投保工作,并确保范围恰当,金额足够。杜绝"重采购,轻管理"的现象等。

二、折旧控制

(一) 固定资产折旧制度

企业应依据国家有关规定,结合企业实际,确定计提折旧的固定资产范围、折旧方法、折旧年限、净残值率等折旧政策。折旧政策一经确定,不得随意变更。确需变更的,应当按照规定程序审批。

折旧控制的主要作用在于保证固定资产使用年限及残值估计的合理正确。为此,企业应广泛征求有经验的工程技术人员和会计人员的意见;收集类似设备的各种历史资料,参照税务部门规定、标准。折旧方法一经选定,应一贯沿用。折旧方法的改变,事先应由相关部门审核批准并在财务报表上说明其理由。

(二) 固定资产折旧的计算

根据财政部颁发的企业会计制度规定,结合企业的具体情况选择折旧方法。

平均年限法的固定资产折旧率和折旧额的计算公式如下:

$$年折旧率 = (1 - 净残值率) \div 折旧年限$$

$$月折旧率 = 年折旧率 \div 12$$

$$月折旧额 = 固定资产原值 \times 月折旧率$$

固定资产折旧根据上述有关计算公式按月计提。当月增加的固定资产,次月开始折旧。当月减少的固定资产,从下月起不再计提折旧。提前报废的固定资产,其净损失计入营业外支出,不再补提折旧。

(三) 固定资产折旧账务处理

按照规定提取的固定资产折旧,分别按用途计入制造费用、管理费用和销售费用等。

三、维护控制

(一) 固定资产维护制度

企业应当建立固定资产的维修、保养制度,保证固定资产的正常运行,提高固定资产的使用效率。固定资产使用部门负责固定资产日常维修、保养,定期检查,及时消除风险。固定资产大修理应由固定资产使用部门提出申请,按规定程序报批后安排修理。固定资产技术改造应组织相关部门进行可行性论证,审批通过后予以实施。

(二) 固定资产管理机构设置

企业应设置专门管理固定资产的机构,加强固定资产的维修和保养工作。该机构的职责包括:每年制订出各类房屋设备等的维修计划,实施维修计划或根据使用中出现的应急情况采取修理措施;监督使用部门的使用情况;对使用、维修和保养的结果进行记录等。

固定资产管理部门应对各种房屋和设备分别设置表单来记录使用、维修和保养情况,或者直接在替代房屋设备明细账的卡片或者表单上记录这些情况。记录应当定期检查。

(三) 固定资产维护账务处理

在会计上,对于维护和保养所发生的费用应全部计入当期或分期摊入各期成本费用中,需要由记录房屋设备明细账以外的其他职员来监督。此外,应由财会部门逐日编制维修和保养费用表,以分析各月之间费用重大波动的原因。

四 盘点控制

(一)固定资产盘点制度

企业应当定期对固定资产进行盘点。盘点前,固定资产管理部门、使用部门和财会部门应当进行固定资产账簿记录的核对,保证账账相符。企业应组成固定资产盘点小组对固定资产进行盘点,根据盘点结果填写固定资产盘点表,并与账簿记录核对,对账实不符,固定资产盘盈、盘亏的,编制固定资产盘盈、盘亏表。

固定资产发生盘盈、盘亏,应由固定资产使用部门和管理部门逐笔查明原因,共同编制盘盈、盘亏处理意见,经企业授权部门或人员批准后由财会部门及时调整有关账簿记录,使其反映固定资产的实际情况。

(二)固定资产盘点的必要性

固定资产同存货相比,遗失或被盗的可能性较小,但其由于长期存在,物质实体与账面记录有时会不一致。定期盘查固定资产是保护财产的必要控制手段。

(三)固定资产盘点

企业应定期(视财产的性质不同而不同,通常应至少每年一次)组织盘点固定资产的实存情况。盘点工作应由负责保管、记账等不同职能的人员以及与厂房设备无关的其他局外人员共同担任。盘点结果记录在盘点清单上,清单内容包括:固定资产的名称、类别、编号、存放地点、目前使用状况和所处状态等。盘点人员(一般要求2人以上)应在盘点清单上签字。实地盘点结束后,应将盘点清单内容同固定资产卡片相核对,如发现差异或固定资产已处于不能正常使用状态,应由固定资产保管部门负责审查其原因,经过一定的批准程序,才能进行账面调整。每次盘点的清点单应归档保存。

五 清查控制

(一)固定资产清查制度

企业应建立固定资产清查制度,清查分年中清查和年末清查。企业应至少在每年年末由固定资产管理部门和财务部门对固定资产进行检查分析。检查分析主要是定期核对固定资产明细账与总账,并对差异进行及时分析与调整。

(二)固定资产清查

固定资产的清查应填制"固定资产盘点明细表",详细反映所盘点的固定资产的实有数,并与固定资产账面数核对,做到账务、实物和固定资产卡片相一致。若有盘盈或盘亏,需编报"固定资产盘盈盘亏报告表",列出原因和责任,报部门经理、生产部门经理、财务部门和总经理批准后,财务部门进行相应的账务调整。管理部门对固定资产台账和固定资产卡片内容进行更新。

任务四　固定资产处置与转移控制

一、固定资产处置

固定资产处置是指固定资产退出生产经营过程的业务活动,它主要包括出售、报废、意外损失、出租或出借、抵押等工作。加强对这一环节的控制,可以保证处置固定资产信息的真实可靠,保证固定资产处置业务操作的科学性,使企业资源得到有效的利用。

(一)固定资产处置规定

不同固定资产处置方式所采取的措施、相关处理人员的授权处理以及产权变更问题主要规定如下:

1. 企业应当建立固定资产处置的相关制度,确定固定资产处置的范围、标准、程序和审批权限。

2. 企业应区分固定资产不同的处置方式,采取相应控制措施。

(1)对使用期满、正常报废的固定资产,应由固定资产使用部门或管理部门填制固定资产报废单,经企业授权部门或人员批准后对该固定资产进行报废清理。

(2)对使用期限未满、非正常报废的固定资产,应由固定资产使用部门提出报废申请,注明报废理由、估计清理费用和可回收残值、预计出售价值等。企业应组织有关部门进行技术鉴定,按规定程序审批后进行报废清理。

(3)对拟出售或投资转出的固定资产,应由有关部门或人员提出处置申请,列明该项固定资产的原价、已提折旧、预计使用年限、已使用年限、预计出售价格或转让价格等,报经企业授权部门或人员批准后予以出售或转让。

3. 固定资产的处置应由独立于固定资产管理部门和使用部门的其他部门或人员办理。固定资产处置价格应报经企业授权部门或人员审批后确定。对于重大的固定资产处置,应当考虑聘请具有资质的中介机构进行资产评估。

对于重大固定资产的处置,应当采取集体合议审批制度,并建立集体审批记录机制。

4. 固定资产处置涉及产权变更的,应及时办理产权变更手续。

(二)固定资产处置应注意问题

1. 固定资产出售

固定资产使用部门应将闲置的固定资产书面告知管理部门,填写"闲置固定资产明细表",管理部门拟定处理意见后,按以下步骤执行:

(1)固定资产如需出售处理,需由固定资产管理部门提出申请,填写"固定资产出售申请表"。

(2)列出准备出售的固定资产明细,注明出售处理原因,出售金额,报部门经理、生产部门经理、财务部和总经理审批。

(3)固定资产出售申请经批准后,固定资产管理部门对该固定资产进行处置,并对固定资产卡片登记出售日期,台账做固定资产减少记录。

(4)财务部门根据已经批准的出售申请表,开具发票并收款,并对固定资产进行相应的账务处理。

2. 固定资产报废

(1)当固定资产严重损坏,没有维修价值时,由固定资产使用部门提出申请,填写"固定资产报废申请表",交固定资产管理部门报财务总监和总经理审批。

(2)经批准后,固定资产管理部门对实物进行处理。处理后对台账及固定资产卡片进行更新,并将处理结果书面通知财务部。

(3)财务部门依据总经理批准的固定资产报废申请和实物处理结果,进行账务处理。

3. 固定资产处置风险控制

固定资产报废、清理环节可能存在如下风险:资产的出售、废弃、停用、重新定价或转由个人使用并未得到批准;本可以使用于其他方面的资产被出售或废弃;由于资产清理未通知财务部门,造成记录有误。

固定资产报废通知单至少一式三联,一联由审批人留底备案;一联作为执行报废工作的授权证明;一联交财务部门。财务部门收到执行完毕的报废通知单后,应审查通知单是否经执行部门主管的签字认可,并应及时注销固定资产的账面价值。

二 固定资产转移控制

为了保证单位资源的有效运用,固定资产可在不同单位之间出租、出借,在单位内部进行转移,以充分发挥固定资产的使用价值。

(一)固定资产转移控制规定

关于固定资产向外出租、出借以及内部调拨的规定如下:

(1)企业出租、出借固定资产,应由固定资产管理部门会同财务部门按规定报经批准后予以办理,并签订合同协议,对固定资产出租、出借期间所发生的维护保养、税负责任、租金、归还期限等相关事项予以约定。

(2)企业对于固定资产的内部调拨,应填制固定资产内部调拨单,明确固定资产调拨时间、调拨地点、编号、名称、规格、型号等,经有关负责人审批通过后,及时办理调拨手续。固定资产调拨的价值应当由企业财会部门审核批准。

(二)固定资产转移应注意问题

(1)固定资产在公司内部部门员工之间转移调拨,需填写"固定资产转移申请单"一式四联,送移入部门签字,确认后交固定资产管理部门,第一联由管理部门留存,更新固定资产卡片,第二联送交财务部门,第三联送交移入部门,第四联送交移出部门。将固定资产转移单交固定资产管理部门办理转移登记。

(2)固定资产管理部门将固定资产转移登记情况书面通知财务部门,以便进行账务处理。

(3)注意固定资产编号保持不变,填写清楚新的使用部门和新的使用人,以便进行监督管理。

典型案例

【案例资料】 岳某原是某市开发建设公司经理、法定代表人。在公司改制时,他伙同会计于某采用虚拟债务、隐匿会计资产、销毁会计档案、编制假账等种种恶劣的手法,"隐匿"了巨额国有资产。据初步测算,岳某涉案金额高达1 000万元。经检察院认定,岳某"隐匿"的国有资产多达600万元。

据调查,该开发建设公司由该市开发区管委会于1992年投资成立,一直由岳某担任该公司的经理、法定代表人。1998年,该公司进行改制,以剥离1 257万元资产同时承担1 257万元债务的方式,成立了由职工参股的"甲产业有限公司",岳某出资33万元,独占33%的股份,其他46名职工共出资67万元,占67%的股份。之后,岳某通过种种方法,不断增大自己的持股比例。

据了解,在开发公司转制时,被岳某转到"甲产业有限公司"的1 257万元资产,实价达2 000万元以上。每平方米成交价在2 000元以上的"银座商城",被中介机构"评估"为每平方米成交价780元,仅此一项,约500万元国有资产流失;地处"黎明小区"的住宅楼,每平方米售价上千元,非常热销,中介机构却给"评估"为每平方米600元……以上种种,因为有合法会计师事务所的评估,检察机关没有认定。

检察机关侦查的岳某"隐匿"国有资产的情况,从作案情况来看,岳某的设计极为精心。

据了解,1995年,开发建设公司给该市热电厂以成本价建设了一批住宅楼。作为交换,热电厂将13亩土地无偿送给开发建设公司,并办理了土地使用权转移手续。1998年,评估资产时,岳某让会计将这片价值120多万元的土地隐匿下来。他们还隐匿了数十套住宅以及一些商业用房、车库、平房、地下室等。

在通过"评估"、隐匿等手段挤压国有资产的同时,岳某还虚构了数百万元债务。改制前几个月,岳某让会计到城市信用社下属的某公司做了一笔假账,说是在这里借款100万元。在炮制假"借据"的同时,借款方还给出具一张假还款单据,被秘密保管。这笔假账和"借据",最终成为他们骗取国有资产的道具。由岳某控股的"甲产业有限公司"应承担的1 257万元债务,就这样被以假借款、假费用、假应付款等形式,大量"注水"了。

岳某的"隐匿"行为危害惊人。在他用几十万元代价得到几千万元国有优质资产的控制权的同时,多数职工被迫下岗,而被"脱壳"改制后的开发建设公司,剩下2 281万元巨额债务和一些呆滞资产。这些呆滞资产,竟然被"评估"为1 500万元!由老公司"顶"着的数千万元债务,大都是银行的贷款。在岳某大发其财的同时,巨大的风险全部转嫁给了国家。

【案例思考】 如何解决该公司的内部控制问题?

【案例分析】

(1)在公司治理结构中合理安排授权批准职务。就目前了解的企业实物资产流失案来看,除了盗窃、毁损等类型的流失,多数与企业法定代表人,如董事长、总经理等有关。但是,无论是董事长还是总经理,都并不代表对企业法定财产权的任意支配。因此,在内部控制框架中,对企业法定代表人和高层管理人员的实物资产处置的授权批准制度做出相互制约的规范是非常必要的。也就是说,对重大的资产处置事项,必须实行集体决策审批。

(2)细化控制流程,完善控制方法。为什么企业负责人仅仅与会计人员相勾结,就能把巨大的国有资产隐匿下来。企业负责国有资产管理的其他部门都没起到相应的作用。我们知道,企业实物资产的取得、使用是多个部门共同完成的,采购部门负责购置,验收部门负责验收,会计部门负责核算,使用部门负责运行和日常维护。可以说,实物资产的进、出、存等都有多个部门参与,为什么企业负责人和会计人员在账上做一下手脚,就都抹平了呢?由此看来,不是控制流程不完备,就是控制方法没发挥作用。

(3)要把科学的、合理的内部控制作为一种企业文化,渗透到企业的生产经营活动中,要通过改善控制环境切实发挥内部控制的积极作用。实际上,在绝大多数的情况下,企业的舞弊案件往往只涉及少数人、个别人,多数人都被蒙在鼓里。但之所以蒙在鼓里,与缺乏控制意识、未尽到控制职责不无关系。企业控制环境的好坏固然与企业负责人的行为、态度有关,但并不完全取决于企业负责人个人。从某种程度上说,企业职工的行为、态度、品格也发挥着重要作用,尽管这种作用的发挥可能意味着牺牲,但对企业资产的安全是必不可少的。

(4)政府有关部门应当制定出详尽、可行的具体办法,切实把对企业负责人的监督、制约,把对富有正义感、责任感的职工的保护、激励落到实处。

本章小结

本情境主要阐述了固定资产内部控制的岗位分工与授权批准、固定资产的取得与验收控制、固定资产的日常保管控制、固定资产的处置与转移控制等内容。固定资产的内部控制的主要内容有:固定资产的取得与验收控制;固定资产的日常保管控制;固定资产的处置与转移控制。需要重点掌握的是固定资产内部控制的内容及方法。

习 题

一、单项选择题

1.固定资产的岗位分工中,(　　)提出资本性支出的申请。
  A.财务部门　　　B.主管部门　　　C.使用部门　　　D.审批部门

2.(　　)主要是对接近固定资产实物和固定资产重要记录的人员进行限制,明确接近人员的数量和权限,避免人员过多,责任不清等滋生的错漏和问题。
  A.限制接近控制点　　　　　　B.登记责任制
  C.固定资产使用协议　　　　　D.固定资产保管制度

3.固定资产如需要出售处置,需由(　　)提出申请,填写"固定资产出售申请表"。
  A.财务处　　　　　　　　　　B.行政办公室
  C.固定资产管理部门　　　　　D.总经理

4.企业应当建立固定资产清查制度,至少(　　)全面清查,保证固定资产账实相符,及时掌握资产盈利能力和市场价值。

  A.三年   B.二年   C.每年   D.半年

5.下面（ ）不属于固定资产。

  A.房屋   B.机器   C.过时的电脑 D.运输工具

6.固定资产使用或保管人员不应同时担任（ ）工作。

  A.记账工作 B.清查工作 C.审批工作 D.采购工作

7.（ ）主要规范各个部门经办人员的行为，无论是何种目的，进出仓库都需要进行登记，并且在相应时间段内对固定资产出现的问题负连带责任。

  A.限制接近控制点   B.登记责任制

  C.固定资产使用协议   D.固定资产保管制度

8.固定资产的采购过程应当规范透明，对于一般固定资产采购，应由采购部门充分了解和掌握供应商情况，采取（ ）的办法确定供应商。

  A.质量优先 B.价格优先 C.发函询问 D.比质比价

9.固定资产明细分类账应至少（ ）同总分类账核对一次。

  A.三年   B.二年   C.每年   D.半年

10.（ ）应按每一个独立登记对象进行登记，即一个登记对象设一张卡片。

  A.编制固定资产目录   B.建立固定资产卡片

  C.建立固定资产账簿   D.建立相关规章制度

二、多项选择题

1.固定资产内部控制应重点关注的风险有（ ）

  A.新增固定资产验收不规范 B.固定资产登记内容不完整

  C.固定资产更新改造不够   D.固定资产抵押制度不完善

  E.固定资产处置方式不合理

2.固定资产内部控制的目标（ ）

  A.保证固定资产取得的合理性

  B.保证固定资产计价的合理性

  C.保证固定资产的安全完整和合理保养维护

  D.保证折旧的合理性及其计算的准确性

  E.以上表述都正确

3.固定资产内部控制的关键点有（ ）

  A.投资规划和预算 B.购建验收 C.资产计价 D.计提折旧

  E.盘点和清理

4.下面关于固定资产业务不相容的岗位描述正确的是（ ）

  A.固定资产投资预算的编制与审核 B.固定资产投资预算的审批与执行

  C.固定资产采购、验收与预算审批 D.固定资产投保申请与审批

  E.固定资产处置的审批与执行

5.固定资产的岗位分工中，主管部门的权限有哪些（ ）

  A.负责资本性支出的日常审核

B. 向各工程单位和设备供应商询价

C. 编制在建工程施工预算

D. 与供应单位签订采购合同

E. 对固定资产及在建工程实物资产进行监督管理

6. 固定资产取得与验收的控制环节包括(　　)

　A. 预算管理　　　　B. 请购与审批　　　C. 采购控制　　　　D. 验收控制

　E. 入账控制

7. 固定资产管理正确的是(　　)

　A. 编制固定资产目录　　　　　　　B. 建立固定资产卡片

　C. 建立固定资产增减登记簿　　　　D. 建立相关规章制度

　E. 以上表述均正确

8. 固定资产的处置方式有(　　)

　A. 出售　　　　　B. 报废　　　　　C. 投资　　　　　D. 意外损失

　E. 出租或出借

9.《企业内部控制应用指引第8号——资产管理》指引所称资产,是指企业拥有或控制(　　)。

　A. 产品　　　　　B. 存货　　　　　C. 固定资产　　　　D. 无形资产

　E. 报废的设备

10. 下面关于固定资产内部控制描述正确的有(　　)

　A. 企业应当定期进行固定资产盘点。

　B. 企业应设置专门管理固定资产的机构,加强固定资产的维修和保养。

　C. 加强固定资产处置环节管理,可以保证处置固定资产信息的真实可靠。

　D. 当固定资产严重损坏,没有维修价值时,可以申请报废。

　E. 为了对单位资源的有效管控,固定资产不可以在不同单位间出租,出借。

三、判断题

1. 固定资产的需求应由使用部门提出,也可以由采购部门提出。　　　　　　(　　)

2. 固定资产的验收人应同采购或承建人、款项支付人职务分离。　　　　　　(　　)

3. 固定资产的岗位分工中,财务部门可根据预算及采购合同、付款通知支付采购款项。　　　　　　　　　　　　　　　　　　　　　　　　　　　　　　　　　(　　)

4. 固定资产使用协议可以有效地明确各部门经办人员在固定资产使用方面的权利和责任。　　　　　　　　　　　　　　　　　　　　　　　　　　　　　　　　(　　)

5. 企业对于外购的固定资产应当建立请购与审批制度,明确请购部门和审批部门的职责权限及相应的请购与审批程序。　　　　　　　　　　　　　　　　　　(　　)

6. 企业的固定资产一般比较经久耐用,一般不需怎么管理和维修。　　　　　(　　)

7. 固定资产折旧政策一经确定,不得变更。　　　　　　　　　　　　　　　(　　)

8. 折旧控制的主要作用在于保证固定资产使用年限及残值估计的合理正确。(　　)

9. 企业应当建立固定资产的维修、保养制度,保证固定资产的正常运行,提高固定资产的使用效率。　　　　　　　　　　　　　　　　　　　　　　　　　　　(　　)

10.企业应至少在每年年末由固定资产管理部门和财务部门对固定资产进行检查分析。（　　）

四、简答题

1.固定资产关键内部控制范围有哪些？
2.固定资产业务不相容岗位至少有哪些？
3.固定资产的岗位分工中,主管部门的权限是什么？
4.不同方式取得的固定资产如何去验收？

五、案例分析题

1.长安福特公司资产实物台账管理和报废流程：
(1)台账的设置和保管要求：专人负责台账登记工作；登记凭证的要求；保管期限等。
(2)台账的登记：包括入库登记、领用登记、报废或转移登记。
(3)期末报告：按季向财务部报送报表。
(4)盘点制度。
(5)资产地点转移：包括部门内部在厂区内移动,部门之间在厂区内移动,转移给其他单位的,买入时直接存放在其他单位的资产等。
(6)资产报废、出售的审批和实物处置：包括不同固定资产报废的程序。
(7)通则。
(8)记录：规定了固定格式。
(9)发布/修订记录：规定了固定格式。

2.固定资产盘点制度：
(1)目的：通过盘点来确定公司固定资产是否安全,促进固定资产账实相符。
(2)使用范围：列入公司固定资产账目的所有资产项目。
(3)参考资料。
(4)职责：包括财务部门、主管部门及使用部门的职责。
(5)程序：包括基础工作、盘点方法和盘点时间、差异处理以及盘盈盘亏的会计处理。
(6)记录：规定了固定格式。
(7)发布/修订记录：规定了固定格式。

谈谈你对长安福特固定资产的内部控制的看法。

学习情境九 对外投资的内部控制

学习目标及素质目标

1. 掌握对外投资的岗位分工和授权批准；
2. 掌握对外投资预算、计划、可行性研究与决策控制；
3. 掌握对外投资的执行和处置控制；
4. 形成投资有风险的价值理念；
5. 形成高尚的价值观念和积极的人生态度。

情境导入

应用指引资金活动1

一、投资概念及投资风险类型

（一）投资概念

投资主要是指长期股权投资，包括对子公司投资、对联营企业投资和对合营企业投资及投资企业持有的对被投资单位不具有共同控制或重大影响，并且在活跃市场中没有报价、公允价值不能可靠计量的权益性投资。

（二）投资风险类型

1. 根据投资风险产生原因分类

根据投资风险产生的原因不同，可将投资风险分为市场风险、技术风险、自然风险、政治风险、经营管理风险等。

2. 根据投资风险是否可避免分类

按投资风险是否可以避免，可将投资风险分为系统性风险和非系统性风险。

（1）系统性风险。系统性风险又称为不可分散风险，是指某一投资领域内所有投资主体都将共同面临的风险，是无法防范或分散的风险。

（2）非系统性风险。非系统性风险又称特定风险或紊乱风险，是由影响某一投资对象收益的某些独特事件的发生而引起的，是某一企业或行业特有的那部分风险。例如管理能力、劳工问题、消费者偏好变化等。它可以通过投资组合来抵消或避免部分风险。这部分风险在总风险中，是除了系统性风险之外的那部分偶然风险，所以又可称为剩余风险。

(三)企业应关注的风险

企业至少应当关注涉及长期股权投资业务的下列风险:投资行为违反国家法律法规,可能遭受外部处罚、经济损失和信誉损失;投资业务未经适当审批或超越授权审批,可能因重大差错、舞弊、欺诈而导致损失;投资项目未经科学、严密的评估和论证,可能因决策失误而导致重大损失;投资项目执行缺乏有效的管理,可能因不能保障投资安全和投资收益而导致损失;投资项目处置的决策与执行不当,可能导致权益受损等。

二、对外投资的内部控制目标

为加强对企业筹资环节的内部控制和管理,根据投资业务的特点,投资的内部控制制度应达到以下目标:

(一)保证投资活动经过适当的审核程序

投资业务内部控制制度的首要目标是要保证一切投资交易活动必须经过适当的审核程序才能进行。根据这一目标来设置职务分离制度,批准投资活动的负责人级别,各种具体的呈报和审批手续,使投资活动在初期就得到严格的控制。

(二)保证投资活动符合国家的法律法规

投资者在投资过程中要符合国家的法律法规,使投资利益得到保障,或者使企业的投资风险大为减少。设立内部控制制度的目的就是要保证各种投资的交易手续、程序、各种文件记录以及账面的反映和财务报表的揭示等均符合国家的法律法规。

(三)保护投资资产的实际存在

有价证券投资资产的流动性仅次于现金,所以它们为不法分子挪用或盗窃的可能性较大。此外,不同证券在不同日期还有一定的利息或股息收入,如果没有适当的控制制度,它们较易被冒领或转移。鉴于这些原因,保管好投资资产是投资业务内部控制制度的重要目标。企业应尽可能地、不断地完善内部控制制度,堵塞一切投资证券可能被盗窃或挪用的漏洞。

(四)资产在账面和报表上合理地反映

企业会计准则规定要求企业为不同的财务报表使用者提供真实完整的会计信息。由于投资资产的价值变化很大,财务报表使用者必然会担心报表反映的价值是否真实合理。企业要使股东和报表使用者对其所提供的会计信息感到可信,就必须对投资资产的计价和反映进行有效的控制,防止计价方法的不恰当运用和记账错误及其弊端的出现。

(五)使投资收益得到合理的确认

投资收益代表了企业整个经营活动成果的一部分,企业应合理地确认投资收益。企业应通过内部控制制度来合理确定投资收益时间和投资收益计算方法,以及为划清投资收益和投资的界限提供基本的保证。

企业在建立与实施投资业务内部控制中,至少应当强化职责分工与授权批准控制、投资可行性研究、评估与决策控制、投资执行控制、投资处置控制等。

学习情境九 对外投资的内部控制

任务一 职责分工与授权批准控制

一、投资业务流程

我国《内部控制基本规范》规定:企业应当建立规范的投资决策机制和程序,加强投资项目立项、评估、决策、实施、投资处置等环节的内部控制,严格控制投资风险。投资控制就是为提高投资效率,保证投资能遵循相关法律法规,保证投资资产的安全、完整性,保证投资的合理计量与确认,从投资预算开始到投资收益及资产处置的整个流程的控制活动。

投资业务的基本流程如图9-1所示。

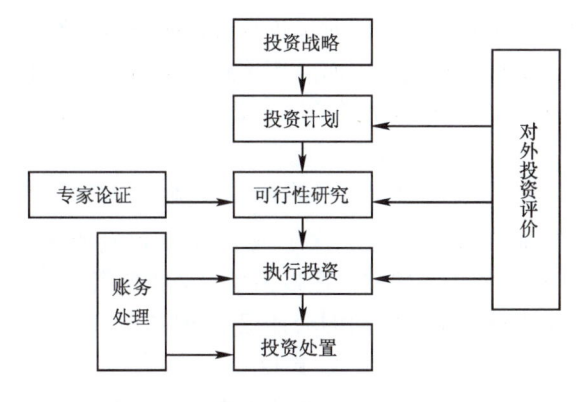

图9-1 投资业务流程图

二、投资岗位的设立

企业应当建立投资业务的岗位责任制,明确相关部门和岗位的职责、权限,确保办理投资业务的不相容岗位相互分离、制约和监督。

(一)投资项目与评估人员的职责分离

企业投资部门应考虑自身业务发展的规模与范围,以及投资的目的、时间、期望获得的投资收益等,成立专门的投资项目评估小组,对已通过可行性研究的投资项目的经济价值进行评估。为了保证投资项目决策的真实性、合理性和公允性,防止项目决策中出现投资方与被投资方串通,擅自粉饰投资目的的可行性报告,高估投资收益,低估投资风险等情况,从而使企业丧失潜在投资收益,企业应做到可行性研究的人员与评估人员在职责上相互独立和分离。

(二)投资计划编制与计划审批人员的职责分离

对于通过可行性研究且评估证明可行的投资项目,企业在投资部门需要设置计划编制岗位,就该项目投资的对象、原因、目的、性质、持有时间、投资金额及影响投资收益的因素等方面编制一份详细的计划,以便对投资实施有效的管理;或聘请专门投资顾问来负责组织制订投资计划。投资计划只有经过严格的复核审批合格后才能执行。为了提高投计划的有效性、合规性,促进项目投入取得预期的经济效益,防止计划编制和审核过程中出现舞弊现象,要求投资计划的编制人员与计划的审批人员不能由同一人担任。根据重要性原则,对企业的经济影响不是很大的投资项目,可由企业财务经理审批;而对企业的经济影响很大的投资项目,必须通过董事会批准。

(三)投资决策与其执行人员的职责分离

如果投资的决策人员与投资的执行人员是同一个人的话,可能出现决策人与被投资方串通,以牺牲公司利益为代价而从中渔利的行为。所以,投资的决策人员与其执行人员在职责上必须分离。一般企业的重大投资决策由董事会负责,其他的投资决策则可由投资部门的经理负责。投资项目的执行通常由主管人员负责。

(四)证券购入或出售人员与其会计记录人员职责分离

为了提供真实、完整、全面的企业投资信息,必须对投资的购入和出售进行有效的核算。如果负责证券购入或出售的人员同时又负责会计账务的处理,那么,很难排除负责证券购入或出售的人员为了达到特殊目的而运用不恰当的方法,歪曲会计记录等来挪用或转移有价证券的可能性。因此,负责证券购入或出售的人员与其会计记录人员在职责上必须分离。

(五)证券保管与投资交易账务处理人员职责分离

投资资产中的有价证券,其流动性仅次于现金,如果没有严格的保管内部控制制度,有价证券很容易被人冒领、挪用或转移。所以为了保证投资资产的安全性和完整性,证券的保管人员不能同时负责投资交易活动的会计记录和披露工作。

(六)参与投资交易活动的人员与有价证券的盘点人员在职责上必须分离

企业自行保管的有价证券、实物,或者其他投资合同等有关凭证应由与投资业务无关的独立人员定期进行盘点。

(七)投资处置审批与执行人员职责分离

投资的处置涉及企业的战略决策以及对未来现金流量的决策,必须经过高层管理人员的审批。投资处置的审批与执行不能由相同的人员担任,否则,可能出现违背企业利益,滥用审批权力等问题。

三、职责分工与授权批准措施

职责分工、权限范围和审批程序应当明确规范,机构设置和人员配备应当科学合理,具体控制政策和措施包括:

(一)建立岗位责任制

企业应当建立投资业务的岗位责任制,明确相关部门和岗位的职责权限,确保办理投资业务的不相容岗位相互分离、制约和监督。

投资业务不相容岗位至少应当包括:投资项目的可行性研究与评估;投资的决策与执行;投资处置的审批与执行;投资绩效评估与执行。

(二)配备合格的业务人员

企业应当配备合格的人员办理对外投资业务。办理对外投资业务的人员应当具备良好的职业道德,掌握金融、投资、财会、法律等方面的专业知识。

(三)建立投资授权和审核批准制度

企业应当建立投资授权制度和审核批准制度,并按照规定的权限和程序办理投资业务。应根据投资类型制定相应的业务流程,明确投资中主要业务环节的责任人员、风险点和控制措施等。

(四)进行会计账务处理

企业应当设置相应的记录或凭证,如实记载投资业务各环节的开展情况。明确各种与投资业务相关文件资料的取得、归档、保管、调阅等各个环节的管理规定及相关人员的职责权限。

任务二 对外投资预算控制和可行性研究与决策控制

一、对外投资预算的控制

企业应对投资业务实行预算控制,预算控制是内部控制的一个重要方面。每年年度开始之前,企业财务部门应根据企业发展战略、企业经营状况、企业的外部投资环境以及各部门的预算,编制投资预算,并报送预算委员会进行审批。如果审批不通过,预算委员会应要求财务部门对投资预算进行调整,审批通过后,进入下一控制环节。同时,预算委员会应根据投资预算执行情况的反馈及时有效地对投资预算进行调整。

投资预算的主要控制内容包括:投资预算的编制必须适应外部投资环境的变化和单位发展战略的安排;投资预算是单位预算的一个分支,编制内容、审批程序应符合规定要求;投资预算编制完成后应交由本部门主管进行检查批复,编制人员根据批复意见进行修改,直至通过主管审批签字,方可交给财务部门。

二、对外投资计划的控制

在投资计划编制审批这一控制作业中,投资业务相关部门根据投资预算初步编制投资计划书,送交财务部门进行复核检查,通过检查后,不重要的投资项目交由董事会授权的专人审批;重要的投资项目进行可行性研究,由董事会进行联签批准。

1. 根据投资预算,分析实际情况,进行投资计划的初步编制。投资计划的初步编制内容应当包括投资项目所涉及的人力、物力、财力的初步说明。

2. 复核审查投资计划书,经投资决策机构或董事会或授权专人审批通过,复核审查的内容主要有:

(1)对投资市场的估计是否合理;

(2)投资收益的估算在计算上是否有错误;

(3)投资的理由是否恰当;

(4)计划购入的股票份数是否能达到控制的目的;

(5)短期投资的变现能力、收益能力及风险情况如何；
(6)由董事会授权的财务负责人进行复核审查并在文件上签字；
(7)投资计划复核审查后，投资计划必须经董事会讨论表决通过、批准；
(8)聘请与投资交易活动各方无直接利益关系的投资专家对投资计划提出意见；
(9)所有投资决策都应用书面文件予以记录并编号控制，以便日后追查经济责任。

三　对外投资可行性研究、评估与决策控制

投资可行性研究是指在投资决策之前，对拟投资项目进行全面的技术经济分析论证，并试图对其做出可行或不可行评价的一种科学方法，它是投资前期工作的重要内容，是投资程序的重要环节，是项目投资决策中必不可少的一个工作程序。一个完整的可行性研究报告至少应包括这样三个方面的内容：①分析论证投资项目建设的必要性。这主要是通过市场预测工作来完成的。②投资项目建设的可行性。这主要是通过生产建设条件、技术分析和生产工艺论证来完成的。③投资项目建设的合理性。其合理性分析是可行性研究中最核心的部分。具体控制政策与措施包括：

(一)企业应当加强投资可行性研究、评估与决策环节的控制

对投资项目建议书的提出、可行性研究、评估、决策等做出明确规定，确保投资决策合法、科学、合理。

1.编制投资项目建议书。企业应当编制投资项目建议书，由相关部门或人员对投资项目进行分析与论证，对被投资企业资信情况进行尽职调查或实地考察，并关注被投资企业管理层或实际控制人的能力、资信等情况。投资项目如有其他投资者，应当根据情况对其他投资者的资信情况进行了解或调查。

2.编制可行性研究报告。企业应当由相关部门或人员或委托具有相应资质的专业机构对投资项目进行可行性研究，编制可行性研究报告，重点对投资项目的目标、规模、投资方式、投资的风险与收益等做出评价。应由相关部门或人员或委托具有相应资质的专业机构对可行性研究报告进行独立评估，形成评估报告。对重大投资项目，必须委托具有相应资质的专业机构对可行性研究报告进行独立评估。对可行性研究报告的主要控制内容有：

(1)对外投资可行性研究报告应当包括对外投资的合法性控制。在投资的合法性方面，要关注有关规定，如企业根据国家法律、法规规定，可以采用货币资金、实物、无形资产等方式向其他企业投资，但企业不得以国家专项储备的物资以及国家规定不得用于对外投资的其他财产向其他企业投资。

(2)对外投资的可行性研究报告应当包括对外投资的效益性控制，如对外投资方案的预期现金流量、对外投资预期现金流量的风险、对外投资项目成本的一般水平、对外投资方案的预计收入现值等。

(二)企业应当报经股东大会(或类似机构)批准年度投资计划

按照职责分工和审批权限，对投资项目进行决策审批。重大的投资项目，应当根据企业章程及相应权限报经股东大会或董事会批准。

企业可以设立投资审查委员会或者类似机构,对达到一定标准的投资项目进行初审。初审内容包括:拟投资项目是否符合国家有关法律法规和相关调控政策规定,是否符合企业主业发展方向和投资的总体要求,是否有利于企业的长远发展;拟订的投资方案是否可行,主要的风险是否可控,是否采取了相应的防范措施;企业是否具有相应的资金能力和项目监管能力;拟投资项目的预计经营目标、收益目标等是否能够实现,企业的投资利益能否确保,所投入的资金能否按时收回。只有初审通过的投资项目,才能提交上一级管理机构和人员进行审批。企业集团根据企业章程和有关规定对所属企业投资项目进行审批时,应当采取总额控制等措施,防止所属企业分拆投资项目、逃避更为严格的授权审批的行为。

任务三 对外投资执行控制

一、对外投资实施方案的控制

企业应当制订投资方案,明确出资时间、金额、出资方式及责任人等内容。投资实施方案及方案的变更,应当经企业最高决策机构或其授权人员审查批准。投资业务需要签订合同的,应当征询企业法律顾问或相关专家的意见,并经授权人员批准后签订。

(一)实施方案编制的控制

投资实施方案对于投资活动的成败意义重大,它是具体落实投资计划和投资合同的重要工具,以保证投资活动的有序进行。投资实施方案主要由财务部门相关人员编制,实施方案编制完毕后应报投资管理部门审批后才能实施。

实施方案的主要内容应包括:投资项目概述、投资活动实施主体或者投资项目小组成员、投资起始时间和阶段计划、投资活动的工作内容和执行程序。

(二)实施方案执行的控制

实施方案执行的控制主要是在方案的执行过程中进行的,其主要内容包括:

1. 授权审批控制。对于已编制的实施方案,主管投资部门的管理人员要对其是否全面、完整,投资方式、投资额度和投资期限是否与投资合同或协议相符进行审核并批准。实施方案只有审批后,才能够付诸实施。

2. 投资活动执行的审核控制。在每次执行人员执行完毕后,应及时取得相关凭证,并由专人将这些原始凭证与投资合同、实施方案等进行核对。对于不相符的原始凭证,应查明原因,及时处理。

3. 职责分离控制。实施方案的编制和实施方案的审批、投资的执行和投资的记录、投资凭证的取得和投资凭证的保管、投资执行与投资执行的审核,都属于不相容性质的职务,应采取相关人员分离的制度。

二、投资收益的控制

企业应当加强对投资收益的控制,投资获取的利息、股利以及其他收益,均应纳入企业会计核算体系,严禁设置账外账。

(一)投资收益计算的控制

1. 投资收益计算

(1)每个会计期末,企业应对采用权益法核算的长期股权投资,根据被投资企业的收益等情况确定对企业投资收益的影响;计提对外债权投资的应收利息;进行投资减值的测试,以确认投资收益。

(2)处置投资时,应确认相应的投资收益。计算投资收益所依赖的财务报表应经过审计,以防计算错误。

2. 投资收益计算方法的选择

采用成本法核算的长期股权投资,在被投资企业宣告发放股利时,根据持股比例计算投资收益。债券投资的投资收益等于票面金额与票面利率的乘积再加减溢价或折价摊销额。

计算投资处置时的投资收益时,应计算投资的账面价值和投资处置收入之差。正确计算投资收益的前提是正确计算投资的账面价值。

(二)投资收益取得的控制

1. 投资收益的取得

企业应取得的投资收益,包括现金股利、现金利息收入以及处置收入等。通常情况下,被投资企业会颁布股利发放公告及利息派发公告,或将投资企业分得的投资收益存入企业银行账户,或由企业派人去领取并存入银行。会计人员根据相关凭证予以入账。

2. 收取投资收益的关键控制点

在投资收益实际取得过程中,企业应设置以下关键控制点:

(1)对投资收益发放公告的关注。根据投资明细账,由专人关注投资收益的发放公告,此人与投资收益实际取得人员不能为同一人。

(2)投资收益的取得控制。企业人员持有相关收益凭证办理投资收益实现手续,取得的投资收益应存入企业账户。办理人员应经过授权,同时与记录人员相分离,并由专人复核。已完成投资收益取得的投资应在投资备查簿中登记。

(三)投资收益记录的控制

1. 投资收益记录所依据的凭证

投资收益记录所涉及的凭证主要有表明已付讫的投资收益及相应的银行对账单、投资收益计算表、投资明细账等。

2. 投资收益记录的关键点控制

(1)投资收益的核对。记录人员应根据债券票面规定的利息发放日期和股票发行公司的股利发放公告,仔细核对当期收到的利息和股息并同出纳进行核对,验证投资收益计算表,看其计算方法与投资实际情况是否相符。

(2)对投资收益进行记录。投资收益的记录,应根据会计制度和财务经理相关授权批准进行。财务经理应对每一项投资的核算方法做出规定。投资收益记录人员根据上述凭证填写记账凭证并记入投资明细账。投资业务管理部门也应在投资登记簿中登记投资收益情况。

(3)专人对投资收益记录进行审核。

三 投资权益证书的保管

投资的权益证书是证明投资业务的有效性文件,主要包括投资合同、投资证明、股票、债券等,企业应加强对这些证书的保管以避免损失。企业可以用以下两种方式对这些权益凭证进行保管:一是委托银行、信托投资公司或证券公司等专业机构保管。对此,企业应建立限制接触制度、定期核查制度。二是企业自行保管。对此,企业应建立自行保管制度,主要包括:

(一)共同控制

这些投资凭证必须存放在专门的保管库内,并且应由两个或两个以上的人员共同控制。

(二)授权批准控制

只有经过适当授权的职员才能接触投资凭证。这些职员应与投资业务审批人、投资业务实物记录人、现金业务处理人、投资明细分类账记录员在职责上相互分离。

(三)定期盘点控制

盘点人员应与负责投资业务的人员分离。由其独立定期进行盘点,检查证券或投资协议、投资凭证实存情况。为了保护投资凭证,盘点工作应每月进行一次,盘点工作必须由两人以上共同进行。所有的盘点内容和结果应详细记录在盘点清单上,并将盘点记录逐一同证券登记簿和投资明细账进行校对。如发现实物数量与账面数不一致,应及时向有关负责人报告。企业要及时对这些差异进行调查分析,找出原因,追究责任,进行账务处理。

四 投资项目减值控制

企业应当加强对投资项目减值情况的定期检查和归口管理,对长期投资的账面价值定期或者至少每年度终了时逐项进行检查。如果由于市价持续下跌或被投资单位经营状况变化等因素导致其可收回金额低于投资的账面价值,应当计提减值准备。

(一)有市价的长期投资

有市价的长期投资是否计提减值准备,可根据下列迹象判断:

(1)市价持续2年低于账面价值;(2)该项投资暂停交易1年或1年以上;(3)被投资单位当年发生严重亏损;(4)被投资单位持续2年发生亏损;(5)被投资单位进行清理整顿、清算或出现其他不能持续经营的迹象。

(二)无市价的长期投资

如果企业所持有的长期股权投资是无市价的,是否应当计提减值准备,可以根据下列迹象判断:

(1)影响被投资单位经营的政治或法律等环境的变化,如税收、贸易等法规的颁布或修订,可能导致被投资单位出现巨额亏损。(2)被投资单位所供应的商品或提供的劳务因产品过时或消费者偏好改变而使市场的需求发生变化，从而导致被投资单位财务状况发生严重恶化。(3)被投资单位所从事产业的生产技术等发生重大变化，已失去竞争能力，从而导致财务状况发生严重恶化，如进行清理整顿、清算等。(4)有证据表明该项投资实质上已经不能再给企业带来经济利益的其他情形。

任务四　对外投资处置控制

企业应当加强投资处置环节的控制，对投资的收回、转让、核销等的决策和授权批准程序做出明确规定。

第一，投资的收回、转让与核销，应当按规定权限和程序进行审批，并履行相关审批手续。对应收回的投资资产，要及时足额收取。

第二，经过审批并执行处置之后的投资入账时，企业财务部门应当认真审核与投资处置有关的审批文件、会议记录等相关资料，并按照规定及时进行投资处置的会计处理，确保资产处置的真实性、合法性。

第三，企业应当建立投资项目后续跟踪评价管理制度，对企业的重要投资项目和所属企业超过一定标准的投资项目，有重点地开展后续跟踪评价工作，并作为进行投资奖励和责任追究的基本依据。

一　投资处置程序的控制

投资资产处置程序的控制主要包括：

1. 任何投资资产的出售必须经过财务经理或董事会的批准。

投资资产的处置，必须以经过财务经理或董事会审核批准的文件作为执行指令。投资企业的投资计划执行部门只有在得到该执行指令后方可进行投资资产的处置，否则不得进行投资资产的处置。

2. 代理公司进行有价证券出售活动的经纪人，其资格应受到严格的鉴定与审定。

3. 经纪人同投资企业之间的各种通信文件应予以记录保存，反映经纪人处置证券结果的清单应根据处理指令受到检查。

4. 如果投资资产的处置为不同证券之间的转移，则该业务应同时置于证券取得和处置的控制之下，并且应该检查现金流量是否达到投资协议的目的以及投资收益的收回情况；如果处置的结果涉及现金，还应结合现金收入的控制方法来对投资资产处置进行控制。

5. 在证券出售时由于市价和账面价值不同所产生的差额，即投资收益或投资亏损，在揭示这一投资收益或投资亏损时，会计部门应审核经纪人的成交通知书，确定其反映的出售价格是否与当时的市场价格一致，若有差异，通常应由财务经理负责调查，调查结果应予以记录和保存。

二、投资转让的控制

转让投资,应当由相关机构或人员合理确定转让价格,并报授权批准部门批准;必要时,可委托具有相应资质的专门机构进行评估。

(一)短期投资转让的控制

企业因生产经营上的需要或其他方面的原因,可以随时将作为短期投资所持有的有价证券通过证券交易市场出售转让,以收回投资。有价证券出售时,出现的出售转让收入与有价证券的原始成本的差额,为投资收益或损失。如果出售证券中含有已宣告发放的股利或应计利息,应将应收股利或应计利息从证券出售收取的价款中扣除,再计算出售损益。在计算出售证券损益时,若同一种证券是以不同的成本分批购入的,而当时仅出售其中的一部分,则出售时可采用个别认定计价法、加权平均法等方法来确定其出售成本。

(二)长期债权投资转让的控制

企业作为长期投资购入的公司债券,可在企业急需资金或市场利率呈上升趋势时,或企业继续持有某种债券不能带来较高的经济利益时出售。出售有两种途径:一是通过柜台交易;二是通过证券交易所进行。但是,证券交易所只允许交易所的会员进入市场进行交易,企业作为投资人不能直接进场交易,因此必须委托证券交易所的会员代其在场内交易,此时,企业需支付一定的费用,如手续费等。企业在出售长期公司债券时,按实际收到的金额与该项投资的账面金额和已入账的应计未收利息之间的差额确认投资收益。

(三)长期股权投资转让的控制

企业作为长期投资而购入的股票,在企业急需资金或继续持有某种股票不能给企业带来较高的经济利益时,可通过证券市场出售。其转让途径与转让债券相同。处置长期股权投资,按所收到的处置收入与长期股权投资账面价值和已确认但尚未收到的应收股利的差额确认为当期投资收益,并应同时结转已计提的减值准备。部分处置某项长期股权投资时,应按该项投资的总平均成本确定其处置部分的成本,并按相应比例结转已计提的减值准备和资本公积准备项目,尚未摊销的股权投资差额也应按比例转销。

三、投资核销的控制

核销投资,应取得因被投资单位破产等因素不能收回投资的法律文书和证明文件。投资核销,一般是指长期投资的核销,必须由董事会或经授权的机构进行集体决策,并履行相关审批手续。对于不能收回的投资,应取得因被投资企业破产等因素不能收回投资的法律文书和证明文件。在投资核销的过程中,投资跟踪管理和检测人员提出的核销议案要经过审查。核查内容包括投资的种类、名称、期限和核销的金额等,证实确实不能收回之后再上报董事会或经授权机构进行集体审批,任何人未经授权不得擅自做出核销决议,同时保证投资管理人员同审批人员相分离的原则,即参与投资管理的人员不得参与审批,此外,还要注意保证执行核销的人员既同审批的人员相分离,又同会计记录的人员相分离。对于核销的投资,会计人员在验证核销投资的有关情况之后,要及时入账,并在投资明细账中予以核销。

典型案例

【案例资料】 某化学工业集团公司是我国一家大型一类骨干企业,所建设的TDI(甲苯二异氰酸酯)项目据称是当时国际上较先进的一项化工生产技术。TDI是生产聚氨酯的重要原料,目前国内产量很小,大部分依赖进口。聚氨酯具有高科技、高回报的特点,可广泛用于汽车、造船、飞机、电子、石油化工、建筑等领域,在国际、国内都有可观的市场前景。1996年7月,原国家计委批准该公司的TDI项目可行性报告,1999年11月批准开工建设。该公司的TDI项目建设期间,投入资金9.3亿元,再加上利息和试车费用,累计投资已超过10亿元。项目已于2003年年底基本建成,2004年试车,但于2006年10月被迫停产,至今未生产出合格的产品。2008年7月,公司给有关部门打报告,申请报废这个项目,这意味着10亿元投资将要流失。该公司TDI项目申请报废在公司内部和社会上引起了强烈反响,投资10亿元、建设10年的项目未生产出一个合格产品就报废,不但会使国有资产流失,而且将会使近千名职工失去岗位。

【案例思考】 试分析该项目长期未投产的原因。

【案例分析】 据该公司技改工程处处长吴某分析,此项目建设10年仍未投产的原因主要有以下几点:

(1)技术问题。其关键设备是从瑞典诺贝尔公司引进的,而其主要技术问题出在国内配套部分,试车3年未能达标。

(2)设计安排缺乏强有力的领导。该公司在项目实施阶段,没有坚持项目法人负责制。这个项目的整体8个设计单位分头设计,水平、资格和经验都不够,质量参差不齐,形成"大拼盘"。配套原料工程由5个单位设计,责任无人承担。出现的种种问题,无法分清责任。

(3)工程建设体制不健全,组织管理混乱。整个项目没有建立严格的技术责任制,也未进行总承包经济核算,组织建设和试车管理采取公司和分厂各管一段的方式进行,从而造成项目后期试车艰难,遇到具体问题,无法统一协调。

本章小结

对外投资控制主要包括:职责分工与授权批准;投资可行性研究、评估与决策控制;投资执行控制;投资处置控制。实行投资的内部控制,要达到以下控制目标:保证投资活动经过适当的审核程序;保证投资活动符合国家的法律法规;保护投资资产的实际存在;在账面和报表上合理地反映资产;使投资收益得到合理的确认。

习题

一、单项选择题

1. 企业应当加强对投资项目的会计系统控制,根据对被投资方的影响程度,合理确定( )政策,建立投资管理台账。
   A. 投资　　　　　B. 投资协议　　　　C. 投资会计　　　　D. 持股比例

2. 可以通过投资组合来抵消或避免部分风险的投资风险是( )。
   A. 技术风险　　　B. 系统风险　　　　C. 自然风险　　　　D. 非系统风险

3. 下列不属于对外投资内部控制目标的是( )
   A. 保证投资活动经过适当的审核程序
   B. 保证取得投资收益
   C. 保护投资资产实际存在以及账面上的合理反应
   D. 保证投资活动符合国家法律法规

4. 根据( )原则,对企业的经济影响不是很大的投资项目,可由企业财务经理审批,影响很大的,必须通过董事会批准。
   A. 经济性　　　　B. 重要性　　　　　C. 可行性　　　　　D. 相关性

5. 企业应根据各部门预算,编制投资预算,并报送预算委员会进行审批。如果审批不通过,预算委员会应要求( )对投资预算进行调整。
   A. 财务部门　　　B. 各业务部门　　　C. 审批部门　　　　D. 计划编制部门

6. 投资项目可行性研究最核心的部分是( )分析。
   A. 投资项目建设的必要性　　　　B. 投资项目建设的可行性
   C. 投资项目建设的收益性　　　　D. 投资项目建设的合理性

7. 每个会计期末,企业应采用( )核算长期股权投资,根据被投资企业收益情况确定对企业投资的影响。
   A. 成交价法　　　B. 成本法　　　　　C. 权益法　　　　　D. 摊销法

8. 下列不属于投资收益记录的关键控制点的是( )
   A. 投资收益的核对　　　　　　　B. 投资收益记录的保管
   C. 对投资收益进行记录　　　　　D. 专人对投资收益记录进行审核

9. 对于有市价的长期投资,不能判断其减值的是( )。
   A. 市价持续2年低于账面价值　　B. 该项投资暂停交易1年或1年以上
   C. 被投资单位当年发生亏损　　　D. 被投资单位持续2年发生亏损

10. ( )应当由相关机构或人员合理确定转让价格,并报授权批准部门批准,必要时可委托具有相应资质的专门机构进行评估。
    A. 投资转让　　　B. 投资收回　　　　C. 投资核销　　　　D. 投资减值

二、多项选择题

1. 企业应当建立投资管理台账,用来记录和反映的内容有( )
   A. 投资对象　　　B. 投资金额　　　　C. 投资收益　　　　D. 持股比例

2. 对投资项目进行会计控制包括（　　）
   A. 制定会计政策
   B. 设置投资台账
   C. 保管投资资料
   D. 对投资进行减值测试

3. 企业应当关注涉及投资业务的风险，主要包括（　　）
   A. 投资行为违反国家法律法规，可能遭受外部处罚和信誉损失。
   B. 投资业务未经适当审批或超越授权审批，可能因重大差错、舞弊、欺诈而导致损失。
   C. 投资项目执行缺乏有效管理，可能因不能保障投资安全和投资收益而导致损失。
   D. 投资项目处置的决策与执行不当，可能导致权益受损。

4. 下列有关投资业务不相容岗位分离说法正确的是（　　）
   A. 投资计划编制与计划审批人员职责要分离。
   B. 投资决策与其执行人员职责要分离。
   C. 证券保管与投资交易账务处理人员职责要分离。
   D. 证券购入与其会计记录人员职责要分离。

5. 一个完整的可行性研究报告应该包括三方面的内容，分别是（　　）。
   A. 投资项目建设的必要性
   B. 投资项目建设的可行性
   C. 投资项目建设的收益性
   D. 投资项目建设的合理性

6. 投资预算的主要控制内容包括（　　）
   A. 投资预算的可行性要进行评估。
   B. 投资预算的编制必须适应外部投资环境的变化和企业战略安排。
   C. 投资预算的编制内容、审批程序符合规定要求。
   D. 投资预算编制完成后，要有本部门主管进行检查批复和主管审批签字。

7. 对投资项目可行性研究报告的主要控制内容有（　　）
   A. 对外投资的合法性控制
   B. 对外投资的合理性控制
   C. 对外投资的效益性控制
   D. 对外投资的资信控制

8. 投资项目实施方案执行的控制主要内容包括（　　）
   A. 授权审批控制
   B. 投资起始时间控制
   C. 投资活动执行的审核控制
   D. 职责分离控制

9. 投资项目的投资收益控制内容主要有（　　）
   A. 投资收益计算的控制
   B. 投资收益取得的控制
   C. 投资收益授权的控制
   D. 投资收益记录的控制

10. 下列关于投资处置程序的控制，说法正确的有（　　）。
    A. 任何投资资产的出售，必须经过财务经理或董事会的批准。
    B. 如果投资资产的处置为不同证券之间的转移，应检查现金收入是否达到投资协议的目的。
    C. 在证券出售时产生投资收益或亏损，会计部门应审核经纪人的成交通知书，确定其反映的出售价格是否与市场价格一致。
    D. 经纪人同投资企业之间的各种通信文件应予以记录保存。

三、判断题

1. 投资活动是指企业日常生产经营中各类资金的组织和调度,保证资金正常运转的活动。（　　）

2. 投资控制是从投资计划开始到投资收益及资产处理的整个流程的控制活动。（　　）

3. 在进行投资时,参与投资交易活动的人员与有价证券的盘点人员可以是同一个人。（　　）

4. 投资计划的初步编制内容应当包括投资项目所涉及的人力、物力、财力的初步说明。（　　）

5. 企业应成立专门投资项目评估小组,对已通过可行性研究的投资项目的经济价值进行评估。（　　）

6. 企业应当建立投资授权制度和审核批准制度,并按照规定的权限和程序办理投资业务。（　　）

7. 重大投资项目,应当根据公司章程及相应权限报总经理或董事会批准。（　　）

8. 投资凭证必须存放在专门的保管库内,并且应有两个或两个以上的人员共同控制。（　　）

9. 投资的收回与核销,应当按规定权限和程序进行审批,但投资的转让不需履行相关审批手续。（　　）

10. 投资核销必须有董事会或经授权的机构进行集体决策,并履行相关审批手续。（　　）

四、简答题

1. 投资的内部控制目标是什么?
2. 投资控制中应设置什么岗位,各岗位间职责如何划分?
3. 简单叙述投资的业务流程。
4. 投资可行性研究控制的内容有哪些?
5. 叙述投资处置控制的内容。

五、案例题

战略目标不清晰诱发的投资审批效率低

场景1:KY房地产公司XX地分公司的项目经理愁眉苦脸一段时间了。3个月来,他提交给总部的项目投资可行性报告一直未得到正面的回应,错过了不少的投资机会。然而他记得KY总部的董事长A却在战略会议上提到过公司要发展二三线城市的战略布局,他一直想不明白为什么总部的投资审批决策会如此缓慢。

场景2:KY房地产公司总部的战略规划部经理每天忙个不停。来自各地分公司的项目投资可行性报告堆放在他的案头,大部分项目他认为都不具备投资价值。然而好几次他认为可行的项目却在不少的部门受到阻拦,例如财务部会说成本制定太粗略,人力资源部又认为公司未有足够的人才储备执行这些项目等。他叹了口气,唯有尽量加班吧。

思考:你认为KY公司的投资控制出了什么问题?如何解决?

学习情境十 筹资的内部控制

学习目标及素质目标

1. 掌握筹资业务内部控制内容；
2. 掌握筹资业务中的岗位分工和授权批准；
3. 掌握筹资的决策控制；
4. 掌握筹资的执行控制以及筹资的偿付控制；
5. 树立合法筹资的价值观；
6. 养成诚信经营、保障信誉的企业发展意识。

情境导入

应用指引资金活动2

一、筹资概念及分类

筹资是指企业根据其生产经营、投资及调整资金结构等活动的需要,通过一定的渠道,采取适当的方式,获取所需资金的一种行为。

企业筹集资金的目的总的来说是获取资金,以满足企业在最初设立、日常生产经营和战略发展等方面的需要。具体又可分为新创企业筹资和创建以后筹资两种情况。

(一)企业筹资目的

1. 新创企业筹资。企业在新创建时筹集资金的主要目的是满足设立企业资金的需要,其特点是以筹集资本金为主要内容。资本金是企业在工商行政管理部门登记的注册资金,是企业投资者投入的本钱。

2. 创建以后筹资。企业创立后,单靠投资人投入的资本金往往不能满足企业开展生产经营活动的需要,因而还需要向债权人借入资金,在企业不断成长壮大的同时,更需要从企业外部各个方面以及企业内部筹集资金。由此可见,企业创建后会经常面临筹资问题,企业设立后的筹资目的主要表现在以下三个方面:第一,维持性目的。维持性目的是指企业通过筹集资金以便维持正常的生产经营活动;第二,扩张性目的。扩张性目的是指企业为扩大生产经营规模或增加投资而产生的筹资动机;第三,调整性目的。调整性目的是指企业因调整现有资本结构的需要而产生的筹资动机。

(二)筹资分类

1. 按所筹资金使用期限的长短分类

(1)短期资金。短期资金是指供企业使用一年以内的资金。短期资金主要投资于现金、应收账款、存货等。

(2)长期资金。长期资金是指供企业使用一年以上的资金。长期资金主要投资于新产品的开发和推广、生产规模的扩大、厂房和设备的更新,一般需几年甚至几十年才能收回。

2. 按所筹资金所体现的属性分类

(1)股权资本。股权资本也称权益资本、自有资金,是企业依法取得并长期拥有、自主调配运用的资本。按照国际惯例,股权资本通常包括实收资本和留存收益两部分。

(2)债券资本。债券资本也称债务资本、借入资金,是企业依法取得并依约运用、按期偿还的资本。

企业的股权资本与债券资本具有一定的比例关系,合理安排股权资本与债券资本的比例关系是企业筹资管理的一个核心问题。

3. 按所筹资金的来源分类

(1)内部筹资。内部筹资是指企业在企业内部通过留存利润而形成的资本来源。一般无须花费筹资费用,数量通常由企业可供分配利润的规模和利润分配政策所决定。

(2)外部筹资。外部筹资是指企业在内部筹资不能满足需要的情况下,向企业外部筹资而形成的资本来源。

4. 按筹资是否通过金融机构分类

(1)直接筹资。直接筹资是指企业不借助于银行等金融机构,直接与资本所有者协商融通资本的一种筹资活动。

(2)间接筹资。间接筹资是指企业借助于银行等金融机构而融通资本的筹资活动,这是一种传统的筹资类型。

二 筹资业务内部控制原则

(一)相互牵制原则

在筹资业务中,一项完整的筹资经济业务活动,必须分配给具有相互制约关系的两个或两个以上的职务分别完成。如筹资的授权、执行、记录、保管要求分离,筹资各个部门和岗位的设置必须权责分明、相互牵制。

(二)协调配合原则

筹资业务中各部门或人员必须相互配合,各岗位和环节都应协调同步,各项业务和办理手续需要紧密衔接,保证筹资活动的连续性和有效性。该项原则是对牵制原则的深化和补充,要求避免只管牵制、预防错弊而不顾办事效率的机械做法,既相互牵制又相互协调,在保证质量、提高效率的前提下完成筹资业务。

(三)程式定位原则

企业应当根据筹资业务各岗位的业务性质和人员要求,相应地赋予作业任务和职责权限,规定操作流程和处理手续,明确纪律规则和检查标准,以使职、责、权、利相互结合。岗位工作程式化,要求事事有人管,人人有专职。

(四)审慎独立原则

企业在精简岗位和机构的基础上设立能够满足企业筹资业务的机构、部门和岗位,且各机构、部门和岗位职能上保持相对的独立性。筹资风险控制是筹资内部控制的重要内容,企业筹资内部控制要以审慎经营、防范和化解风险为出发点。

三、筹资活动内部控制应重点关注的风险

1. 筹资活动违反国家法律法规,可能遭受外部处罚、经济损失和信誉损失。
2. 筹资活动未经适当审批或超越授权审批,可能因重大差错、舞弊、欺诈而导致损失。
3. 筹资决策失误,可能造成企业资金不足、冗余或债务结构不合理。
4. 债务过高和资金调度不当,可能导致企业不能按期偿付债务。
5. 筹资记录错误或会计处理不正确,可能造成债务和筹资成本信息不真实。

任务一 岗位分工与授权批准

一、筹资业务流程

企业正常的筹资活动,一般需要经过以下几个主要环节:根据企业战略目标及经营实际情况,确定未来资金需求量;根据其战略目标、可承受的财务风险,在分析各种筹资渠道和方式的基础上,确定公司的筹资渠道和筹资方式,以决定资本结构;根据企业确定的资金需求、筹资渠道和筹资方式,选择恰当的时间签署筹资协议;根据筹资协议进行筹资,取得所筹资金;在取得资金后需要对所筹资金进行日常管理(包括筹资凭证的保管和股利计算与支付、债务利息的计算与支付及本金到期归还)。同时,企业应对筹资活动及所取得的资金根据我国会计制度的规定进行正确的账务处理。企业筹资活动的一般业务流程如图10-1所示:

二、岗位分工

按照内部控制的不相容职务分离要求,以下岗位应该相互分设:

(一)预算编制和预算审批分离

如果企业设置了预算管理委员会或者预算领导小组等专门机构,则筹资预算的编制可由财务部门编制,由预算管理部门负责审批。若不具备设立专门机构的条件,由财务部门负责整个企业预算的编制,则应在财务部门中考虑预算的编制者和审批者之间的分离。

(二)方案的编制与审批决策分离

筹资方案编制人员与审批决策人员分离的目的在于:保证筹资方案的审批决策人从

```
筹资预算编制 ──┬──→ 筹资方案的编制
               ├──→ 筹资方案的审批
检查与反馈 ────┤    筹资方案的签订
               ├──→ 资产收取和保管
               └──→ 筹资偿付
```

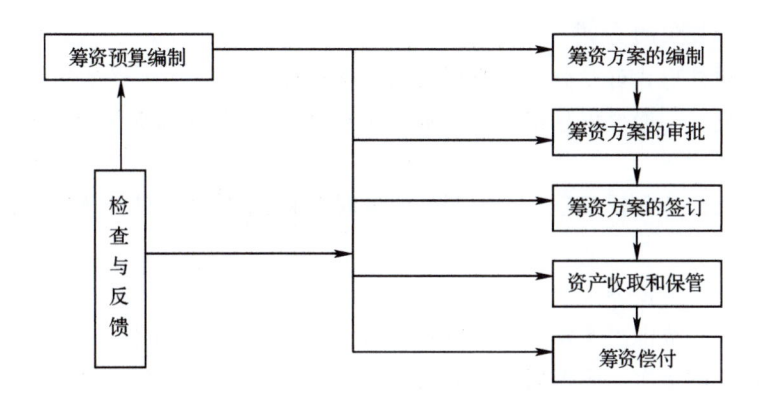

图 10-1 筹资业务流程图

独立的立场来衡量筹资方案的优劣,尽可能地保证筹资方案的完善和可行。

(三)合同或者协议签订与合同审核分离

筹资合同或协议编制岗位和合同审核岗位分设的目的是保证合同的严密性和有效性。合同设立一直是经济契约行为的矛盾焦点,严密有效的合同对于维护合同双方的正当权益具有重要作用。

(四)执行岗位和保管岗位分离

企业应该将筹资的执行人员,如办理股票、债券、借款的人员与筹集资金的保管人员分离。所筹集资金一般应该委托专门机构保管,但是必须制定有效的监督和控制办法,保证所筹集资金的完全、完整。

(五)资金成本计算与资金成本支付分离

企业应该将资金成本如股票的股利、债券和借款利息、租赁费用的计算人员与实际支付人员分开,不能同一岗位的人员既进行计算又兼顾支付。

(六)资金偿付中执行与审批分离

对于债券、借款等筹集的资金来说,到期时企业需要偿付本金。在办理该项业务时,企业应该将实际执行人员与审批人员分离。尽管资金已经到期,但是只有经过批准后才能进行实际的偿付和资金的转出,严格禁止有关人员在未经批准的情况下私自将资金转出企业。

(七)筹资执行与筹资记录分离

企业的筹资业务执行部门包括筹集资金的取得、保管、偿付等应该与筹资业务的会计记录人员分离。

三 授权批准控制

授权批准是指企业在处理经济业务时,必须经过授权批准以便进行控制。在公司制企业中,一般由股东会授权给董事会,然后再由董事会授权给企业的总经理和有关管理人员。企业每一层的管理人员既是上级管理人员的授权客体,又是对下级管理人员授权的主体。

(一)授权批准的分类

授权批准按其形式可以分为一般授权和特殊授权。

1. 一般授权。一般授权是指对办理常规业务时权利、条件和责任的规定,一般授权时效性较长。

2. 特殊授权。特殊授权是对办理例外业务时权利、条件和责任的规定,特殊授权时效性较短。

(二)授权批准体系

1. 授权批准的范围。通常企业的所有经营活动都应纳入其范围。

2. 授权批准的层次。应根据经济活动的重要性和金额大小确定不同的授权批准的层次,从而保证各管理层次有权亦有责。

3. 授权批准的责任。应当明确被授权者在履行权利时应对哪些方面负责,应避免授权责任不清,一旦出现问题又难辞其咎的情况发生。

4. 授权批准的程序。应规定每一类经济业务审批程序,以便按程序办理审批,以避免越级审批、违规审批的情况发生。实践证明,权利应受到制约,失去制约的权利极易导致腐败。

(三)授权批准控制

1. 企业应当授权一名高级管理人员,一般是财务经理,负责筹资业务,并尽可能地明确其所负担的责任内容。

2. 财务经理应在经营活动中不断分析企业所需资金数量,结合预算管理部门下达的预算指标编制筹资预算。

3. 财务经理应该根据筹资预算在恰当的时候自己编制或授权其他职员如资金主管编制筹资方案,详细说明筹资的理由、数量,筹资前后企业实力的变化,筹资对企业未来收益的影响,各种筹资方式的比较,以及确定最佳的筹资方式。

4. 企业领导或董事会在接到筹资方案后,应聘请法律顾问和财务顾问共同审核该项筹资活动使未来净收益增加的可能性及筹资方式的合理性,如拟订股票、债券、借款、租赁的合同条款,涉及上市的证券则应向证券交易委员会呈报文件,选择证券的代理发行机构等。

5. 筹资方案经审核批准后,企业应授权相关人员签订筹资合同或协议。企业向银行或其他金融机构借款需要签订借款合同;融资租赁需要签订融资租赁合同;企业发行债券需要签订债券契约及各种承销或者包销协议。

▶ 任务二　筹资决策控制

筹资的决策环节是筹资业务流程的起点,直接关系到筹资的成功与否。筹资决策环节的内部控制,直接影响到筹资决策的执行和筹资的偿付控制,是整个筹资业务内部控制的核心部分。

一、确定筹资总量的内部控制

(一)综合考虑筹资总收益与总成本

在企业进行筹资之前,首先应该考虑的是,企业是否必须筹资以及筹资后的投资收益如何。因为筹资则意味着需要成本,筹资成本既有资金的利息成本,还可能有昂贵的筹资费用和不确定的风险成本。因此,必须经过深入分析,确信利用筹集资金所取得的预期总收益大于筹资的总成本时,才有必要考虑如何筹资。这是企业进行筹资决策的首要前提。

(二)合理确定筹资规模

由于企业筹资需要付出成本,因此企业在筹集资金时,首先要确定筹资规模。筹资过多,可能造成资金闲置浪费,增加筹资成本;也可能导致企业负债过多,使其无法承受偿还困难,增加财务风险。而如果企业筹资不足,则又会影响企业投资计划及其他业务的正常开展。因此,企业在进行筹资决策之初,要根据企业对资金的需要、企业自身的实际条件以及筹资的难易程度和成本情况,量力而行来确定合理的筹资规模。

在实际操作中,企业一般可采用经验法和财务分析法来确定筹资规模。

1. 经验法

经验法是指企业在确定筹资规模时,首先要根据企业内部筹资与外部筹资的不同性质,优先考虑企业自有资金,然后再考虑外部筹资,两者之间的差额即为应从外部筹资的数额。此外,企业筹资数额多少,通常要考虑企业自身规模的大小、实力强弱以及企业处于哪一个发展阶段,再结合不同筹资方式的特点,来选择适合本企业发展的筹资方式。一般来说,已获得较大发展、具有相当规模和实力的股份制企业,可考虑在主板市场发行股票筹资;属于高科技行业的中小企业可考虑到创业板市场发行股票筹资;一些不符合上市条件的企业则可考虑银行贷款筹资。再如,对初创期的小企业,可选择银行筹资;如果是高科技型的小企业,可考虑风险投资基金筹资;如果企业已发展到相当规模,可发行债券筹资,也可考虑通过并购重组进行战略筹资。

2. 财务分析法

财务分析法是指通过对企业财务报表的分析,判断企业的财务状况与经营管理状况,从而确定合理的筹资规模。

(三)选择最佳筹资机会

筹资机会是指由有利于企业筹资的一系列因素所构成的有利的筹资环境和时机。一般来说,应充分考虑以下几个方面:

第一,在大多数情况下,企业实际上只能适应外部筹资环境而无法左右外部环境,这就要求企业必须充分发挥主动性,积极寻求并及时把握住各种有利时机,确保筹资获得成功。

第二,由于外部筹资环境复杂多变,企业筹资决策要有超前预见性。为此,企业要能够及时掌握国内和国外利率、汇率等金融市场的各种信息,了解国内外宏观经济形势、国家货币及财政政策以及国内外政治环境等各种外部环境因素,合理分析和预测影响企业筹资的各种有利和不利条件,以及可能出现的各种变化趋势,以便寻求最佳筹资时机,果断决策。

第三,企业在分析筹资机会时,必须要考虑具体筹资方式的特点,并结合本企业自身的实际情况,适时做出合理的筹资决策。

二 确定筹资渠道及方式的内部控制

在确定了资金需求后,面临的就是企业选择适合的资本结构,确定筹资渠道、筹资方式的内部控制。

(一)尽量降低筹资成本

筹资成本是指企业为筹措资金而支出的一切费用。它主要包括:筹资过程中的组织管理费用、筹资后的资金占用费用以及筹资时支付的其他费用。筹资成本是决定企业筹资效率的决定性因素。一般情况下,按照筹资来源划分的各种主要筹资方式的筹资成本从低到高的排列顺序依次为财政筹资、商业筹资、内部筹资、银行筹资、债券筹资、股票筹资。这仅仅是不同筹资方式筹资成本的大致顺序,分析时还要根据具体情况而定。比如,财政筹资中的财政拨款不仅没有成本,而且有净收益,而政策性银行低息贷款则要有较少的利息成本。

(二)制定最佳筹资期限

企业进行筹资期限决策,即在短期筹资与长期筹资两种方式之间进行权衡时,做出何种选择,主要取决于筹资的用途和筹资人的风险性偏好。

1.从资金用途上来看。如果筹资是用于企业流动资产投资,则根据流动资产具有周期较快、易于变现、经营中需补充数额较小及占用时间短等特点,则适宜选择各种短期筹资方式,如商业信用、短期贷款等;如果筹资是用于长期投资或购置固定资产,则由于这类用途要求资金数额大、占用时间长,因而适宜选择各种长期筹资方式,如长期贷款、企业内部积累、租赁筹资、发行债券、股票等。

2.从风险性偏好角度来看。企业在筹资期限决策时,有中庸型、激进型和稳健型三种类型可以选择。

(1)中庸型筹资原则。企业对波动性资产采用短期筹资的方式筹资,对永久性资产则采用长期筹资的方式筹资。这种筹资决策的优点是,企业既可以避免因资金来源期限太短而引起的还债风险,又可以减少由于过多地借入长期资金而支付高额利息。

(2)激进型筹资原则。企业用长期资金来满足部分永久性资产对资金的需求,其余永久性资产和全部波动性资产,都依靠短期资金来维持。激进型筹资的缺点是具有较大的风险性,这个风险既有旧债到期难以偿还和可能借不到新债的风险,又有利率上升、再筹资成本升高的风险。当然高风险也伴随着高收益。

(3)稳健型筹资原则。企业不但用长期资金融通永久性资产,还融通一部分甚至全部波动性资产。当企业处于经营淡季时,一部分长期资金用来满足波动性资产的需要,在经营旺季时,波动性资产的另一部分需求可以用短期资金来解决。这种筹资决策风险低,但是要支付较高的筹资成本。

(三)选择有利于提高企业竞争力的筹资方式

企业筹资通常会给企业带来以下直接影响：首先，通过筹资，壮大了企业资本实力，增强了企业的支付能力和发展后劲，从而减少了企业的竞争对手；其次，通过筹资，提高了企业信誉，扩大了其产品的市场份额；再次，通过筹资，增加了企业规模和获利空间，充分利用规模经济优势，从而提高企业在市场上的竞争力，加快了企业的发展速度。可见，企业竞争力的提高程度，与企业筹资方式、筹资收益的不同有很大关系。比如，通过股票筹资初次发行普通股并上市流通，不仅会给企业带来巨大的资金融通，还会大大提高企业的知名度，使企业的竞争力获得极大提高。而选择银行贷款筹资，则会因过高的债务利息负担，而影响企业的再筹资能力，进而影响企业的竞争实力。因此，进行筹资决策时，企业要选择最有利于提高竞争力的筹资方式。

(四)寻求最佳筹资结构

1. 市场利率风险。在企业筹资过程中，选择不同的筹资方式和筹资条件，企业所承受的风险大不一样。比如企业采用变动利率计息的方式贷款筹资时，如果市场利率上升，则企业需要支付的利息额增大，这时企业需要承受市场利率风险。因此，企业筹资时应认真分析市场利率的变化，如果目前市场利率较高，而预测市场利率将呈下降走势，这时企业贷款适宜按浮动利率计息；相反，如果预测市场利率将呈上升趋势，则适宜按固定利率计息，这样既可减少筹资风险，又可降低筹资成本。

2. 财务杠杆和财务风险。财务杠杆和财务风险是企业在筹措资金时通常要考虑的两个重要问题，而且企业常常会在利用财务杠杆作用与避免财务风险之间处于一种两难境地：企业既要尽力加大债务资本在企业资本总额中的比重，以充分享受财务杠杆利益，又要避免由于债务资本在企业资本总额中所占比重过大而给企业带来相应的财务风险。在进行资本结构决策时，一般要遵循的原则是：只有当预期普通股利润增加的幅度超过财务风险增加的幅度时，借债才是有利的，否则，应采取权益筹资。

财务风险不仅会影响普通股的利润，还会影响到普通股的价格，一般来说，股票的财务风险越大，它在公开市场上的吸引力就越小，其市场价格就越低。

3. 寻求最佳资本结构。企业在进行筹资决策时，应当在控制筹资风险与谋求最大收益之间寻求最佳资本结构，其具体决策程序是：首先，当一家企业为筹措一笔资金面临几种筹资方案时，企业可以分别计算出各个筹资方案的加权平均资本成本率，然后选择其中加权平均资本成本率最低的一种。其次，被选中的加权平均资本成本率最低的那种筹资方案只是多种方案中最佳的，并不意味着它已经形成了最佳资本结构，这时，企业要观察投资者对贷出款项的要求、股票市场的价格波动等情况，根据财务判断分析资本结构的合理性，同时企业财务人员可利用一些财务分析方法对资本结构进行更详尽的分析。最后，根据分析结果，在企业进一步的筹资决策中改进其资本结构。

任务三　筹资执行控制

企业应当建立筹资决策执行环节的控制制度,对筹资合同协议的订立与审核、资产的收取等做出明确规定。

一、筹资合同的订立与审核

(一)合同的签订

财务部门在拟订了筹资方案后,就应该严格按照确定的筹资方案办理筹资业务,及时根据经过批准的筹资方案,按照规定的程序与落实好的筹资对象、中介机构订立筹资合同或筹资协议。企业向银行或其他金融机构借款,必须与银行或其他金融机构签订银行借款合同;企业发行债券,则需要和委托好的证券公司签订债券承销或包销协议,同时还要和债券持有人签订债券契约,明确双方的权利和义务。

(二)合同签订制度

企业对于筹资合同的订立,需要有规范的程序和管理制度,严格执行责任追究制度,明确相关部门及人员的责任。筹资合同或协议的订立必须经企业或者有关授权人员的批准,涉及重大筹资合同或协议的订立,还应征询法律顾问或专家的意见。筹资合同或者协议的订立中,合同或协议的订立者应该重点关注筹资的费用、筹资的期限、筹资的偿付以及筹集资金的使用是否存在限制条件等内容。

(三)合同的审核

筹资合同订立后,企业应该组织相关部门或人员对筹资合同或者协议的合法性、合理性、完整性进行审核。审核部门或人员需要同筹资合同或者协议的订立者之间保持分离,即筹资合同或协议的订立和审核不能由同一部门或人员来完成,而且审核后,具体的审核情况和审核意见应该有完整的书面记录,以备日后复查或者责任的追究。

二、筹集资产的收取控制

(一)筹集资产的收取

通常情况下,企业在筹资合同或协议中对资产的取得时间和地点都有约定,企业应该按照这些约定及时地取得相关的资产。筹资的收取直接关系到资金到位的有效性、及时性,对整个筹资业务至关重要。企业取得的资产如果是货币资金,应按照货币资金的实有数额及时入账;如果企业取得的资产为非货币资金,需要请会计师事务所或其他资产评估机构对该资产进行验资、评估,然后,按照在验资、评估后确定的实际价值进行相应的会计记录,办理有关产权转移、工商变更登记等手续。

(二)岗位分离的要求

由于筹资过程中取得的资金多数情况下是货币资金,容易发生挪用或盗窃等舞弊行为,因此企业在岗位设置上必须将执行筹资业务、办理资产取得的人员和记录该项业务的会计人员相互分离。另外,还要将办理资产取得的人员同该项资产保管的人员进行分离。

(三)会计记录控制

会计记录反映经济业务的发生、处理和结果,健全良好的会计记录有利于正确反映企业的财务状况和经营成果,有助于保护财产的安全和完整。对于所筹集资产的取得,首先应该按照会计制度的要求,正确设置有关会计账户,进行会计核算。除了设置总账外,还应该重点加强对有关备查簿的控制。

三 筹资费用的支付控制

(一)筹资费用计算

企业筹资过程中会发生各种各样的筹资费用,如委托金融机构代理发行股票、债券而支付的承销费、注册费、中介机构的评估费和评审费;向银行借款时支付的手续费等。它通常在筹集资金时一次性支付,在用资过程中不再发生。资产取得时,企业应该加强对筹资费用的计算、核对工作,确保筹资费用的计算符合筹资合同或协议的有关规定。

(二)筹资费用支付

企业支付筹资费用时,应符合《内部控制规范——货币资金》的有关规定。一方面,企业筹资费用的计算、核对和支付工作应该由不同的工作人员来完成;另一方面,企业应该对筹资费用的支付按照会计制度进行及时、完整的会计记录。

(三)筹资费用审核

为了避免筹资费用计算和支付中的错误与舞弊,所有资金的支付都必须经过有关部门和人员的复核与批准。

任务四 筹资偿付控制

筹资偿付是筹资业务的终点,但往往也是下次筹资的起点。企业正确、及时地偿付,不仅直接影响企业的信誉,而且也有利于下一轮或新的筹资业务的顺利进行。因此对筹集资金的偿付控制非常重要。

一 债务性筹资的偿付控制

一般来讲,银行借款或债券的偿付方式包括:到期日一次偿还、定期偿还相等金额、分批偿还等。企业应该根据筹集资金的未来使用状况,按照合同或者协议的要求,选择比较适宜的还款方式。

(一)业务经办部门

由财务部门计算和支付利息,其他未经授权的任何部门和人员不得经办该项业务。利息的计算和支付,应该由不同人员分别操作。

（二）利息支付控制

为了保证按时偿还利息,企业应当对不同借款、债券的利息支付日期分别在利息支付备忘录上予以记载,防止可能发生的违约事件。负责利息支出的人员,应该根据协议或合同约定的借款本金或票面面值、利率、时间等计算应付的利息,在得到其他人员的符合确认,并与债权人进行核对确认无误后,最后履行审批手续,实际支付利息。

（三）租金支付控制

从起租日开始,承租企业就应该按照租赁合同的有关规定,向租赁公司定期支付租金。对于融资租赁来说,其租金的计算相对于债券或借款的利息计算更加复杂。由于签订合同时,有些费用无法预先确定,因此合同中的租金是按照估算成本计算出来的,当实际成本与估算成本有出入时,租金必然需要进行调整,此时租赁公司通常将租金变动情况连同成本书交给承租企业,承租企业按照租赁条件变更通知书的规定交付租金。

（四）还款控制

对债务本金的偿还,企业应建立偿债基金制度,按借款合同中规定的还款方式,结合企业的经营状况、财务状况、市场变动情况,做好还款计划与还款准备。具体实施时,首先由指定的专门职员根据债券发行的信托合同,逐期计算应提存的偿债基金,并填制付款凭证,交财务经理审核签字;其次,由付款部门的职员根据付款凭证,填制支票并交财务经理签字后,存入银行或信托投资公司的专门账号;最后,要由偿债基金计算人员和支票编制人员以外的职员,定期核对银行或信托投资公司偿债基金的对账单和公司偿债基金的余额。内部审计人员,应定期检查偿债基金提取的正确性及签发支票收款人是否为指定受托人。

（五）应急措施

借款企业如果因暂时出现支付困难,需要延期偿还贷款时,应向借款银行事先提交延期还款计划,经银行审查同意后,续签合同,办理延期业务。由于通常要加收利息,企业事前应该衡量延期还款的成本收益,以便做出最有利的决策。

二 权益性筹资股利发放的控制

（一）股利发放的审批

企业发放的股利是未分配利润,它的发放与否主要取决于企业本年度净收益的结果、以前年度的留存收益数、现金的余额以及公司对未来经营发展的规划。企业对股利的发放,应当按照股利分配方案进行,股利分配方案需要经过企业最高权力机构的审议和批准。以股份公司为例,股利的发放必须由董事会提出并最终由股东大会投票决定。公司董事会作为一个主要决策机构,应根据法律的规定、公司的章程、公司当年净收益和公司未来的发展战略等情况,确定是否进行利润分配,并就利润分配时所采用的分配方式、分配时间和分配金额提交给股东大会最终表决确定。

（二）股利发放方式

股利的支付,有公司自行办理和委托代理机构办理两种形式。从控制的有效性来讲,选择后一种方式更为合理,它可以减少企业发放股利时发生欺诈舞弊或错误的可能性。因为企业除了向代理机构签发一张应付股利总额的支票外,企业不再接触大量的向每位股东签发的支票。公司可以核对代理机构支付股利所编制的详细支付清单,并在会计核算上进行控制。

三 差错的处理与控制

1. 对于支付的资金数量和流向要严格控制,尤其是要加强对支付金额的核对。

2. 发现支付方式、金额和币种与合同或协议不符合的,要查明原因。通常的原因是计算有误,即计算过程中多计或少计,但是也有可能是有关人员的蓄意所为。如果多次出现类似或相同的错误,要特别予以警惕。

3. 所有的差错都应该向有关部门或主管领导报告。对于差错事故,应该根据实际情况进行不同的处理,如果造成了实际损失,应及时采取措施追回,并对责任人进行相应的处罚。

四 保管和记录

企业应当加强对与筹资业务有关的各种文件和凭据的管理;应当建立筹资决策、审批过程的书面记录制度以及有关合同或协议、收款凭证、验收证明、入库凭证、支付凭证等的存档、保管和调用制度,并对有关文件和凭证进行定期核对和检查。

典型案例

【案例资料】 上海市某股份有限公司是一家上市公司,公司上市的目标是"建立中国式综合商社"。公司盲目贪大,沿着"过度负债、四面出击"的老路越走越远,公司上市时总资产约10亿元,资产负债率就达到了70%,净资产只有14%。而总资产中包括了控股100%的子公司37家,涉及上至建材、化工原料、仪器仪表、计算机,下至日用百货、五金家电、绿色食品、粮油制品以及兽药等30余种产品。

"规模经营"的"成果"造成公司净亏损2 588万元,积压存货1.5亿元,公司发展到后来,短期负债达到9.3亿元,此时公司的负债合计达到13亿元,净资产只有779万元。

公司仅靠自身已很难消化债务,只得采取"借新债还旧债"的办法,公司短期借款比例高达总资产的71%,同时还担保了19家企业,最大的被担保方担保金额达2亿元人民币,此外公司关联方欠本企业的应收款项达3亿元人民币。

【案例思考】 根据以上案例分析下列问题:
(1)该公司在筹资过程中存在哪些问题?
(2)该公司应如何进行筹资业务的内部控制?

【案例分析】
(1)筹资环节目标定位不明确,规模盲目扩大。企业在新创建时筹集资金主要是为了满足设立企业的资金的需要;企业设立后的筹资目的主要表现在以下三个方面:维持性目的、扩张性目的、调整性目的。但该企业只注重扩张性目的,以至于盲目扩张,导致企业负债过重。

(2)明确进行筹资的目标定位;筹资活动在发生前必须得到适当审核,保证筹资业务在法律允许的范围内进行;要制定合适的筹资业务职务分离制度;制定合理的筹资业务的审核制度。

本章小结

筹资是指企业根据其生产经营、投资及调整资金结构等活动的需要,通过一定的渠道,采取适当的方式,获取所需资金的一种行为。企业筹集资金总的来说是为了获取资金,以满足企业在最初设立、日常生产经营和战略发展等方面的需要。筹资内部控制包括:岗位分工与授权批准;筹资决策控制;筹资执行控制;筹资偿付控制。筹资决策控制中包括确定筹资总量的内部控制和确定筹资渠道及方式的内部控制。筹资偿付控制包括债务性筹资的偿付控制、权益性筹资股利发放的控制、差错的处理与控制以及保管和记录。

习题

一、单项选择题

1. 企业对筹资方案进行审批时,重点应当关注的是( )。
   A. 筹资的规模 B. 筹资的成本
   C. 筹资用途的可行性和相应的偿债能力 D. 股权筹资和债务筹资的结构

2. 企业筹资时,按所筹资金的属性可以划分为( )和债券资本两类。
   A. 短期资金 B. 直接筹资 C. 外部筹资 D. 股权资本

3. 筹资的( )环节是筹资业务流程的起点。
   A. 预算 B. 计划 C. 决策 D. 执行

4. 在筹资授权时,( )是对办理例外业务时权利、条件和责任的规定,时效较短。
   A. 一般授权 B. 特殊授权 C. 合同授权 D. 财务授权

5. ( )应根据筹资预算在恰当的时候自己或授权其他职员编制筹资方案,详细说明筹资情况。
   A. 财务经理 B. 资金主管 C. 总经理 D. 销售经理

6. 如果企业筹资是用于企业流动资产投资,则适合的筹资方式可以是( )
   A. 企业内部积累 B. 发行债券 C. 发行股票 D. 商业信用

7. 企业进行筹资期限决策时,可以避免因资金来源期限太短而引起还债风险,又减少了由于过多地借入长期资金而支付高额利息,这属于( )筹资。
   A. 中庸型 B. 激进型 C. 稳健型 D. 进步型

8. 下列选项中,不符合筹资业务内部控制要求的是( )
   A. 筹资计划编制人与审批人相分离
   B. 会计核算人员与负责收付款的人员相分离
   C. 办理债券或股票分析的人员与会计核算岗位相分离
   D. 由同一部门或个人办理筹资业务的全过程

9.下列不属于筹资偿付控制的是（ ）
A.利息支付控制   B.筹资费用支付控制
C.融资租赁租金支付控制   D.股利发放方式控制
10.下列不属于投资业务流程的是（ ）
A.筹资预算的编制   B.筹资方案的审批
C.筹资计划的制订   D.筹资资产的保管

二、多项选择题
1.关于企业筹资内部控制,下列说法正确的有（   ）。
A.企业应当对筹资方案进行严格审批,重大筹资方案,应当由企业一把手审批
B.企业财务部门可以根据市场变化等情况,自行决定是否改变资金用途
C.企业应当按照筹资方案或合同约定的本金、利率、期限、汇率及币种,准确计算应付利息,与债权人核对无误后按期支付
D.企业的股利分配方案应当经过公司董事会批准,并按规定履行披露义务
2.下列是筹资业务内部控制原则的是（   ）
A.相互牵制原则   B.协调配合原则
C.程式定位原则   D.审慎独立原则
3.企业的筹资业务的执行包括（   ）
A.资金的取得   B.资金的保管   C.资金的偿付   D.资金的计划
4.企业在进行筹资决策之初,要根据（ ）,量力而行来确定合理的筹资规模。
A.企业对资金的需要   B.企业自身的实际条件
C.筹资的难易程度   D.筹资成本
5.筹资决策控制主要包括（   ）
A.筹资总量的内部控制   B.确定筹资渠道的内部控制
C.确定筹资成本的内部控制   D.确定筹资方式的内部控制
6.筹资意味着需要成本,企业要考虑的筹资成本可以是（   ）
A.筹资过程中的组织管理费用   B.筹资后的资金占用费用
C.筹资后的经营费用   D.筹资时支付的其他费用
7.企业在寻求最佳筹资结构时,需要考虑的风险有（   ）
A.市场利率风险   B.财务杠杆和财务风险
C.经营杠杆和经营风险   D.预决策风险
8.企业在进行筹资决策时,应当在（   ）和（   ）之间寻求最佳资本结构。
A.控制筹资风险   B.控制筹资成本
C.谋求最低利率   D.谋求最大收益
9.筹资执行控制主要包括的内容有（   ）
A.筹资合同的订阅与审核   B.筹集债务的归还控制
C.筹集资产的收取控制   D.筹资费用的支付控制
10.下列关于筹资业务相关文件和凭证的管理说法正确的有（   ）
A.建立筹资决策审批过程的书面记录制度
B.建立筹资决策有关合同或协议收款凭证、验收证明的存档、保管和调用制度

C. 建立筹资决策入库凭证，支付凭证的存档、保管和调用制度
D. 对筹资有关文件和凭证进行定期核对和检查

三、判断题

1. 企业应当根据筹资业务各岗位的业务性质和人员要求，岗位工作程式化，要求事事有人管，人人有专职。（   ）
2. 筹资风险控制是筹资内部控制的重要内容，企业筹资内部控制要以审慎经营、防范和化解风险为出发点。（   ）
3. 对于债券、借款等筹集的资金来说，到期时企业需要偿付本金。在办理该项业务时，企业实际执行人员与审批人员可以是同一人员。（   ）
4. 企业在进行筹资内部控制时，一般由董事会授权给股东会，然后再由股东会授权给企业的总经理和有关管理人员。（   ）
5. 企业在筹资时，应根据筹资金额大小来确定不同的授权批准层次，从而保证各管理层次有权也有责。（   ）
6. 企业筹资时，资金主管应在经营活动中不断分析企业所需资金数量，结合预算管理部门下达的预算指标编制筹资预算。（   ）
7. 企业在分析筹资机会时，必须要考虑具体筹资方式的特点，并结合本企业自身的实际情况，适时做出合理的筹资决策。（   ）
8. 企业在进行资本结构决策时，一般要遵循的原则是：只有当预期普通股利润增加的幅度超过财务风险增加的幅度时，借债才是有利的，否则，应采取权益筹资。（   ）
9. 涉及重大筹资合同或协议的订立，只需要经企业或者有关授权人员的批准。（   ）
10. 为避免筹资费用计算和支付中的错误与舞弊，所有资金的支付都必须经过有关部门和人员的复核与批准。（   ）

四、简答题

1. 简述企业筹资内部控制制度。
2. 简述企业筹资内部控制的主要目标。
3. 简述企业筹资业务流程。
4. 筹资过程中如何进行岗位分工？
5. 筹资决策过程中的控制要点是什么？
6. 筹资执行过程中的控制要点是什么？

五、案例分析题

华源集团成立于1992年，在总裁周玉成的带领下华源集团13年间总资产猛增到567亿元，资产翻了404倍，旗下拥有8家上市公司；集团业务跳出纺织产业，拓展至农业、机械、医药等全新领域，成为名副其实的"国企大系"。进入21世纪以来，华源更以"大生命产业"示人，跃居为中国最大的医药集团。

但是2015年9月中旬，华源一笔1.8亿元贷款到期。此笔贷款是当年华源为收购上药集团而贷，因年初财政部门检查事件，加之银行信贷整体收紧，作为华源最大贷款行之一的上海银行担心华源无力还贷，遂加紧催收贷款；从而引发了华源集团的信用危机。

国资委指定德勤会计师事务所对华源集团做清产核资工作，清理报告显示：截至

2015年9月20日,华源集团合并财务报表的净资产25亿元,银行负债高达251.14亿元(其中子公司为209.86亿元,母公司为41.28亿元)。另一方面,旗下8家上市公司的应收账款、其他应收款、预付账款合计高达73.36亿元,即这些上市公司的净资产几乎已被掏空。据财政部2015年会计信息质量检查公报披露:华源集团财务管理混乱,内部控制薄弱,部分下属子公司为达到融资和完成考核指标等目的,大量采用虚计收入、少计费用、不良资产巨额挂账等手段蓄意进行会计造假,导致报表虚盈实亏,会计信息严重失真。

结合本案例思考:华源集团筹资内控存在的问题主要在哪?

学习情境十一　担保业务的内部控制

学习目标及素质目标

1. 掌握担保业务的岗位分工与授权批准；
2. 掌握担保评估与审批控制；
3. 掌握担保业务的监测、担保财产保管与记录控制等内容；
4. 养成依法担保的价值观念；
5. 树立风险意识。

情境导入

建立担保业务内部控制制度是规范担保风险的有效途径,而在各控制关键点建立一套相互牵制、相互稽查、相互监督的内部控制体系,是企业内部控制制度的中心环节,根本目的在于规范担保行为、防范担保风险、促进企业资金的良性循环。

担保是指法律规定或者当事人约定的确保合同履行、保障债权人利益实现的法律措施,企业进行担保业务,应按照《中华人民共和国担保法》的规定进行。为了保障企业的利益,防范担保风险,企业应加强担保业务的内部控制。本章主要从担保业务的岗位分工与授权批准、担保的主要方式及担保主要政策的制定、担保评估与审批控制、担保业务的监测、担保财产保管与记录控制、担保合同的履行、担保业务的监督与检查等方面来阐述担保业务的内部控制。

为了加强对企业担保业务的内部控制,防范担保风险,避免和减少可能发生的损失及可能形成的或有负债,企业有必要慎重对待担保业务,严格控制担保行为,建立担保决策程序和责任制度,明确担保原则、担保标准和条件、担保责任等相关内容,加强对担保合同订立的管理等各项工作。

一、担保的含义

担保,是指企业依据《中华人民共和国担保法》和担保合同或者协议,按照公平、自愿、互利的原则向被担保人提供一定方式的担保并依法承担相应法律责任的行为,不包含担保公司的担保业务及按揭销售中涉及的担保等具有日常经营性质的担保行为。简而言之,担保是指按法律规定或者当事人约定,为确保合同履行,保障债权人利益实现的法律措施。债务担保具有三个特征：

1. 从属性。企业为其他单位提供的债务担保，具有从属于被担保债务的属性。
2. 补充性。债务担保的受益人所享有的担保权利或者担保利益，对于债权实现只具有补充的意义，它只有在债务人不履行或者不能履行债务时，才能行使担保权利或者取得担保利益。
3. 相对独立性。债务担保相对独立于被担保的债务而发生或者存在。

二、担保的主要方式

（一）保证

保证是指合同当事人以外的第三人向债权人担保债务人履行合同义务的协议。保证有一般保证和连带保证之分。法律规定保证合同采用书面形式，具体而言有四种：

（1）主从合同式，即主合同和从合同分开签；
（2）主从条款式，即一个合同中前半部分是关于主债权的，后半部分是关于担保的；
（3）第三人单方面的保证承诺，即第三人提供承诺，但并非缔结协议；
（4）第三人以保证人的身份在合同上签章，表明主合同与保证人无关。

（二）抵押

抵押，是指债务人或者第三人以担保债务清偿为目的，不转移占有地就自己的财产为债权人设定处分权和卖得价金优先受偿权的物权行为；抵押权指债务人或者第三人向债权人提供一定的财产作为抵押物，但不转移其占有，以担保债务的履行，在债务人不履行债务时，债权人可以依照法律的规定以抵押物折价或以拍卖、变卖抵押物价款优先受偿的权利。

《担保法》规定下列财产可以抵押：抵押人所有的房屋和其他地上定着物；抵押人所有的机器、交通运输工具和其他财产；抵押人依法有权处分的国有的土地使用权、房屋和其他地上定着物、国有的机器、交通运输工具和其他财产；抵押人依法承包并经发包方同意抵押的荒山、荒沟、荒丘、荒滩等荒地的土地使用权；依法可以抵押的其他财产等。

设定抵押权，抵押人和抵押权人应当以书面形式订立抵押合同。

（三）质押、质权

质押是指债务人或者第三人将其动产或权利凭证移交债权人占有以此作为债权的担保；质权是指为担保债务的履行，债务人或者第三人将其动产或权利凭证交由债权人占有，在债务人不履行债务时，债权人可以依法以该财产或权利折价或者从拍卖、变卖的价款中优先受偿的权利。

质押包括动产质押和权利质押。出质人和质权人应当以书面形式订立质押合同。

（四）留置

留置是指债权人享有依特定的合同占有债务人的动产，在债务人不按照合同约定的期限履行债务时，债权人有权依法留置该动产，并以该动产折价或者变卖而优先受偿的权利。

债权人与债务人应当在合同中约定，债权人留置财产后，债务人应当在不少于两个月的期限内履行债务。

在该确定的履行期届满，债务人仍未履行债务时，债权人可以与债务人协议，以留置物折价,或者依法拍卖、变卖留置物。

(五)定金

定金,是合同当事人一方于合同成立后在合同未履行之前,为保证合同的履行给付对方的一定数额的款项。

定金的数额不超过主合同标的额的 20%,具体数额由双方当事人协商决定。在当事人一方因过错而不履行债务时,适用定金罚则。若给付定金的一方不履行约定债务的,则无权要求返还定金;若收受定金的一方不履行约定债务的,则应当双倍返还定金。

三 担保种类

(一)投标担保

单位接受其他单位的请求,向招标方保证,如投标单位中标后擅自修改报价、撤销投标书或者在规定时间内不签订招投标项目的合同,单位将根据招标方的索赔,按照担保合同约定承担担保责任。

(二)承包担保

单位接受其他单位的请求,向发包人保证,如承包单位在规定的期限内不履行承包合同约定的义务,单位将根据发包人索赔,按照担保合同约定承担担保责任。

(三)债权担保

单位接受其他单位的请求,向债权人保证,如债务人在规定的期限内不履行合同约定的义务,单位将根据债权人索赔,按照合同约定承担担保责任。

(四)预收(付)款退款担保

单位接受预收款人的请求,向预付款人保证,如预收款人没有履行合同或未按合同约定使用预收款,单位将根据预付款人的退款要求,按照担保合同约定承担担保责任。

(五)工程维修担保

单位接受施工单位的请求,向工程业主保证,如施工单位在工程竣工后不履行合同约定的工程维修义务,或工程质量不符合合同约定而施工单位又不能维修时,单位将根据工程业主的索赔,按照担保合同约定承担担保责任。

(六)质量担保

单位接受卖方的请求,向买方保证,如货物质量不符合合同约定而卖方又不能更换或维修时,单位将根据买方的索赔,按照担保合同约定承担担保责任。

(七)付款担保

(1)在凭货付款的货物买卖中,单位接受买方的请求,向卖方保证,如货到后经检验与合同相符,买方未能支付货款,单位将根据卖方的索赔,按照担保合同约定承担担保责任。

(2)在技术交易中,单位接受技术受让方的请求,向出让方保证,如受让方在收到的技术资料经检验与合同相符后未能支付价款,企业将根据出让方的索赔,按照担保合同约定承担担保责任。

(3)在信用证结算方式下,单位接受开证申请人的要求,向开立信用证的银行保证,当开证行向议付行支付信用证项下的款项后,开证申请人未能及时向开证行支付信用证项下的款项时,单位将根据开证行的索赔,按照担保合同约定承担担保责任。

(八)借款担保

单位接受借款方的请求,向贷款方保证,如借款方不按期向贷款方偿还借款本息,单位将根据贷款方的索赔,按照担保合同约定承担担保责任。

(九)分期付款担保

单位接受买方或付款方的请求,向卖方或者收款方保证,当买方或付款方不按期支付货款时,单位将根据卖方或收款方的付款要求,按照担保合同约定承担担保责任。

(十)租赁担保

单位接受承租方的请求,向出租方保证,如承租方不按期支付租金,单位将根据出租方的索赔,按照担保合同约定承担担保责任。

四 担保业务特征及风险

(一)担保业务特征

担保业务具有隐蔽性、突发性和放大性等特征。

1. 隐蔽性

单位对外借出资金或投资时,通常在业务成立之日即发生资金或其他形式的经济利益的流出或减少时,会计账簿和报表系统对此会有所记录和反映。因此,这种经济活动的风险是一种显性风险。而对外提供担保时,在担保之日并无资金或其他形式的经济利益的变化,单位此时所负担的只是一种连带的或有性质的责任,会计系统对此并无正式的记录与反映,所以是一种隐性风险。

2. 突发性

由于担保风险在会计记录中无正式的反映,一旦被担保方未能按时还债,担保单位被追诉承担连带责任时,这种风险就转化为现实的确定性的支出。这时,对担保方来说往往会感到非常突然,同时会由于缺乏预见性和应对措施而使其资金的运用在一夜之间陷入困境,甚至有导致企业破产清算的可能。

3. 放大性

担保风险的放大性主要表现在两个方面:其一,担保金额可能超过单位的自有资金总量,担保风险不完全受单位资金总量的限制。其二,担保风险具有连环性。目前担保大多是多家互保,这样就形成了一个或有负债链条,一旦某一个环节出问题,就会出现一家遭殃,多家连累的情况,其风险会不断地向后传递并且连环性地逐步放大。

(二)担保业务风险

由于担保风险具有以上特征,所以应当关注涉及担保业务的风险:

1. 担保违反国家法律法规,可能遭受外部处罚、经济损失和信誉损失。
2. 担保业务未经适当审批或超越授权审批,可能因重大差错、舞弊、欺诈而导致损失。
3. 担保评估不适当,可能因诉讼、代偿等遭受损失。
4. 担保执行监控不当,可能导致企业经营效率低下或资产遭受损失。

五 担保风险应对措施

企业在建立与实施担保业务内部控制过程中,至少应当强化对下列关键方面或关键

环节的控制:

1. 职责分工、权限范围和审批程序应当明确规范,机构设置和人员配备应当科学合理。
2. 担保的对象、范围、条件、程序、限额和禁止担保的事项应当明确规范。
3. 担保评估应当科学严密。
4. 担保执行环节的控制措施应当充分有效。

任务一　岗位分工与授权批准

一、岗位分工概述

(一)不相容岗位设立

单位应当根据担保业务的数量、频率次数等设立相应的岗位,并明确相关部门和岗位的职责、权限。在岗位设立时,要确保办理担保业务的不相容岗位相互分离、制约和监督。一般情况下,担保业务需要设立的不相容岗位至少包括:

1. 担保业务的评估与审批;
2. 担保业务的审批、执行与监督;
3. 相关财产的保管与担保业务记录。

适当的职责分离是现代企业内部控制的重要方式之一,对于不相容职务应分别由不同的职员担任,这样相关职员之间就形成了一定的内部牵制。具体而言担保业务应适当分离的职务主要包括:

(1)受理担保业务申请的人员不能同时是负责最后核准担保业务的人员;

(2)负责调查了解被担保单位经营与财务状况的人员必须同审批担保业务的人员分离;

(3)拟订担保合同人员不能同时担任担保合同的复核工作;

(4)担保责任的记账人员不能同时成为担保合同的核实人员;

(5)担保合同的订立人员不能同时负责履行担保责任垫付款项的支付工作;

(6)审核履行担保责任垫付款项的人员应同付款的人员分离;

(7)记录垫付款项的人员不能同时担任付款业务;

(8)审核履行担保责任、支付垫付款项的人员必须同负责从被担保单位收回垫付款项的人员分离。

(二)担保业务岗位职责与权限

1. 评估岗位

该岗位主要负责对担保事项的可行性、风险性等进行评估。其具体工作职责是:接受担保申请书;收集被担保单位的有关财务状况、资信状况、信用记录、经营成果等方面的信息和资料;评估接受该项担保可能带来的经济利益及由此产生的风险;撰写评估报告书,对是否接受该项担保提出建议;提出防范担保风险的建议。

2. 审批岗位

该岗位主要负责对担保业务的审核和批准,其工作程序在评估岗位的工作之后。其主要职责有:对担保有关的材料进行审核;对担保评估意见书进行审核;提出批复意见,确定是否批准。如果批准则转交执行岗位,如果不批准则退还给评估部门。

3. 执行岗位

该岗位的主要职责包括:根据批准的意见办理担保手续;负责与被担保单位、银行等相关单位的联系;负责签订担保合同;经办其他与担保业务执行相关的事项。

4. 保管岗位

该岗位的主要职责包括:接受担保的资产;负责对担保财产的保管;负责办理担保财产变动的手续。

5. 记录岗位

该岗位的主要职责包括:记录担保事项,包括向谁提供担保、担保金额、担保类型、抵押资产、质押资产等;记录被担保的资产,包括类别、名称等详细资料;向有关部门提供担保的有关信息。

6. 检查岗位

该岗位的主要工作职责包括:检查单位对担保业务控制制度的执行情况;对修改担保管理制度提出意见;提供有关担保岗位的人员履行职务的意见。

(三)人员配备及素质要求

单位应当配备合格的人员办理担保业务。在不单独设置担保岗位的情况下,需要指定相关人员办理担保业务。

经办担保业务的人员需要有良好的职业道德及过硬的业务素质。要诚实守信,敬业爱岗;要有比较宽的知识面;要具有会计业务、财务管理及法律方面如《担保法》《物权法》《合同法》等方面的知识。

二 授权批准制度

(一)基本要求

1. 单位应当对担保业务建立严格的授权批准制度,明确审批人对担保业务的授权批准方式、权限、程序、责任和相关控制措施,规定经办人办理担保业务的职责范围和工作要求。

2. 审批人应当根据担保业务授权批准制度的规定,在授权范围内进行审批,不得超越权限审批。

3. 经办人应当在职责范围内,按照审批人的批准意见办理担保业务。对于审批人超越权限审批的担保业务,经办人员有权拒绝办理。

4. 严禁未经授权的机构或人员办理担保业务。

(二)实施要点

1. 适当分层授权

在担保业务的审批上,单位根据业务需要可以采用分层授权的方式。以股份有限公司为例,可以规定重大金额的担保(通常以担保金额占单位净资产的百分比来衡量)由股东大会批准;金额相对较小的担保由股东大会授权给董事会审批;金额更小的可以委托给总经理负责审批。

2. 明确审批要点

担保业务主要存在以下四个关键的审批要点:

(1)在担保业务发生之前,担保业务经正当审批;
(2)未经正当审批,不得签订担保合同;
(3)担保责任、担保标准、担保条件等必须经过审批;
(4)为被担保单位履行债务支付款项必须经过审批。

前两项控制的目的在于防止企业因向虚构的或者无力支付货款的企业提供担保而蒙受损失,第三项控制的目的则在于保证担保业务按照企业政策规定的标准、条件等进行。

3. 健全批准程序

单位需要建立健全批准程序,也就是议事程序。要求所有的审批者都必须按照事先规定的程序进行审批,不能省略一些环节。程序控制是内部控制需要贯彻的一个基本原则。

4. 完善审批方式

在审批方式上,单位可以根据需要采用个人审批和集体审批两种方式。

所谓集体审批就是由股东大会、董事会等集体审批,通常采用开会、投票的做法。这种方式的优点是可以发挥集体的智慧,避免一些失误,但是其工作效率较低,而且往往导致相互之间的"搭便车"心理。

个人审批是由董事长或总经理一个人进行审批。一般情况下,这种审批的担保事项金额比较小。这种方式的优点是责任明确、效率高,但是容易滋生舞弊,而且由于个人考虑不周,也可能导致失误。

5. 追究失职责任

无论采用何种审批方式都应该建立责任追究制度。在股份有限公司中,对于股东大会之外的审批,如果出现重大失误或舞弊都要追究相关审批者的责任。如果缺乏失职追究制度,责任落实就是一句空话。

(三)担保的程序

在政策上应该明确规定整个担保业务的处理流程,对担保申请的接受、调查、批准、执行等程序和经办岗位做出明确规定。图11-1清楚地说明了担保的程序。

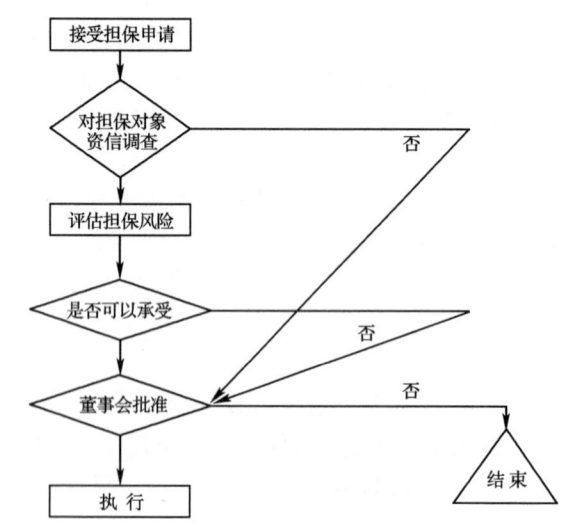

图 11-1　担保业务流程图

（四）担保的最大金额

单位应该在政策中确定自己对外提供的最大担保金额。一般原则是,单位对外提供的担保额不能超过自身的净资产总额。在实际操作中,通常规定单笔对外提供的担保额不超过多少,累计对外提供的担保总额不超过多少等。

（五）担保期限

单位对外提供的担保期限可以只规定最长期限。这对控制担保风险是非常重要的。比如,一些单位规定,对外担保的最长期限不得超过三年。对单位来说,担保期限要严格控制,不能过长。

（六）禁止担保的事项

政策中明确禁止的担保事项,一般主要有以下几种类型:(1)被担保对象与本单位毫无经济关系;(2)担保金额过大;(3)担保期限太长;(4)提供的有关资料不齐全,无法判断担保风险的大小;(5)被担保单位的信用记录比较差;(6)被担保单位的经营情况比较差;(7)被担保单位已经出现净资产为负的情况。

任务二　担保评估与审批控制

一、担保业务的评估

（一）基本规定

1. 单位应当建立严格的担保业务评估制度,采用适当的评估方法,对担保业务进行评估,确保担保业务符合担保政策。

2. 单位对外的担保业务,应当组织相关人员对申请担保单位主体的资格,申请担保项目的合法性,申请担保单位的资产质量、财务状况、经营情况、行业前景和信用状况,申请担保单位反担保和第三方担保的不动产、动产和权利归属等进行全面评估,形成评估报告。

3. 单位对自身的担保业务,申请与评估应当分离。

4. 被担保项目发生变更时,单位应重新组织进行评估。

（二）执行要点

1. 建立严格的担保业务评估制度

单位应该在制度建设和政策制定中,建立严格的担保业务评估制度,对以下事项进行明确的规定:由什么部门、什么人员进行评估;评估时需要遵守的程序是什么;评估要达到什么目标;如何提交评估报告等。

2. 采用适当的评估方法

有关部门、人员对担保业务进行评估要采用适当的方法。所选择的方法通常有:第一,定性分析的方法。对被担保单位的行业特征、经营业务情况、信用记录、高级管理的品质、单位的背景、单位的历史发展状况等进行定性的评价。第二,定量分析的方法。通过资产负债率、流动比率、盈利增长率、资产周转率、银行借款的偿还次数、逾期时间等进行分析。

在实际工作中,定量与定性分析方法需要结合起来使用。尤其是定性分析方法,尽管看起来比较粗糙,但是使用效果还是比较好的。因为有一些单位并不是没有偿还债务的能力,主要是缺乏诚信的品质。对于这些单位,定量评价方法的作用是很有限的。

(1)评估担保业务时,要求被担保单位提供完整的资料,如:被担保单位出具的担保申请书;被担保事项的经济合同、协议及相关文件资料;有关反担保的资料。

(2)单位对担保业务材料审查的主要原则包括:①完整性:主要审查被担保单位提交的文件、资料的种类是否完整、齐全;②合法性:审查被担保单位提交的文件、资料以及申请的担保事项是否真实、合法、有效;③条件:主要审查被担保单位是否符合单位规定的担保原则、标准和条件。

(3)调查了解被担保单位的经营和财务状况。单位可以以被担保单位经有资格机构审计过的财务报表为基础,通过调查被担保单位的财务部门和主要管理者,必要时向被担保单位的商业往来客户、供货商和其他债权人询问被担保单位资信情况,核对财务报表和主要凭证,查看库存,了解和掌握被担保单位的动态情况以及走访外部管理部门,了解其对被担保单位的评价,核实有关情况等方式,获取第一手材料。单位可以重点了解以下有关被担保单位的内容:

①被担保单位设立情况如何?包括所有制性质、所属行业、主管部门、成立日期、法定代表人、投资方及出资方式、投资比例、注册实收资本、经营期限、经营范围及主营业务。

②被担保单位的资金运作如何?资金流量有多大?

③被担保单位有哪些负债?向哪些银行借款?是否发行债券?有哪些或有负债?

④被担保单位主要的产品或服务有哪些?竞争的主要方式是什么?价格、产品质量、售后服务或原材料来源如何?

⑤被担保单位经营策略是否随市场变化而变化,其有效性如何?

⑥被担保单位目前的应收账款回收期和数额是多少?准备采取什么措施收回应收账款?产品销售情况及存货数额是多少?

⑦被担保单位对本年销售额和利润的预测值是多少?

⑧被担保单位与商业往来客户、供货商和其他债权人有多长时间的业务关系?应付款情况如何?有无不履行偿还债务行为?产品价格、质量、管理水平、有无对客户不利的情况等?

⑨被担保单位的管理者素质如何?人事、业务、财务等管理水平、制度执行有效性如何?部门设置是否科学?财务人员对本单位财务及经营状况是否定期进行分析、总结并提出合理化建议?

⑩与被担保单位交往的风险和效益如何?

单位除按要求调查和了解被担保单位基本情况、经营活动等全面详尽的资料信息外,还应有其近三个年度的年报及最近月度的财务报表,以备财务分析之用。

3.评估的重点领域

单位收到上述资料后,需要进行认真的分析,并就以下重点事项进行评估:(1)申请担保单位的主体资格;(2)申请担保项目的合法性;(3)申请担保项目的可行性;(4)申请担保单位的资产质量;(5)财务状况、经营情况、行业前景;(6)担保可能引起的潜在风险;(7)诚信记录情况。

4. 评估报告的撰写

在对上述主要领域进行评估的基础上,评估部门和人员应该向批准机构提交一份评估报告。在评估报告中,需要包含以下要素:(1)被担保单位提出担保的经济背景;(2)接受该项担保的利弊分析;(3)拒绝该项担保的利弊分析;(4)对于该项担保的建议。

5. 申请与评估应当分离

按照不相容职务相互分离的控制原则,申请和评估属于不相容的性质,两者需要严格分离开。担保业务的申请部门一定不能同时兼任担保业务的评估业务。否则,极容易产生舞弊现象,出现担保风险。被担保项目发生变更时,单位应重新组织进行评估。

6. 法律人士意见的采用

担保业务涉及比较多的法律知识,特别是《担保法》《合同法》的知识使用得比较多。因此,在进行担保评估时一定要与单位的法律顾问进行沟通,征求他们的意见。

二、担保业务的审批

(一)建立担保业务审批制度

单位应当对担保业务严格审批,建立严格、规范的审批制度。在审批制度中需要明确规定以下事项:

1. 重大担保事项的集体审批。对于重大的担保业务,即金额比较大的担保,应该实行集体决策审批。在审批中,需要有明确的责任,防止所谓的审批流于形式的出现,对于重大的因担保审批失误而引起的单位重大经济损失,应该追究相关审批人员的责任。

2. 根据单位性质,明确审批机构和审批人。如在股份公司中,担保事项一般由董事会审批,重大金额的担保还需要经过股东大会决定;如果是上市公司的对外担保,还需要请独立董事审核并发表独立意见。

(二)审批时关注的事项

审批是在有关部门提交的担保评估报告基础上进行的。在进行审批时,审批机构应该重点关注担保对象到期能否偿还债务。只有被担保单位到期能够足额偿还债务,单位才能解除担保的连带责任。因此,对担保对象的选择就变得很重要。

通常选择担保对象时,需要考虑以下几个方面:

1. 主营业务是否正常,财务状况是否良好。需要分析的常用财务指标标准有:利息保障倍数是否大于1;资产负债率是否小于50%;流动比率和速动比率是否大于行业平均数;现金净流量是否大于零。如果这些都是肯定的回答,那么该单位的财务状况就是良好的,单位为之担保一般不会出现大的风险。

2. 信用记录是否良好。经济实力是担保对象履约的前提,但是经济实力并不一定就意味着担保对象能够按时履约,除经济实力外,良好的信用也是单位履约的必要条件。对担保对象信用记录的考察是很必要的,在考察时,通常要关注担保对象偿还债务的历史记录、是否存在因债务纠纷而引起的诉讼等。

3. 担保单位的借款用途,是否有良好的投资前景。如果担保对象的借款用途不明确,或者拟投资的项目与国家的宏观经济政策和产业发展不一致,那么为这些单位提供担保将会承担比较大的风险。

4.担保对象的管理能力。担保对象管理能力的高低,可以通过单位的管理队伍、过去的管理业绩等间接地反映出来。如果担保对象的管理队伍素质较低,则通常情况下其管理能力是比较欠缺的,单位经营的稳定性和增长性会受到影响。

担保的评估和审批,都是对担保业务进行的审核。但是这两者的关注角度和立场是不同的,评估是由较为低级的管理部门和人员进行的,他们所关注的只是业务层面的问题,往往缺乏战略和宏观性的思维;而审批是由高层管理机构和人员进行的,这决定他们在审批担保业务时,对单位发展战略、单位的经济环境、与有关单位的协作关系等较为宏观的问题比较注重。

三 担保合同的签订

(一)基本规定

一旦担保事项经过审批之后,有关部门和人员应当根据评估报告和审批意见,按规定权限和程序订立担保合同。在合同中需要对双方的权利义务等做出尽可能详细的规定,合同的订立应符合《中华人民共和国合同法》和《中华人民共和国担保法》的规定。重要担保业务合同的订立,应当征询法律顾问或专家的意见。

(二)执行要点

执行要点包括:应该按照授权由相关人员签订合同;合同的签订需要符合法律的规定;签订的合同用语要规范,条文要具体。

四 对担保合同的审核

(一)基本规定

单位应当组织相关人员对担保合同的合法性和完整性进行审核。

(二)执行要点

单位应当组织相关人员对担保合同的合法性、完整性等有关内容进行详细的审核。在进行具体审核时,要特别注意:合同的订立是否符合国家的相关法律;合同的有关条款是否完备;合同中有关术语的表达是否有歧义;其他需要关注的事项。

任务三 担保财产保管与记录控制

一 对担保财产的保管

(一)基本规定

单位应当建立担保财产保管制度。集中妥善保管有关担保财产和权利证明,定期对财产的存续状况和价值进行复核,发现问题及时处理。

(二)执行要点

单位在提供对外担保业务时,经常被债权人(多数情况下是银行)要求以自己的财产作为抵押或者质押。在这种情况下,单位的某些财产就成为担保财产,这些财产的用途和转让已被限定,对于这些"特殊财产"要加强管理和控制。

1. 对担保财产的控制

按照我国法律的规定,单位只能以法律规定可以抵押的财产提供担保。法律规定不可以抵押的财产,单位不能用于担保。根据我国《担保法》的规定,可以用于抵押担保的财产主要有:(1)单位所有的房屋和其他地上定着物;(2)单位所有的机器、交通运输工具和其他财产;(3)单位依法有权处分的国有的土地使用权、房屋和其他地上定着物;(4)单位依法有权处分的国有的机器、交通运输工具和其他财产;(5)依法可以抵押的其他财产。

《担保法》规定,以下财产不能用于抵押担保:(1)土地所有权;(2)耕地、宅基地、自留地、自留山等集体所有的土地使用权;(3)学校、幼儿园、医院等社会公益设施;(4)所有权、使用权不明或者有争议的财产;(5)依法被查封、扣押、监管的财产;(6)依法不能用于抵押的其他财产。

上述财产一旦被抵押担保,其用途就受到了限制,单位不能随便处置这些财产。如果需要进行变卖、转让等处置的话,必须首先征得抵押权人的同意。

2. 抵押权实现的控制

本单位被诉承担连带责任而又不能在债务履行期届满时及时清偿债务的话,则抵押权人就可能要求将抵押物折价或变卖、拍卖等以清偿自己的债权。此时,单位需要做的工作是:(1)与抵押权人进行协商,争取延期清偿债权,避免抵押物的变卖、折价等;(2)如果协商不成的话,应该争取最有利的折价、变卖或拍卖条件,避免抵押物被低价出售;(3)对于抵押物变卖收入超过债权金额的部分,应该归本单位所有。

3. 质押物处置的控制

按照有关法律规定,单位持有的汇票、债券、支票、存款单、提货单等可以进行质押担保,如果用依法可以转让的股票、专利权、商标权、著作权等进行质押,则需要向有关部门办理出质登记。

债务期限届满时,如果单位不能及时地清偿债务,则质权人就可能要求将质押物折价、变卖、拍卖等以实现自己的债权。此时,单位需要做的工作是:尽量争取最有利的折价、变卖、拍卖条件,并将清偿债权后剩余的款项收归本单位所有。

二 对担保业务的记录控制

(一)基本规定

单位应当建立担保业务记录制度,对担保的对象、金额、期限和用于抵押和质押的物品、权利及其他有关事项进行全面的记录。

(二)执行要点

担保业务,严格意义上讲不属于会计事项,因其没有引起单位资金发生变化,所以很容易漏记。基于这种考虑,单位需要在会计核算制度之外,明确规定担保业务的记录制度,并对所要记录的内容做出规定,如建立专门的备查等,对有关事项进行详细登记。通常要记录的事项有:被担保单位的名称;担保的类型、时间、金额;用于抵押资产的名称、金额;反担保的事项。

此外,担保合同的事项、编号和内容,担保事项的变更以及担保信息的披露等也应做相应记录。

任务四　担保合同的履行

担保合同的履行,是指担保合同签订后,单位应被担保单位和受益人要求对担保合同进行修改或应受益人要求履行担保责任,或在保证期满担保合同注销的过程。

一、担保合同的修改

担保期间,被担保单位和受益人因主合同条款发生变更需要修改担保合同内容时,应按要求办理。例如,对增加担保范围、延长担保期间或者变更、增大担保责任的,按拟重新签订的担保合同的审批权限报有关审批部门审批。其中,经办部门应就担保合同的变更内容进行审查后,形成调查报告,同时要求被担保单位提出修改担保合同的意向文件。经批准的,经办部门再重新与被担保单位签订担保合同。

二、担保合同的展期

对于担保合同的展期,应视同新担保业务进行审批,重新签订担保合同。

三、担保合同终止和注销

当出现以下情况时,担保业务经办部门要及时通知被担保单位,担保合同终止。
1. 担保有效期届满;
2. 修改担保合同;
3. 被担保单位和受益人要求终止担保合同;
4. 本单位替被担保单位垫付款项。

单位已经承担担保责任的,在垫付款项未获全部清偿前,经办部门不得注销担保合同,并要向被担保单位和反担保单位发送催收通知书,通知被担保单位还款。

四、垫付款项及其催收

1. 担保业务垫付款项的前提条件和内部批准手续

担保期间,担保业务执行部门收到受益人的书面索赔通知后,核对书面索赔通知是否有有效签字、盖章,索赔是否在担保规定的有效期内,索赔的金额、索赔证据是否与担保合同的规定一致等内容。核对无误后,经授权签字人同意后对外支付垫付款项。

2. 垫付款项的资金来源

如果核对后需要承担担保责任,首先应将被担保单位与本单位的往来款项用于对外履约,支付垫付款项。如果仍然不足以支付,由本单位替被担保单位垫付款项,并向被担保单位和反担保单位催收垫付款项。

3. 垫款通知书的发送和保存

担保业务经办部门填写的垫款通知单,除向被担保单位及反担保单位索要回执外,还要将复印件送会计核算部门留存,但回执原件必须由担保业务经办部门保存。

4. 垫付款项的催收和处理

担保业务经办人员要在垫款当日或第2个工作日内,向被担保单位发出垫款通知书,向反担保单位发送《履行担保责任通知书》并应加强检查的力度,以及时、全额收回垫付款项。

本章小结

担保业务的内部控制包括担保业务的岗位分工与授权批准、担保评估与审批控制、担保业务的监测、担保财产保管与记录控制以及担保业务的监督与检查等内容。岗位分工与授权批准包括:岗位的设立、授权批准制度的建立。担保的主要方式有:保证、抵押、质押、留置、定金。担保评估与审批控制包括:担保业务的评估、担保业务的审批、担保合同的签订、对担保合同的审查。

习题

一、单项选择题

1. 如果被担保企业的担保业务符合企业关于反担保规定的,企业应该要求申请人提供( )。

   A. 担保　　　　B. 保证　　　　C. 承诺　　　　D. 反担保

2. ( )是担保企业决定是否提供对外担保的依据。

   A. 担保项目的审批结论　　　　B. 担保项目总体风险评价
   C. 担保项目评估的结论　　　　D. 现场观察情况

3. 担保企业应当建立( ),详细记录担保对象、金额、期限、用于抵押和质押的物品、权利和其他有关事项。

   A. 担保事项明细账　　　　B. 担保事项台账
   C. 担保事项登记簿　　　　D. 担保事项总账

4. 担保企业应在担保合同到期前( )左右通知被担保企业做好还款准备。

   A. 15天　　　　B. 一周　　　　C. 一个月　　　　D. 二个月

5. 企业应当建立担保授权和审批制度,重大担保业务,应当报经( )或类似权力机构批准。

   A. 董事会　　　　B. 总经理　　　　C. 监事　　　　D. 财务经理

6. ( )是指债务人或者第三人将其动产或权利凭证移交债权人占有以此作为债权的担保。

   A. 留置　　　　B. 质押　　　　C. 质权　　　　D. 保证

7. ( )是债务人或第三人在不转移其财产占有的情况下,将该财产作为债权担保的物权制度。

A. 留置　　　　B. 质押　　　　C. 抵押　　　　D. 保证

8.（　　）是办理担保业务的第一步。

A. 接受担保申请　　　　　　B. 对担保对象资信调查

C. 评估担保风险　　　　　　D. 审批

9. 一般原则是，单位对外提供的担保额不能超过自身的（　　）。

A. 资产　　　　B. 负债　　　　C. 净资产总额　　　D. 收入

10. 以下哪项不属于担保法规定的担保方式？（　　）

A. 动产质押　　B. 不动产抵押　　C. 留置　　　　D. 违约金

二、多项选择题

1. 通常选择担保对象时，需要考虑（　　）。

A. 主营业务是否正常，财务状况是否良好

B. 信用记录是否良好

C. 担保单位的借款用途，是否有良好的投资前景

D. 担保对象的管理能力

2. 担保业务应适当分离的职务主要包括（　　）。

A. 拟订担保合同人员不能同时担任担保合同的复核工作

B. 负责调查了解被担保单位经营与财务状况的人员必须同审批担保业务的人员分离

C. 担保合同的订立人员不能同时负责履行担保责任垫付款项的支付工作

D. 审核履行担保责任垫付款项的人员应同付款的人员分离

3. 被担保人出现以下情形之一的，企业不得提供担保（　　）

A. 与其他企业出现较大经营纠纷　　B. 财务状况恶化

C. 已进入兼并程序　　　　　　　　D. 被担保人经营风险较大

4. 当出现（　　）情况时，担保业务经办部门要及时通知被担保单位，担保合同终止。

A. 担保有效期届满

B. 修改担保合同

C. 被担保单位和受益人要求终止担保合同

D. 本单位替被担保单位垫付款项

5. 担保业务具有（　　）特征。

A. 隐蔽性　　　B. 突发性　　　C. 放大性　　　D. 公开性

6.《担保法》规定下列（　　）财产可以抵押。

A. 抵押人所有的房屋和其他地上定着物

B. 抵押人所有的机器、交通运输工具

C. 抵押人依法有权处分的国有的土地使用权、房屋、机器和交通运输工具等

D. 抵押人依法承包并经发包方同意抵押的荒山、荒沟等荒地的土地使用权

7. 担保申请人出现下列情形之一的，不得提供担保的有（　　）。

A. 担保项目不符合国家法律法规和本企业担保政策的

B. 担保申请人已进入重组、托管、兼并或破产清算程序的

C. 担保申请人已经变更法定代表人的

D. 担保申请人财务状况恶化、资不抵债、管理混乱、经营风险较大的

E. 担保申请人与其他企业出现较大经济纠纷,面临法律诉讼且可能承担较大赔偿责任的

F. 担保申请人与本企业已经发生过担保纠纷且仍未妥善解决的,或不能及时足额交纳担保费用的

8. 对担保业务的日常监控包括(　　)。

A. 定期检测　　　　　　　　　B. 异常情况及时报告

C. 保证追索权　　　　　　　　D. 实施监控

9. 根据《担保法》规定,下列(　　)财产不可以抵押。

A. 土地所有权

B. 学校、幼儿园、医院等以公益为目的的事业单位、社会团体的教育设施、医疗卫生设施和其他社会公益设施

C. 所有权、使用权不明或者有争议的财产

D. 依法被查封、扣押、监管的财产;

10. 单位应当对担保业务严格审批,根据单位性质,明确审批机构和审批人。如在股份公司中,担保事项一般由(　　)审批,重大金额的担保还需要经过(　　)决定,如果是上市公司的对外担保,还需要请(　　)审核并发表独立意见。

A. 监事　　　　B. 董事会　　　　C. 股东大会　　　　D. 独立董事

三、判断题

1. 受理担保业务申请的人员不能同时是负责最后核准担保业务的人员。(　　)

2. 拟订担保合同的人员可以同时担任担保合同的复核工作。(　　)

3. 参与评估工作的人员不得参与担保项目的审批。(　　)

4. 担保项目评估的结论是担保企业决定是否提供对外担保的依据。(　　)

5. 合同的盖章要经编号、审批及企业法定代表人或授权的代理人签署后,才能盖章。(　　)

6. 被担保人要求变更担保事项的,企业应当重新履行调查评估与审批程序。(　　)

7. 项目不符合国家法律法规和本企业的担保政策的,不能提供担保,但如果是本企业发生过担保纠纷没有妥善解决的,可以继续担保。(　　)

8. 对于审批人超越权限审批的担保业务,经办人员应当拒绝办理。(　　)

9. 企业在订立担保合同时,应明确被担保人的权利、义务、违约责任等相关内容。(　　)

10. 合同的盖章要经编号、审批及企业法定代表人或授权的代理人签署后,才能盖章。(　　)

四、简单题

1. 担保内部控制的关键控制点有哪些?

2. 担保业务不相容岗位主要包括哪些?

3. 担保合同订立时应注意的问题有哪些？

五、分析题

（一）案例一

A 公司名下有一码头开发项目，与 B 银行签订《社团贷款合同》，贷款 4 亿，借款期限为 2020 年 06 月 29 日—2028 年 06 月 29 日。开发过程中，因 A 公司出现工程款纠纷，涉及金额为人民币 26 137 256 元，法院采取了强制查封同等金额财产的措施。B 银行担心贷款安全，要求 A 公司提前还贷，A 公司没有提前偿还，B 银行提起诉讼。

诉讼过程中，A 公司、B 银行、C 公司经协商，C 公司同意为码头开发项目贷款向银行提供担保，B 银行同意为码头开发项目的后续开发提供贷款，C 公司希望提供担保后可以通过对 A 公司增资扩股，持有其股份，参与港口开发项目的运作。

A 公司、B 银行、C 公司签订 001～1 号《补充合同》，B 银行在原有 4 个亿贷款基础上，向 A 公司增加 5 000 万贷款，并约定 C 公司为 A 公司向 B 银行的贷款提供担保，约定新的还款期限为 2021 年 06 月 30 日。A 公司与 B 银行签订了第 001～2 号《补充合同》约定：办妥 001～1 号《补充合同》约定的担保和抵押后，B 银行同意 A 公司增资扩股，同意解除 A 公司的股权质押。

C 公司与 B 银行于 2021 年 1 月 27 日签订了《社团保证合同》，但贷款人未按约定放款 800 万元；C 公司关联公司与 B 银行于 2021 年 1 月 27 日签订了《社团抵押合同》《房地产抵押合同》，并于 2021 年 2 月 12 日办妥地下商场房产（房产证编号：##号）抵押登记手续后，B 银行仍未按规定发放贷款 1 970 万元。于是后续地下商场房产及土地抵押登记手续双方没有再办理。

A 公司大股东因原计划向 B 银行增贷 1.5 亿，发现 A 公司、B 银行、C 公司的协议仅仅增贷 5 000 万，于是在没通知 C 公司情况下，让 A 公司向 B 银行发函《关于×××增贷项目取消的申请函》，B 银行于是没有发放 5 000 万增贷。

因 A 公司法定代表人×××涉及刑事案件被拘留，C 公司办理 A 公司股权过户出现障碍，A 公司在 001～1 号《补充合同》约定还款期限 2021 年 06 月 30 日，未按期偿还银行贷款。B 银行向法院主张权利。

根据以上案例，分析 C 公司在处理担保业务时存在哪些问题并说明原因。

（二）案例二

2018 年，A 集团公司下属北京子公司和其他三家股东合资设立 SD 再生资源有限公司（以下简称"SD 公司"），持股比例为 10% 左右。2019 年，SD 公司分别向中国银行某市分行（以下简称"某市中行"）和中国建设银行某市分行（以下简称"某市建行"）各借款 100 万美元，合计 200 万美元。A 集团公司总经理在担保合同上签字，为 SD 公司某市中行借款 100 万美元及某市建行借款 50 万美元提供了负连带责任的全额担保。2019 年 5 月，又继续为 SD 公司延期贷款提供担保。

2020 年 3 月，因 SD 公司不能按时归还 100 万美元借款本息，某市中行向法院提起诉讼。2020 年 6 月底，经该市第二中级人民法院一审判决，A 集团公司负连带给付责任。A 集团公司对判决不服，向该市高级人民法院提出上诉。2020 年 11 月，该市高级人民法院判决"在强制执行原审被告 SD 公司财产后仍不足清偿的债务，由 A 集团公司承担赔偿责任。"2021年4月,该市第二中级人民法院就此案做出执行裁定,并查封了A集团公司有关房产,A集团公司不得已为SD公司归还借款本息,支付现金13 206 005.09元。另外,因SD公司不能按时归还50万美元借款本息,2021年5月,某市建行向法院提起诉讼,经该市高级人民法院复审,2021年7月,判令A集团公司为SD公司27万美元借款余额的本息承担连带给付负责。

在2020年某市中行提起诉讼后,A集团公司多次派人了解SD公司资产和负债情况,并派人员审查北京子公司和SD公司账目。查账结果显示:首先,SD公司基本没有实物资产,只有大量的无据可查的预付和应收款项。其次,SD公司存在不良图谋。查账结果显示,SD公司取得贷款后,没有用于正常业务经营和投资。自SD公司成立以来,有多位高级管理人员利用职权,自批自用、自批他用、利用借款等名目,大肆侵占、挪用SD公司资金,将公司资产转入个人账户,非法占为己有。

要求:运用担保业务活动控制的有关知识,指出这一案例违背了哪些关键风险点,应运用何种控制措施加以预防?

学习情境十二 会计信息系统的内部控制

学习目标及素质目标

1. 理解信息系统内部控制的含义；
2. 掌握信息系统内容控制的主要内容；
3. 理解信息系统内部控制关键控制的相关内容。
4. 树立规范操作意识；
5. 养成信息化的职业素养；
6. 培养创新思维意识。

情境导入

应用指引信息系统

一、信息系统的概念

信息系统是由计算机硬件、网络和通信设备、计算机软件、信息资源、信息用户和规章制度组成的以处理信息流为目的的人机一体化系统。简单地说，信息系统就是输入数据信息，通过加工处理产生信息的系统。

一般来说，信息系统具有如下几个概念：

信息系统是任何组织中都有的一个子系统，是为了生产和管理服务的。对从事物质生产及具体工作的部门来说，它总是管理或控制系统中的一部分。

信息系统有别于其他子系统，像人的神经系统分布于全身每一个器官一样，信息系统也渗透到组织中的每一个部门。

信息系统的作用与其他系统有些不同，它不从事某一具体的实物性工作，而是关系全局的协调一致，因而组织越大，改进信息系统所带来的经济效益也就越大。信息系统的运转情况与整个组织的效率密切相关。

二、信息系统的发展

信息系统从概念上来讲，在计算机问世之前就已经存在。但它的加速发展和日益为人瞩目,却是在计算机和网络广泛应用之后。自20世纪初泰罗创立科学管理理论以来,管理科学与方法技术得到迅速发展。在与统计理论和方法、计算机技术、通信技术等相互渗透、相互促进的发展过程中,信息系统作为一个专门领域迅速形成。

作为用计算机处理信息的人——机系统的信息系统,它在近半个世纪中得到迅猛发展。

1. 电子数据处理系统

电子数据处理系统是用计算机代替人工进行事务性数据处理的系统,所以也称为事务性处理系统。这一阶段从20世纪50年代初,商界第一次用计算机处理工资单、财务报表和账单等开始。电子数据处理系统有一些缺陷,如受限于当时计算机的能力和人们对计算机的认知,完全模拟人工系统,数据收集因为速度慢且容易出错,成为该系统最薄弱的环节。

2. 管理信息系统

管理信息系统是在事务处理系统基础上发展起来的第二代信息系统,但两者有显著的区别:事务处理系统是处理和获取数据,仅涉及一个部门内的操作性活动;管理信息系统则为管理提供信息,是一个部门的管理工具,它强调管理方法和技术的应用,强调把信息处理的速度和质量扩大到组织机构的所有部门,从而增强组织机构中各职能部门的管理效率和能力。

3. 决策支持系统

决策支持系统是美国学者默顿于20世纪70年代首次明确提出的,是辅助决策工作的一种信息系统,其重点在"支持",而非决策工作的自动化。

4. 办公自动化系统和多媒体信息系统

严格来说,办公自动化系统和多媒体信息系统,只是电子数据处理系统、管理信息系统和决策支持系统等几类信息系统的一种综合应用,并不可简单的称这两者为新型的信息系统,但是正是办公自动化系统在20世纪80年代的广泛应用,以及多媒体信息系统在20世纪90年代的蓬勃发展,才使信息系统这一领域更加引人注意,多媒体信息系统自身也成为各类信息系统应用的方向。

三 信息系统的结构

信息系统是为管理决策服务的,而管理是分层次的,因此信息系统也可以分解为若干个子系统,如销售与市场子系统,生产子系统,财务子系统等。每个子系统又支持从业务处理到高层战略计划的不同层次的管理需求。从信息用户的角度来看,信息系统应该支持整个组织在不同层次上的各种功能。这些具有不同功能的各个组成部分,是一个有机的整体,构成了系统的功能结构。

任务一 信息系统内部控制的内容

在高度发展信息技术环境下,由于信息和沟通在客观上具备了在全公司范围内的畅

现代信息技术条件下的资金安全

通,不再是实施控制活动中约束和必须解决的瓶颈;而借助于信息技术可以实现信息流、实物流、资金流的实时和同步,事后的监督也将蕴含在控制活动要素之中。

一 信息技术环境下内部控制框架的构建

在信息集成环境下内部控制框架的构成要素主要包括控制环境、在线活动和线下活动三部分。

(一)控制环境

信息技术环境下的控制环境要素并没有较大的改变,但由于信息技术改变了企业运作的基本模式,这对传统的控制环境带来了一些影响。

首先,企业的组织结构将趋于扁平化。信息技术改变了企业内部信息按管理层级流动的状态,实现了可定制信息的实时采集与更新。因此,企业高级管理层可以详细了解基层业务执行情况,中层决策信息的优势不再存在,信息化的组织形态趋向于扁平化。同时,信息时代高速变化的市场需求,需要组织内的信息能实现高效快速的沟通,这对组织形态也提出了精简的要求。以上两方面因素的作用,使得当代企业日益呈现扁平化的特征。在这种组织形态下,决策者和执行者能够快速的进行信息沟通,从而赢得"时间"这一信息时代企业经营管理重要的竞争变量。

其次,信息技术在引发了组织结构变动的同时,也改变了管理者经营管理的理念和方式。在信息技术环境下,关于责任主体行为及其结果的信息可以在组织内部实现实时、全面的共享和沟通。信息不对称问题得到解决,因此,纠错防弊不再是企业管理层主要关注的内容。管理层应该采用柔性化的管理方式,在把握公司整体趋势的前提下充分的放权,是企业的业务流程具有灵活性、敏捷性和自我控制的能力。在鼓励创造性和自主性的信息化企业内部,责任应由每一名组织成员来承担。这样的转变有助于充分调动员工的积极性,从而适应外界复杂多变的环境的要求。

(二)在线活动

在线活动是指管理当局利用计算机系统针对实现组织目标所涉及的风险而采取的必要防范或减少损失的措施,它涵盖了企业内所有利用信息技术的控制行为。在线活动是信息集成环境下新兴的内部控制要素之一,但是也并不是凭空出世,它主要对应于COSO报告内部控制基本要素中的风险评估、控制活动、信息沟通以及检查监督等要素中利用计算机系统进行的那部分。在信息充分集成后,企业的风险评估很大程度上会基于信息系统完成,企业的信息沟通会因为借助了能实时反映的计算机网络,而不再成为一个单独的问题。企业事后的检查监督也随着业务流、实物流和信息流的统一而并入业务的事前和事中控制活动中,再加上原有控制活动中一部分利用计算机系统的控制活动,共同构成了在线活动这一新的要素。

信息技术环境下,在线活动的内部控制的实施有赖于以下三个方面:第一,制定完善的内部控制制度,这个制度将成为内部控制的基本依据。第二,将内部控制的制度固化到软件中去,从而设计出完善的内部控制软件系统,能够完全体现完善内部控制制度的软件也将成为完善的软件系统。第三,保证完善的软件系统在企业内能够得以实施。如果上述三个步骤都能够得到很好的实施,在线活动的内部控制也就得到了实现。

(三)线下活动

即使在信息技术环境下,企业内部仍会存在一部分业务需要人工来办理,即线下活动,例如企业日常经营过程中的一部分生产、销售和采购等等。线下活动所产生的信息和数据进入信息系统后的处理、传输等活动的控制则属于在线活动的控制范畴中。

对线下活动的控制主要包括对线下活动的风险评估,控制活动和检查监督。毕竟无论企业信息化发展到什么程度,仍有一部分活动会有人工来完成。而这些活动就不可避免地会存在风险,需要进行风险管理。线下控制的活动主要包括职责分工,授权审批,业绩指标的考核,实物盘点等。在这些人工活动完成后,也需要像传统内部控制理论所要求的那样进行检查监督。需要注意的是对线下活动信息进入信息系统部分的控制。信息一旦进入信息系统,在制度流程固化和安全性得到有效控制的情况下,信息的真实、可靠、及时性是能得到极好的保障的,但这要求建立在初始信息输入的基础上。因此,这一环节显得尤为重要,一旦出错,在线活动的全过程都将受到严重的影响。对这一环节进行控制,即是要保证信息输入准确,及时。

二 信息系统内部控制的功能

(一)预防性功能

通过防止或组织来避免错误,灾害,事故,舞弊等的发生。例如,通过设置口令来防止非法接触或使用终端主机数据文件和程序,以避免对数据文件和程序进行破坏。篡改或非法复制。

(二)监测性控制功能

通过找出和发现已经发生的错误,灾害,事故,舞弊等来防止危害的扩大,或者使损失得到补偿。例如计算机操作系统通过记录和报告系统法,已记录非法修改系统软件。应用程序或数据文件的行为。

(三)校正性控制功能

通过更正和校正已检测出的错误处置发生的舞弊行为,以及处理和补救已发生的灾害来减轻危害。使系统恢复正常,例如通过文件和程序备份措施。补救因灾害造成的数据和程序损毁的危害。

三 信息系统内部控制的类型

信息系统的内部控制一般分为两类:一般控制和应用控制。它们均是计算机应用与信息系统所产生的特殊控制,用来预防、发现和纠正系统中所发生的错误、舞弊和故障,使系统能正常运行,是提供可靠和及时的会计信息的重要保证。

(一)一般控制

一般控制是指对信息系统的研制开发、组织、鉴定、应用环境等进行的控制。一般控制所采用的控制措施,普遍适用于某一单位的信息系统,同时为每一应用系统提供了环境。一般控制的强弱,直接影响到每项计算机应用的成败,可以说,一般控制是应用控制的基础。一般控制通常包括对数据中心操作、系统软件购买和维护、数据入口安全以及应用系统开发和维护控制。

1. 数据中心操作控制

这些控制包括工作设定和时间安排、操作员行为、后台支持和恢复程序以及或有事件或灾害补偿计划。在一个复杂陈旧的环境中,这些控制还涉及容量规划和资源分配与利用。在一个高科技环境中,工作时间安排是自动的,工作控制语言是在线的。储存管理工具自动将数据文件卸载到高速驱动器中,并期待下一项工作。移动网络超级用户不再需要手工记录控制台日志,因为它一直保持在系统中。

2. 系统软件购买和维护控制

这些控制包括对系统软件(操作系统、数据库管理系统、通信软件、安全软件等)和系统工具(具有运行系统和支持应用系统的功能)的有效采购、运行和维护。作为系统活动的主要指导者,系统软件也提供系统日志、追踪和监督功能。系统软件可以报告应用工具的使用,因此,如果有人使用强大的数据修改功能,至少它们的使用情况被记录下来并形成报告供复核之用。

3. 数据入口安全控制

随着通信网络的成长,这类控制日益重要。有效的数据入口安全控制能保护系统,防止不当进入系统的非法授权使用。如果设计良好,还能拦截黑客和其他侵犯者。充分的数据入口控制措施,可以有效防止非授权的进入。数据入口安全控制将授权用户限制在其工作必须的应用系统或应用功能中,支持适当的职责分工。对允许或限制进入的用户界面应经常及时查看。前任或不满的员工相对黑客可能更加危险,终端员工密码和用户代码应立即改变。通过防止非授权使用和更改系统,数据和程序的完整性得以保护。

4. 应用系统开发和维护控制

应用系统的开发和维护对多数企业而言一度是高成本领域。全部成本包括管理信息系统资源、所需的时间、人们完成任务所需的技巧以及所需的硬件和软件等。为了控制这些成本,许多企业形成一定形式的系统开发方法论。它提供了系统设计和运用的结构,概述了特定的阶段,将需求文件化,通过设定批准和核对点来控制项目的开发和或维护。该方法论应提供有关系统需求变更的适当控制,这可能包括对需求变更的必要授权、对变更的检查、批准、结果测试和实施草案,以保证正确的实施变化。系统内部开发的另一选择是使用软件包,这一方法日渐流行。销售商提供灵活性的、集成的系统,允许通过利用系统的嵌入式选择为客户量身定制。

(二)应用控制

应用控制是指对于信息系统中具体的数据处理功能的控制。应用控制具有特殊性,不同的应用系统有不同的处理方式和处理环节,因而有不同的控制问题和控制要求。应用控制被设计用于控制应用过程,协助保证交易处理的完整性、准确性和有效性。具体包括:输入控制、处理控制和输出结果控制。

其中特别需要注意的是,应用系统的有关接口,因其常与其他系统相连,而这些系统也需要控制,以保证所有用于处理的信息适当的输入和输出。

计算机对控制的一个最有意义的贡献就是其防止错误进入系统的能力，以及一旦错误存在，及时加以发现和改正的能力。鉴于此，许多应用控制依赖于计算机的编辑核对功能。这包括数据的格式、存在性、合理性和其他检查，这些功能在开发应用系统时已经内置其中。如果这些系统的数据检查功能设计正确，它们就能在数据录入系统时协助提供控制。

（三）一般控制和应用控制之间的关系

一般控制用于支持应用控制的功能，两者都用于保证信息处理过程的完整性和准确性。一般控制用于保证建立在计算机程序基础上的应用控制得以实施。例如，计算机匹配和编辑检查功能对数据的在线录入进行测试，当数据不匹配或格式错误时，它们可以提供及时的反馈，以便做出修改。它们显示出错信息，说明数据哪里出错，或编制例外事项报告以便进行跟踪。如果没有充分的一般控制，也就不可能依赖应用控制，因为应用控制的前提是假设系统本身运行良好，与正确的文件相匹配，或者所提供的出错信息准确反映了问题所在，或者在例外事项报告中包括了所有的意外。

另一个表明需要在应用控制和一般控制之间寻求平衡的例子是完整控制。它通常在某类涉及预先编号文件的交易中使用。这些通常是内部产生的文件，如采购订单就运用了预先编号的形式。复印件将被标出或不能被接受。为了使这种控制有效，按照其设计，系统将拒绝不正确的事项或对之悬而不决，而用户则得到一个列示所有丢失的、复制的和范围之外事项的报告。那么，通过一般控制，依靠报告内容进行追踪调查的人就能知道，报告中所有应该列示的项目都已经如实列示。对系统开发的控制要求对应用程序进行仔细的复核和测试，以保证报告程序具有严密的逻辑性，以及测试确定所有的例外事项得到报告。

任务二　信息系统内部控制的实施

一、信息系统岗位职责的内部控制

（一）信息系统岗位职责的控制目标

（1）建立明晰的、灵活的、响应及时的信息系统组织架构，并为每个岗位准确定义职责，为信息系统工作提供有效的组织保证。

（2）信息系统部门和最终用户部门应有充分的职责分离，包括部门之间及各部门内部，以提高在日常工作中及时发现信息系统错误的可能性。

（二）信息系统岗位职责的主要风险点

（1）信息系统部门的组织模式不合理，如权力的集中度与分散度不平衡，可能无法有效调动各方面积极性，及时响应信息系统运行需求。

（2）信息系统组织层级过多，汇报关系过于复杂，可能导致各层管理者之间沟通不畅，影响信息系统建设与维护效率。

（3）信息系统组织内部角色和职责定义不清，存在重叠或空白，可能造成推诿扯皮现象,影响信息系统团队的合作。

(4)信息系统部门和最终用户部门未实现充分的职责分离,可能无法及时发现工作中发生的错误与舞弊问题。

(三)信息系统岗位职责的关键控制点

1. 信息系统岗位职责的总体要求

信息系统岗位职责不仅涉及信息技术部门,还有企业管理层以及相关财务、人力资源等支持部门的职责与定位。

(1)信息系统战略委员会

信息系统战略委员会由董事会成员及外部专家组成,负责在信息系统战略目标,预算以及业务匹配等方面提供建议。信息系统战略委员会不承担董事会的治理义务,不能做出最终决策,同时也不能参与企业的日常管理,只是作为提议者向董事会和管理层提供信息系统建议。

(2)信息系统管理委员会

信息系统管理委员会是由企业各部门主管及相关人员组成的高层管理团体,它们定期沟通交流,决策以下问题:根据实际情况复查信息系统战略,保证信息系统与企业方面的一致性;根据信息系统整体战略规划和需求管理原则,管理项目组合,划分项目优先级;审查预算提议,控制和批准信息系统管理部门权限以外的资本支出;审查所有业务部门与所有外包商的合作;进行项目实施后评价和信息系统绩效评价。

(3)信息技术部门

信息技术部门包括运行管理、技术支持、应用系统、质量与安全、数据管理和用户服务等六大职能,每个职能下又分设不同的岗位用于分解并实现工作任务与目标。如图12-1所示。

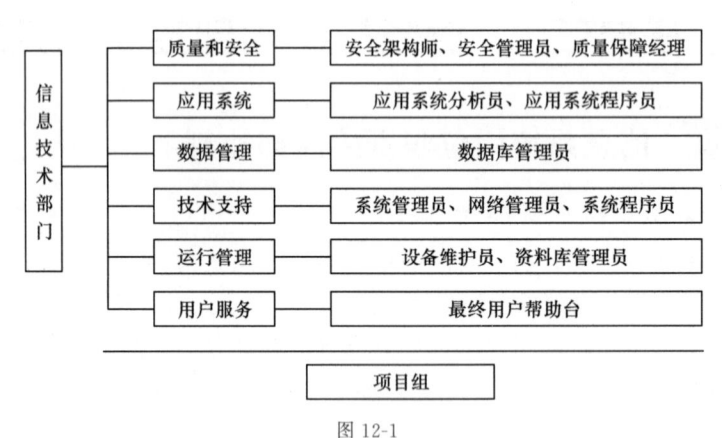

信息技术部门		
	质量和安全	安全架构师、安全管理员、质量保障经理
	应用系统	应用系统分析员、应用系统程序员
	数据管理	数据库管理员
	技术支持	系统管理员、网络管理员、系统程序员
	运行管理	设备维护员、资料库管理员
	用户服务	最终用户帮助台
	项目组	

图 12-1

2. 信息系统内部控制的补偿控制

由于资源限制等原因,企业可合并部分的分离职责,但同时必须建立补偿控制来减轻因缺乏职责分离造成的风险。补偿性措施包括但不限于以下内容:

(1)审计踪迹。审计踪迹是所有设计优良的系统的基本组成部分,它通过提供追踪线索来帮助信息技术部门、用户和审计师跟踪信息处理的来龙去脉。

(2)核对。绝大多数情况下,核对是用户的责任。同时,应用程序可以通过控制总计和平衡表来完成有限的核对工作。这种验证增加了信息系统成功运行的置信度。

(3)监督性审核和独立性审核。可以通过现场观察和问询来执行监督性审核和独立性审核,可以在一定程度上防止因缺乏职责分离造成的错误与舞弊问题。

(4)例外报告。对于在核对、审核及日常运行中发现的特殊事项,应及时形成例外报告并上报有关主管领导。例外报告需要及时处理,并且需要留有处理痕迹。

二 信息系统开发的内部控制

(一)信息系统开发的战略规划

信息系统开发的战略规划是信息化建设的起点,战略规划是以企业发展战略为依据制定的企业信息化建设的全局性、长期性规划。该环节的主要风险有:

1.缺乏战略规划或规划不合理,可能造成信息孤岛或重复建设,导致企业经营管理效率低下。

2.没有将信息化与企业业务需求相结合,降低了信息系统的应用价值。

企业应当根据信息系统建设整体规划提出项目建设方案,明确建设目标、人员配备、职责分工、经费保障和进度安排等相关内容。按照规定的权限和程序,审批后实施。

企业信息系统归口管理部门应当组织内部各单位提出开发需求和关键控制点,规范开发流程,明确系统设计、编程、安装调试、验收、上线等全过程的管理要求,严格按照建设方案、开发流程和相关要求组织开发工作。

(二)信息系统开发方式的选择

信息系统的开发建设,是信息系统生命周期中技术难度最大的环节。在开发建设环节,要将企业的业务流程、内控措施、权限配置、预警指标、核算方法等固化到信息系统中,因此开发建设的好坏,直接影响信息系统的成败。

企业开发新型系统可以采取自行开发、外购调试、业务外包等方式。

自行开发是指企业依托自身力量完成整个开发过程,通常适用于企业自身技术力量雄厚,而且市场上没有能够满足企业需求的成熟的商品化软件和解决方案。外购调试的基本做法是企业购买成熟的商品化软件,通过参数配置和二次开发,满足企业需求,通常适用于企业的特殊需求较少,市场上已有成熟的商品化软件和系统实施方案。业务外包是指委托其他单位开发信息系统,基本做法是企业将信息系统开发项目外包出去,由专业企业或科研机构负责开发,安装实施,由企业直接使用,通常适用于市场上没有能够满足企业需求的成熟的商品化软件和解决方案。

各种开发方式有各自的优缺点和适用条件,企业应根据自身情况合理选择。

(三)自行开发方式的管控措施

虽然信息系统的开发方式有多种,但基本流程大体相似,通常包含项目计划、需求分析、系统设计、编程和测试、项目管理与验收测试、上线等环节。

企业开发信息系统应当将生产经营管理业务流程、关键控制点和处理规则嵌入系统程序,实现手工环境下难以实现的控制功能。

1. 项目计划环节

战略规划通常将完整的信息系统分为若干子系统,项目就是指本阶段需要建设的相对独立的一个或多个子系统。

项目计划通常包括项目范围说明、项目进度计划、项目质量计划、项目资源计划、项目沟通计划、风险对策计划、项目采购计划、需求变更控制、配置管理计划等内容,项目计划不是一成不变的,后期可以根据情况进行调整,充实和完善。

项目计划环节的主要风险是:信息系统建设缺乏项目计划或者计划不当,导致项目进度滞后、费用超支、质量低下。

主要控制措施有:

(1)企业应当根据信息系统建设整体规划,提出分阶段项目的建设方案,明确建设目标、人员配备、职责分工、经费保障和进度安排等相关内容。按照规定的权限和程序,审批后实施。

(2)企业可以采用标准的项目管理软件,制定项目计划并加以跟踪。在关键环节进行阶段性评审,以保证过程可控。

(3)项目关键环节编制的文档,应参照《计算机软件产品开发文件编制指南》等相关国家标准和行业标准进行,以提高项目计划编制水平。

2. 需求分析环节

企业在系统开发过程中应当按照不同业务的控制要求,通过信息系统中的权限管理功能控制用户的操作权限,避免将不相容职务的处理权限授予同一用户。

需求分析的目的是明确信息系统需要实现哪些功能。该项工作是系统分析人员和用户单位的管理人员、业务人员在深入调查的基础上,详细描述业务活动涉及的各项工作以及用户的各项需求,从而建立未来目标系统的逻辑模型。

需求分析环节的主要风险是:

(1)需求本身不合理,对信息系统提出的功能、性能、安全性等方面的要求不符合业务处理和控制的需要。

(2)技术上不可行、经济上成本效益倒挂,或与国家有关法规制度存在冲突。

(3)需求文档表述不准确、不完整,未能真实全面地表达企业需求,存在表述缺失、表述不一致甚至表述错误的问题。

主要控制措施有:

(1)信息系统归口管理部门,应当组织其内部各有关部门提出开发需求,加强系统分析人员和有关部门的管理人员、业务人员的交流,经综合分析提炼后形成合理的需求。

(2)编制表述清晰与表达准确的需求文档。需求文档是业务人员和技术人员共同理解信息系统的桥梁,必须准确表述系统建设的目标、功能和要求,提高系统需求说明书的编写质量。

(3)企业应当建立健全需求评审和需求变更控制流程。依据需求文档进行设计前,应当评审其可行性,由需求提出人和编制人签字确认,并经业务部门与信息系统归口管理部门负责人审批。

3. 系统设计环节

系统设计是根据系统需求分析环节所确定的目标系统逻辑模型，设计出一个能在企业特定的计算机和网络环境中实现的方案，即建立信息系统的物理模型。系统设计包括总体设计和详细设计。详细设计的主要任务包括程序说明书编制、数据编码规范设计、输入输出界面设计。

总体设计的主要任务是：

(1)设计系统的模块结构，合理划分子系统边界和接口。

(2)选择系统实现的技术路线，确定系统的技术架构，明确系统重要组件的内容和行为特征，以及组件之间、组件与环境之间的接口关系。

(3)数据库设计，包括主要的数据库表结构设计、存储设计、数据权限和加密设计等。

(4)设计系统的网络拓扑结构，系统部署方式等。

系统设计环节的主要风险是：

(1)设计方案不能完全满足用户需求，不能实现需求文档规定的目标。

(2)设计方案未能有效控制建设开发成本，不能保证建设质量和进度。

(3)设计方案不全面，导致后续变更频繁。

(4)设计方案没有考虑信息系统建成后对内部控制的影响，导致系统运行后衍生新的风险。

主要控制措施有：

(1)系统设计负责部门应当就总体设计方案与业务部门进行沟通和讨论，说明方案对用户需求的覆盖情况；存在备选方案的，应当详细说明各方案在成本、建设时间和用户需求响应上的差异；信息系统归口管理部门和业务部门应当对选定的设计方案予以书面确认。

(2)企业应参照《计算机软件产品开发文件编制指南》等相关国家标准和行业标准，提高系统说设计说明书的编制质量。

(3)企业应建立设计评审制度和设计变更控制流程。

(4)在系统设计时，应当充分考虑信息系统建成后的控制环境，将生产经营管理业务流程、关键控制点和处理规程嵌入系统程序，实现控制功能。

(5)应充分考虑信息系统环境下的新的控制风险。

(6)应当针对不同的数据输入方式，强化对进入系统数据的检查和校验功能。

(7)系统设计时，应当考虑在信息系统中设置操作日志功能，确保操作的可审计性，并设置跟踪处理机制。

(8)预留必要的后台操作通道，对于必需的后台操作，应当加强管理，建立规范的操作流程，确保足够的日志记录，保证对后台操作的可监控性。

4. 编程和测试环节

编程阶段是将详细设计方案转换成某种计算机编程语言的过程。编程阶段完成之后，要进行测试，测试主要有以下目的：

(1)发现软件开发过程中的错误，分析错误的性质，确定错误的位置并予以纠正。

(2)通过某些系统测试，了解系统的响应时间、事务处理吞吐量、载荷能力、失效恢复能力以及系统实用性等指标,以便对整个系统做出综合评价。

这一环节的主要风险是:

(1)编程结果与设计不符。

(2)各程序编程风格差异大,程序可读性差,导致后期维护困难,维护成本高。

(3)缺乏有效的程序版本控制,导致重复修改或修改不一致等问题。

(4)测试不充分。单个模块正常运行,但多个模块集成运行时出错。开发环境下测试正常,而生产环境下运行出错,开发人员自测正常而业务部门用户使用时出错,导致系统上线后可能出现严重问题。

主要控制措施有:

(1)项目组应建立并严格执行代码复查评审制度。

(2)项目组应建立并执行统一的编程规范,在标识符命名、程序注释等方面统一风格。

(3)应使用版本控制软件系统,保证所有开发人员基于相同的组件环境开展项目工作,协调开发人员对程序的修改。

(4)应区分单元测试、组装测试、系统测试、验收测试等不同测试类型,建立严格的测试工作流程,提高最终用户在测试工作中的参与度。加强测试分析,提高测试工作的质量和效率。

5. 项目管理与验收测试

企业信息系统归口管理部门应当加强信息系统开发过程的跟踪管理,组织开发单位与内部各单位的日常沟通和协调,督促开发单位按照建设方案、计划进度和质量要求完成编程工作,对配备的硬件设备和系统软件进行检查验收、组织系统上线运行等。

企业信息系统归口管理部门职责有两项:

(1)加强信息系统开发全过程的跟踪管理,即对前期过程和结果的管理。

(2)全面履行计划、组织、领导、协调、控制职能。督促开发单位按照建设方案、计划及质量要求进行,并负责组织上线运行。

企业应当组织独立于开发单位的专业机构对开发完成的信息系统进行验收测试,确保在功能、性能、控制要求和安全性等方面符合开发需求。

验收测试是系统运行的最后一个测试操作,验收测试的目的是确保系统准备就绪、并且可以让企业将其用于执行软件的既定功能和任务。验收测试合格,表明系统能够按照预定的要求工作,经集成测试后,表明已经按照设计把所有的模块组装成一个完整的系统,接口错误基本排除。

6. 上线环节

系统上线是将开发出的系统部署到实际运行的计算机环境中,使信息系统按照既定的用户需求来运转,切实发挥信息系统的作用。

这一环节的主要风险是:

(1)缺乏完整可行的上线计划,导致系统上线混乱无序。

(2)人员培训不足,不能正确使用系统,导致业务处理错误,或者未能充分利用系统功能,导致开发成本浪费。

(3)上线初始数据准备设置不合格,导致新旧系统数据不一致,业务处理错误。

主要控制措施有：

(1)企业应当切实做好信息系统上线的各项准备工作，培训业务操作和系统管理人员，制定科学的上线计划和新旧系统转换方案，考虑应急预案。

(2)涉及新旧系统切换的，确保新旧系统顺利切换和平稳衔接。

(3)系统上线涉及数据迁移的，还应制定详细的数据迁移计划，并对迁移结果进行测试。用户部门应当参与数据迁移过程，对迁移前后的数据予以书面确认。

(四)其他开发方式的关键控制点和主要控制措施

其他开发方式有业务外包和外购调试，在这两种方式下，企业对系统设计、编程、测试环节的参与程度明显低于自行开发方式。因此可以适当简化相应的风险控制措施，但同时也应开发方式的差异产生一些新的风险，需要采取有针对性的控制措施。

1. 业务外包方式的关键控制点和主要控制措施

(1)选择外包服务商

这一环节的主要风险是：由于企业与外包服务商之间本质上是一种委托代理关系，合作双方的信息不对称容易诱发道德风险，外包服务商可能会实施损害企业利益的自利行为，如偷工减料、放松管理、信息泄密等。

主要控制措施有：

1)企业在选择外包服务商时，要充分考虑服务商的市场信誉、资质条件、财务状况、服务能力、对本企业业务的熟悉程度、既往承包服务成功案例等因素，对外包服务商进行严格筛选。

2)企业可以借助外包业界基准来判断外包服务商的综合实力。

3)企业要严格外包服务审批及管控流程，对信息系统外包业务，原则上应采用公开招标等形式选择外包服务商，并实行集体决策审批。

(2)签订外包合同

这一环节的主要风险是：合同条款不准确、不完善，可能导致企业的正当权益无法得到有效保障。

主要控制措施有：

1)企业在与外包服务商签约之前，应针对外包可能出现的各种风险损失，恰当议定合同条款，并由法律部门或法律顾问审查把关。

2)开发过程中涉及商业秘密、敏感数据的，企业应当与外包服务商签订详细的保密协议，以保证数据安全。

3)在合同中约定付款事宜时，应当选择分期付款方式，尾款应当在系统运行一段时间并经评估验收后再支付。

4)应在合同条款中明确要求外包服务商保持专业技术服务团队的稳定性。

(3)持续跟踪评价外包服务商的服务过程

这一环节的主要风险是：企业缺乏外包服务跟踪评价机制或跟踪评价不到位，可能导致外包服务质量水平不能满足企业信息系统开发需求。

主要控制措施有：

1)企业应当规范外包服务评价工作流程，明确相关部门的职责权限，建立外包服务质量考核评价指标体系,定期对外包服务商进行考评,并公布服务周期的评价评估结果,实现外包服务水平的跟踪评价。

2）必要时,可以引入监理机制,降低外包服务风险。

2. 外购调试方式的关键控制点和主要控制措施

在外部调试方式下,一方面,企业要选择软件产品的供应商和服务供应商,签订合同,跟踪服务质量。此时,企业可采用与外包业务外包方式类似的控制措施。另一方面,外购调试方式有其特殊之处,企业要有针对性的对强化某些控制措施。

(1)软件产品选型和供应商选择

在外购调试方式下,软件供应商的选择与软件产品的选型是密切相关的,这一环节的主要风险是：

1)软件产品选型不当,产品在功能、性能、易用性等方面无法满足企业需求。

2)软件供应商选择不当,产品的支持服务能力不足,产品的后续升级缺乏保障。

主要控制措施有：

1)企业应明确自身需求,对比分析市场上的成熟软件产品,合理选择软件产品的模块组合和版本。

2)企业在软件产品选型时应广泛听取行业专家的意见。

3)企业在选择软件产品和服务供应商时,不仅要评价其现有产品的功能性能,还要考察其服务支持能力和后续产品的升级能力。

(2)服务供应商选择

大型企业管理信息系统的外购实施,不仅需要选择合适的软件供应商和软件产品,也需要选择合适的咨询企业等服务供应商,指导企业将通过软件产品与本企业的实际情况有机结合。这一环节的主要风险是服务供应商选择不当,削弱了外购软件产品的功能发挥,导致无法有效满足用户需求。

主要控制措施有：在选择服务供应商时,不仅要考核其对软件产品的熟悉、理解程度,也要考核其是否深刻理解企业所处行业的特点、是否理解企业的个性化需求、是否有过相同或相近的成功案例。

三 信息系统运行维护的内部控制

(一)信息系统运行维护的控制目标

(1)保证信息系统的正常、可靠、安全的运行,充分发挥信息系统的作用。

(2)不断完善系统,延长系统的生命周期,增强系统的生命力。

(3)保证符合国家及监管部门有关信息系统运行维护的法律法规要求。

(二)信息系统运行维护的主要风险点

(1)信息系统响应时间和停机时间过长,其性能和容量无法满足业务需求,可能影响企业生产经营活动的效率,降低企业竞争力。

(2)信息从灾难中恢复时间过长或者无法恢复,使信息系统服务中断,可能影响企业生产经营活动的正常运行。

(3)信息系统安全管理技术与制度不健全,可能将信息资产的脆弱性暴露在危险境地,给企业带来无法挽回的损失。

(4)运行维护遇到的事件、问题无法在规定时间内得到有效解决,影响信息系统的有效运行,可使企业相关业务无法正常开展。

(5)缺乏一个准确而全面的配置库,无法确保硬件和软件配置信息的完整性,可能导致信息系统维护工作无序、低效。

(三)信息系统运行维护的关键控制点

1. 运行管理的关键控制点

(1)利用操作规程有效管理信息的有效性输入、敏感输出信息的保护、基础设施的性能监控,以及确保硬件的预防性维护。

(2)制定、实施和维护信息系统运营流程,确保全体运营人员熟悉与其相关的运营任务。

(3)制定和实施对信息系统基础设施和相关事件进行监控的流程,确保运营日志中记载了充分的按时间发生顺序排列的信息,以便运营以及与运营活动相关的时间顺序能够重建、审查和测试。

(4)建立适当的物理安全设施以及会计核算和库存管理手段对信息系统敏感资产进行管理。

(5)制定和实施确保基础设施得到及时维护的流程,减小硬件失效或性能下降的频率和影响。

2. 事件管理的关键控制点

为及时有效的响应信息系统用户的查询和问题,需要一个精心设计和有效执行事件的管理的流程,这个流程包括设定服务台的功能,用来登记、处理事件升级、进行趋势和根本原因分析,以及提供解决方案。该项工作主要由信息技术部门下设的服务台及其支持部门负责。

(1)信息技术部门接收和记录呼叫服务请求和信息需求等事件,按照事件类型及优先级进行分类,提供初步技术服务支持和进行事件匹配。

(2)如果事件不能得到解决,按照事件升级程序适当的逐步升级,寻找解决方案。当发生不能立即解决的紧急事件时,应该提供合适的临时解决方法。

(3)确定事件解决方案后,依据审批权权限进行报批后,实施事件或解决方案对信息系统影响重大的。则需上报管理委员会审批。

(4)确保事件处理一直处于监控之中。

3. 问题管理的关键控制点。

有效的问题管理需要识别和分类问题,分析问题根本原因并解决问题,制定改进建议以及维护问题记录和审阅纠正操作状态,从而改进服务水平,减少成本和改进客户方便性和满意度。该工作由信息技术部门负责。

(1)信息技术部门有团队执行流程,来识别记录和分类存在的问题,确定种类、影响、紧急程度和优先级,然后将问题正确的分类到相关的组或域进行调查和诊断,查找根本原因。

(2)进行问题评估,分析原因和影响,识别可以接受的解决方案。确定解决方案后,依据审批权限进行报批后实施,问题或解决方案对信息系统影响重大,则需上报管理委员会审批。

(3)在整个解决流程中,部门负责人应获得问题和错误处理进程的定期报告。应该监控问题和已知错误对用户服务的持续影响,确保问题管理系统提供了足够的审计追踪工具,以跟踪、分析和确定问题;所有关联的配置项、未解决的问题和事件、已知和可疑的错误问题趋势跟踪。

4. 配置管理的关键控制点

一个准确和全面的配置库,包括硬件和软件完整的配置信息,有利于促进更高的系统可用性、生产问题最小化和更快地解决问题。配置管理包括收集初始配置信息,建立基线验证和审计配置信息,并在需要的时候更新配置库,该项工作由信息技术部门负责。

(1)运行维护等归口管理部门提出变更申请,经本部门负责人审批后上报信息技术部门。(2)信息技术部门识别申请更新的数据,确定是否需要纳入配置管理的控制范围,并审核配置项属性的详细程度,包括配置项之间的关系,是否符合配置库管理系统的要求。

(3)报部门负责人审批,确保只有经过批准并包括在产品目录中以后才能够被记录。

(4)实施变更,并根据需求设置配置基线,作为开发和测试新配置的起点,作为新配置存在问题时的备用配置。

(5)将配置管理与变更管理、事件管理和问题管理程序集成,以监控和记录所有的资产和资产的变更。

(6)定期检查配置数据以便检验和确认当前和历史配置的完整性。

5. 性能和容量管理的关键控制点

性能和容量管理是基于工作负载、储存需求和例外需求来预测未来需求的,必须有一个定期检查当前IT资源的性能和容量的流程,为支持业务需求的信息资源持续可用提供保证。性能和容量管理由信息技术部门负责。

(1)持续的监控基础设施组件的满足需求的能力,对由监控得到的监控数据进行分析,预计未来增加的潜在瓶颈。

(2)定期进行信息系统资源的性能和容量预测,识别工作负载趋势和需求变化,为可能的重新部署识别出额外的容量。

(3)考虑正常的工作负载、突发事件、存储需求和IT资源的生命周期等因素,把由容量不足和性能退化引起服务中断的风险降到最低程度。

(4)定期组织能力分析实施,提出能力变动申请,并履行适当的审批手续。

(5)制定和实施能力计划。

6. 连续性管理的关键控制点

为了提供持续性的信息系统服务,需要开发、维护和测试信息系统持续性计划,提供定期的持续性计划的培训,从而最大限度地减少主要服务中断的可能性和对关键业务功能和流程的影响。该项工作由信息技术部门负责。

(1)建立一个信息系统持续性框架,使用一致的流程支持企业级的业务持续性管理。

(2)基于框架建立信息系统持续性计划,旨在降低关键业务功能和流程中断带来的影响。

(3)把注意力集中在信息系统持续性计划所指定的最关键项目上,在恢复情形下建立恢复能力和优先级。

(4)维护信息系统持续性计划,鼓励信息系统管理层定义和执行变更控制程序,确保信息系统持续性计划保持最新版本,并持续反映实际业务需求。

(5)定期测试信息系统持续性计划,确保信息系统能有效恢复。发现计划缺陷,保持计划的相关性

四 信息系统安全管理的内部控制

(一)信息系统安全管理的控制目标

通过信息系统安全管理工作,不断发现、堵塞系统安全漏洞,预防、发现、制止利用或者针对系统进行的不法活动,预防、处置各种安全事件和事故,提高系统安全系数,确保计算机信息系统安全可用。

(二)信息系统安全管理的主要风险点

(1)信息系统硬件和软件存在的内在缺陷,可能直接造成信息系统故障,还会为恶意攻击提供机会,降低系统安全性能。

(2)信息系统硬件和软件受到人为恶意攻击,可能导致运行效率下降甚至异常或中断,破坏数据的有效性和完整性,也可能导致敏感数据的泄露、滥用。

(3)信息系统使用与维护管理不当,可能导致系统安全性能下降甚至系统异常、停车的事件是信息系统运行效率低。

(4)自然灾害,如雷电、火灾、水灾等,可能对信息系统安全构成现实威胁。

(三)信息系统安全管理的关键控制点

1. 信息系统的制度与组织管理。

(1)授权专门的部门或人员负责制定由总体方针、安全策略、管理制度、操作规程等构成全面的信息安全管理制度。

(2)组织相关人员对制定的安全管理制度进行论证和审定,定期或不定期地对安全管理制度的合理性和适用性进行检查和审定。

(3)设立信息安全管理工作的职能部门,设立系统管理员、网络管理员、安全管理员等岗位,并定义各个工作岗位的职责、分工和技能要求。

(4)定期对各个岗位的人员进行安全技能及安全认知的考核,对各类人员进行安全意识教育、岗位技能培训和相关安全技术培训。

2. 信息系统建设中的安全管理

(1)制定和审核安全设计方案。

(2)制定和实施软件开发管理制度。

(3)要求软件开发人员参照指定代码编写安全规范编写代码,软件完成开发后,检测软件质量,检测软件包中可能存在的恶意代码和后门,要求开发单位提供软件的源代码,设计文档和使用指南。

(4)制定产品采购和使用管理制度。

(5)制定详细的工程实施方案和管理制度。

(6)根据设计方案或合同要求等制定测试验收方案。

3.信息系统运营中的安全管理

信息系统运营中的安全管理主要包括以下七个方面:环境控制、访问控制、数据控制、设备控制、入侵防范、安全审计、安全事件处置。在实际工作过程,企业信息系统需要结合企业实际,制订详细的安全管控措施,以保证信息系统的良好有序运营。

典型案例

【案例资料】 H公司内控建设共经历两个阶段。第一个阶段:内控基础工作探索与初步建立。2014年底,由第三方服务机构指导H公司初步建立内控制度和手册。首先,对公司现有制度、经营管理活动进行全面梳理,特别是预算管理、收支管理和基本建设管理等,整合现有的制度日常业务活动,有针对性地查找现有制度风险点,修订完善制度。其次,将内部控制建设与风险防控管理工作结合起来,提出关键岗位、人事管理、重大决策、内部监督与评价等风险的控制措施。H公司共修订企业管理制度15个,2015年年底前已经形成内控工作手册,进入实际应用阶段。第二个阶段:内控基础工作深入和效果提升。随着内控工作要求越来越明确,建设内容越来越深入,自2018年5月至2019年4月,H公司聘请内部控制体系建设的专业团队指导协助完成内控体系建设与应用工作,以明确职责配置为基础,以程序关联制约为重点,以完善内控制度为保障,保证各项岗位职责规范、透明、高效运行,制定符合公司实际的责任明晰、流程制约、风险管理的管理制约机制。

目前,H公司借助内控系统,已实现全业务覆盖,进一步提高应用实效性,提升工作效率和服务水平,保障公司管理持续、健康、稳定发展。

【案例思考】 本案例中,H公司在信息系统内部控制方面有哪些可以借鉴的地方。

【案例分析】 随着H公司内控信息化建设的深入和细化,进一步加强各业务环节的互联互通、数据共享的功能,将内控功能和风险防控功能、风险管理和辅助领导决策功能有效融合在内控系统中,将在内控系统中可视化,可以借鉴的地方可概述为:1.内部控制信息化系统实施工作,将内控制度和内控手册执行予以落地,通过信息化管理,信息主动提示和流程推送,过程清晰合规,减少人为主观对事情的影响和判断。2.在审批环节上,节约领导宝贵的时间和精力,使得管理关口前移,在合规的前提下推动工作开展,使得信息更加真实透明,集中精力处理重大问题,进一步提高管理效率。

本章小结

本情境的重点是信息系统内部控制各环节的主要风险点和关键控制点,难点是实际应用中找出信息系统内部控制的关键控制点,有效进行内控管理。关键控制点主要包括信息系统岗位职责、信息系统开发、信息系统运行维护、信息系统安全管理等。

习题

一、单项选择题

1. 为确保信息系统操作的可审计性，企业应当在信息系统中设置的功能是（　　）。
   A. 信息汇总功能　　B. 信息共享功能　　C. 信息分析功能　　D. 操作日志功能

2. 系统开发验收测试的主体是（　　）。
   A. 独立开发单位的专业机构　　　　B. 开发商
   C. 合作单位　　　　　　　　　　　D. 合作开发商

3. 内部传递的信息能否满足使用者的需要，取决于信息是否（　　）。
   A. 安全可靠　　B. 及时相关　　C. 有高价值　　D. 真实准确

4. 信息系统的（　　）是信息系统生命周期中技术难度最大的环节，直接影响信息系统的成败。
   A. 开发建设阶段　　B. 规划阶段　　C. 运行阶段　　D. 维护阶段

5. 下列方式中适用于特殊需求较少的企业，或者市场上已有成熟的商品化软件和系统实施方案的是（　　）。
   A. 业务外包方式　　B. 外购调试方式　　C. 自行开发方式　　D. 接受赠予

6. 信息系统发挥作用的阶段是（　　）。
   A. 开发建设阶段　　B. 规划阶段　　C. 运行阶段　　D. 维护阶段

7. 信息系统的运行与维护阶段，日常运行维护的目标是（　　）。
   A. 保证系统正常运转　　　　　　B. 硬件的升级扩容、软件的修改与升级
   C. 保障信息系统安全　　　　　　D. 信息系统将停止运行

8. 会计信息系统开发和系统发展必须经过（　　）的认可和授权。
   A. 系统管理员　　B. 操作员　　C. 企业负责人　　D. 财务负责人

9. 企业开发信息系统，选定外购调试或业务外包方式的，应当采用（　　）等形式择优确定供应商或开发单位。
   A. 公开招标　　　　　　　　　　B. 由销售代理推荐
   C. 由企业负责人指定　　　　　　D. 董事会决定

10. 下列不符合信息系统部门岗位分工控制规定的是（　　）
    A. 系统开发维护人员与系统使用人员相分离
    B. 系统管理员与业务处理操作人员相分离
    C. 系统管理人员与维护人员可以是同一人
    D. 系统软硬件维护人员可以兼任系统开发工作

二、多项选择题

1. 关于信息系统，以下说法正确的是（　　）。
   A. 信息系统由计算机硬件、软件、人员、信息流和运行规程等要素组成
   B. 信息系统具有数据量大、数据持久、资源共享和服务功能多等特点
   C. 信息系统的实施使企业原有的内部控制开始不适应企业的业务发展和管理的提升

D.信息系统在改变企业传统运营模式的同时,并未对传统的内部控制观点和控制方法产生深远的影响

E.信息系统的实施为管理工作的重心从经营成果的反映向经营过程的控制转移创造了技术条件

2.信息系统的生命周期一般要经过的主要阶段包括(　　)。

A.信息收集期　　　B.系统规划期　　　C.系统开发期　　　D.使用反馈期

E.系统运行与维护期

3.信息系统内部控制的目标是(　　)。

A.促进企业有效实施内部控制

B.提高企业现代化管理水平,减少人为操纵因素

C.增强信息系统的安全性、可靠性和合理性

D.确保相关信息的保密性、完整性和可用性

E.为建立有效的信息与沟通机制提供支持保障

4.企业利用信息系统实施内部控制,至少应当关注(　　)风险。

A.缺乏信息系统建设整体规划或规划不当,可能导致重复建设,形成信息孤岛,影响企业发展目标的实现

B.开发不合理或不符合内部控制要求,可能导致无法利用信息系统实施有效控制

C.授权管理不当,可能导致非法操作和舞弊

D.安全维护措施不当,可能导致信息泄露或毁损,系统无法正常运行

5.会计档案控制措施包括(　　)。

A.建立计算机档案管理制度

B.每月所有的账簿、科目汇总表、清理账户清单、辅助账页应及时分类归档保存

C.所有光盘、软盘备份应贴好明细标签归档

D.严格执行会计档案的调阅规定,调阅会计档案必须经过会计负责人和系统管理员批准

E.做好对会计电算化档案的防磁、防火、防潮和防尘工作

6.在信息系统运行与维护阶段,安全管理的关键风险点包括(　　)。

A.硬件设备分布物理范围广,种类繁多,安全管理难度大,可能导致设备生命周期短

B.业务部门信息安全意识薄弱,对系统和信息安全缺乏有效的监管手段

C.对各种计算机病毒防范清理不力,导致系统运行不稳定甚至瘫痪

D.缺乏对信息系统操作人员的严密监控,可能导致舞弊和利用计算机犯罪

E.对系统程序的缺陷或漏洞安全防护不够,导致遭受黑客攻击,造成信息泄露

7.在信息系统运行与维护阶段,对于不相容职务,下列说法正确的是(　　)。

A.企业应建立用户管理制度,加强对重要业务系统的访问权限管理,避免将不相容职责授予同一用户

B.企业应当采用密码控制等技术手段进行用户身份识别。对于重要的业务系统,应当采用数字证书、生物识别等可靠性强的技术手段识别用户身份

C.对于发生岗位变化或离岗的用户,用户部门应当及时通知系统管理人员调整其在

系统中的访问权限或者关闭账号

D. 企业应当定期对系统中的账号进行审阅,避免存在授权不当或非授权账号

E. 对于超级用户,企业应当严格规定其使用条件和操作程序,并对其在系统中的操作全程进行监控或审计

8. 系统运行维护采用的加密措施主要是为了确保(　　)。

A. 保密性　　　　B. 准确性　　　　C. 完整性　　　　D. 合格性

9. 在对会计信息系统进行数据处理控制时,涉及软件控制方法主要有(　　)

A. 程序审核　　　　　　　　　B. 数据有效性测试

C. 数据完整性测试　　　　　　D. 断点技术控制

E. 设置处理日志

10. 采用会计信息系统输入销售发票时,可采用(　　),确保数据的准确性。

A. 通过检验输入的金额是否等于数量乘以单价来检验其准确性

B. 二次输入

C. 校验码控制

D. 手续控制

三、判断题

1. 信息系统是由计算机硬件、软件、人员、信息流这四个要素组成的。　　　　(　　)

2. 在信息系统开发过程中,每个阶段都是相互独立的,所以可以忽略掉其顺序,先完成相对简单的任务。　　　　(　　)

3. 信息系统不相容职务涉及的人员可以分为三类:系统开发建设人员、系统管理和维护人员、系统操作使用人员。　　　　(　　)

4. 系统管理和维护人员担任密码保管、授权、系统变更等关键任务,如果允许其使用信息系统,就可能较为容易地篡改数据,从而达到侵吞财产或滥用计算机信息的目的。
　　　　(　　)

5. 在信息系统规划期项目启动阶段,可以先制订一个较为原则性的项目计划,确定项目主要内容和重大事项,然后根据项目的大小和性质以及项目进展情况进行调整、充实和完善。　　　　(　　)

6. 企业应当根据业务性质、重要性程度、涉密情况等确定信息系统的安全等级,建立不同等级信息的授权使用制度。　　　　(　　)

7. 根据内部控制要求,结合国家法律法规,其他企业信息化进展情况等因素制定信息系统建设整体规划。　　　　(　　)

8. 信息系统主要是企业利用计算机和通信技术,对内部控制进行集成、转化和提升所形成的信息化管理平台。　　　　(　　)

9. 信息系统自行开发的需求分析阶段中,依据需求文档进行设计(含需求变更设计)前,应当评审其可行性,由需求提出人和编制人签字确认,并经业务部门与信息系统归口管理部门负责人审批。　　　　(　　)

10. 信息系统的运行与维护阶段,系统变更的主要工作内容包括系统的日常操作、系统的日常巡检和维修、系统运行状态监控、异常事件的报告和处理等。　　　　(　　)

四、简答题

1. 信息集成环境下内部控制框架的构成要素主要有哪些?
2. 举例说明信息系统的内部控制的分类。
3. 信息系统岗位职责的主要风险点和关键控制点有哪些?
4. 信息系统开发的关键控制点在哪里?
5. 信息系统运行维护的关键控制点在哪里?
6. 信息系统安全管理的关键控制点在哪里?

五、实训题

E公司是从事外汇实时交易的公司,计算机系统是由一个程序员进行的设计并研发的,在上线的时候进行了平行测试和先导测试。该程序员同时兼任操作员。同时E公司对于该公司计算机系统访问控制的要求是口头的,没有书面的文件。但公司非常自信自身信息系统的稳定性和安全性,认为不可能有灾难性的情况出现。

要求:请指出E公司的信息系统内部控制的缺陷和问题。

答案:内部控制的缺陷包括:该系统由一个程序员进行研发,该程序员又兼任操作员,访问控制文件缺失。

内部控制存在的问题:公司应有事先应对灾难性事件的预案,不能完全否定灾难的存在。

参考文献

1. 财政部,证监会等.企业内部控制基本规范.2008
2. 财政部等.企业内部控制配套指引.2010
3. 财政部.小企业内部控制规范(试行).2017
4. 企业内部控制编审委员会.企业内部控制基本规范及配套指引案例讲解(2020年版).上海:立信会计出版社,2020
5. 企业内部控制编审委员会.企业内部控制主要风险点、关键控制点 与案例解析(2021年版).上海:立信会计出版社,2021
6. 屠建清.企业内部管理与风险控制实战.北京:人民邮电出版社,2020
7. 贺志东.最新企业内部控制原理与操作实务.北京:电子工业出版社,2019
8. 蒋淑玲.内部控制与风险管理.北京:高等教育出版社,2019
9. 许国才,徐健.企业内部控制流程手册.北京:人民邮电出版社,2017
10. 王德敏.企业内控精细化管理全案.北京:人民邮电出版社,2017
11. 姜涛.企业内部控制规范手册.北京:人民邮电出版社,2017
12. 周常发.企业内部控制实施细则手册.北京:人民邮电出版社,2017
13. 罗胜强.企业内部控制精细化设计与实务案例.上海:立信会计出版社,2018
14. 张远录.企业内部控制与制度设计.北京:中国人民大学出版社,2021
15. 秦荣生.新版COSO内部控制实施指南.北京:电子工业出版社,2019
16. 广东诚安信会计师事务所,中勤万信会计师事务所.企业内部控制常见审计问题及案例.广州:广东经济出版社,2021
17. 平准.企业内部控制基本规范详解与实务.北京:人民邮电出版社,2021
18. 侯其锋.企业内部控制基本规范操作指南(图解版).北京:人民邮电出版社,2016

附录　企业内部控制基本规范

为了加强和规范企业内部控制，提高企业经营管理水平和风险防范能力，促进企业可持续发展，维护社会主义市场经济秩序和社会公众利益，根据国家有关法律法规，财政部会同证监会、审计署、原银监会、原保监会制定了《企业内部控制基本规范》。

本制度于 2008 年 5 月 22 日印发，自 2009 年 7 月 1 日起在上市公司范围内施行，鼓励非上市的大中型企业执行。

执行本规范的上市公司，应当对本公司内部控制的有效性进行自我评价，披露年度自我评价报告，并可聘请具有证券、期货业务资格的会计师事务所对内部控制的有效性进行审计。

基本规范共七章五十条，各章分别是：总则、内部环境、风险评估、控制活动、信息与沟通、内部监督和附则。基本规范坚持立足我国国情、借鉴国际惯例，确立了我国企业建立和实施内部控制的基础框架，并取得了重大突破。一是科学界定内部控制的内涵，强调内部控制是由企业董事会、监事会、经理层和全体员工实施的、旨在实现控制目标的过程，有利于树立全面、全员、全过程控制的理念。二是准确定位内部控制的目标，要求企业在保证经营管理合法合规、资产安全、财务报告及相关信息真实完整、提高经营效率和效果的基础上，着力促进企业实现发展战略。三是合理确定内部控制的原则，要求企业在建立和实施内部控制全过程中贯彻全面性原则、重要性原则、制衡性原则、适应性原则和成本效益原则。四是统筹构建内部控制的要素，有机融合世界主要经济体加强内部控制的做法经验，构建了以内部环境为重要基础、以风险评估为重要环节、以控制活动为重要手段、以信息与沟通为重要条件、以内部监督为重要保证，相互联系、相互促进的五要素内部控制框架。五是开创性地建立了以企业为主体、以政府监管为促进、以中介机构审计为重要组成部分的内部控制实施机制，要求企业实行内部控制自我评价制度，并将各责任单位和全体员工实施内部控制的情况纳入绩效考评体系；国务院有关监管部门有权对企业建立并实施内部控制的情况进行监督检查；明确企业可以依法委托会计师事务所对本企业内部控制的有效性进行审计，出具审计报告。《企业内部控制基本规范》全文如下：

第一章　总则

第一条　为了加强和规范企业内部控制，提高企业经营管理水平和风险防范能力，促进企业可持续发展，维护社会主义市场经济秩序和社会公众利益，根据《中华人民共和国公司法》《中华人民共和国证券法》《中华人民共和国会计法》和其他有关法律法规，制定本规范。

第二条　本规范适用于中华人民共和国境内设立的大中型企业。

小企业和其他单位可以参照本规范建立与实施内部控制。

大中型企业和小企业的划分标准根据国家有关规定执行。

第三条 本规范所称内部控制,是由企业董事会、监事会、经理层和全体员工实施的、旨在实现控制目标的过程。内部控制的目标是合理保证企业经营管理合法合规、资产安全、财务报告及相关信息真实完整,提高经营效率和效果,促进企业实现发展战略。

第四条 企业建立与实施内部控制,应当遵循下列原则:

(一)全面性原则。内部控制应当贯穿于决策、执行和监督的全过程,覆盖企业及其所属单位的各种业务和事项。

(二)重要性原则。内部控制应当在全面控制的基础上,关注重要业务事项和高风险领域。

(三)制衡性原则。内部控制应当在治理结构、机构设置及权责分配、业务流程等方面形成相互制约、相互监督的机制,同时兼顾运营效率。

(四)适应性原则。内部控制应当与企业经营规模、业务范围、竞争状况和风险水平等相适应,并随着情况的变化及时加以调整。

(五)成本效益原则。内部控制应当权衡实施成本与预期效益,以适当的成本实现有效控制。

第五条 企业建立与实施有效的内部控制,应当包括下列要素:

(一)内部环境。内部环境是企业实施内部控制的基础,一般包括治理结构、机构设置及权责分配、内部审计、人力资源政策、企业文化等。

(二)风险评估。风险评估是企业及时识别、系统分析经营活动中与实现内部控制目标相关的风险,合理确定风险应对策略。

(三)控制活动。控制活动是企业根据风险评估结果,采用相应的控制措施,将风险控制在可承受限度之内。

(四)信息与沟通。信息与沟通是企业及时、准确地收集、传递与内部控制相关的信息,确保信息在企业内部、企业与外部之间进行有效流通。

(五)内部监督。内部监督是企业对内部控制建立与实施情况进行监督检查,评价内部控制的有效性,发现内部控制缺陷,并及时加以改进。

第六条 企业应当根据有关法律法规、本规范及其配套办法,制定本企业的内部控制制度并组织实施。

第七条 企业应当运用信息技术加强内部控制,建立与经营管理相适应的信息系统,促进内部控制流程与信息系统的有机结合,实现对业务和事项的自动控制,减少或消除人为操纵因素。

第八条 企业应当建立内部控制实施的激励约束机制,将各责任单位和全体员工实施内部控制的情况纳入绩效考评体系,促进内部控制的有效实施。

第九条 国务院有关部门可以根据法律法规、本规范及其配套办法,明确贯彻实施本规范的具体要求,对企业建立与实施内部控制的情况进行监督检查。

第十条 接受企业委托从事内部控制审计的会计师事务所,应当根据本规范及其配套办法和相关执业准则,对企业内部控制的有效性进行审计,出具审计报告。会计师事务所及其签字的从业人员应当对发表的内部控制审计意见负责。

为企业内部控制提供咨询的会计师事务所,不得同时为同一企业提供内部控制审计服务。

第二章 内部环境

第十一条 企业应当根据国家有关法律法规和企业章程,建立规范的公司治理结构和议事规则,明确决策、执行、监督等方面的职责权限,形成科学有效的职责分工和制衡机制。

股东(大)会享有法律法规和企业章程规定的合法权利,依法行使企业经营方针、筹资、投资、利润分配等重大事项的表决权。

董事会对股东(大)会负责,依法行使企业的经营决策权。

监事会对股东(大)会负责,监督企业董事、经理和其他高级管理人员依法履行职责。

经理层负责组织实施股东(大)会、董事会决议事项,主持企业的生产经营管理工作。

第十二条 董事会负责内部控制的建立健全和有效实施。监事会对董事会建立与实施内部控制进行监督。经理层负责组织领导企业内部控制的日常运行。

企业应当成立专门机构或者指定适当的机构具体负责组织协调内部控制的建立实施及日常工作。

第十三条 企业应当在董事会下设立审计委员会。审计委员会负责审查企业内部控制,监督内部控制的有效实施和内部控制自我评价情况,协调内部控制审计及其他相关事宜等。

审计委员会负责人应当具备相应的独立性、良好的职业操守和专业胜任能力。

第十四条 企业应当结合业务特点和内部控制要求设置内部机构,明确职责权限,将权利与责任落实到各责任单位。

企业应当通过编制内部管理手册,使全体员工掌握内部机构设置、岗位职责、业务流程等情况,明确权责分配,正确行使职权。

第十五条 企业应当加强内部审计工作,保证内部审计机构设置、人员配备和工作的独立性。

内部审计机构应当结合内部审计监督,对内部控制的有效性进行监督检查。内部审计机构对监督检查中发现的内部控制缺陷,应当按照企业内部审计工作程序进行报告;对监督检查中发现的内部控制重大缺陷,有权直接向董事会及其审计委员会、监事会报告。

第十六条 企业应当制定和实施有利于企业可持续发展的人力资源政策。人力资源政策应当包括下列内容:

(一)员工的聘用、培训、辞退与辞职。

(二)员工的薪酬、考核、晋升与奖惩。

(三)关键岗位员工的强制休假制度和定期岗位轮换制度。

(四)掌握国家秘密或重要商业秘密的员工离岗的限制性规定。

(五)有关人力资源管理的其他政策。

第十七条 企业应当将职业道德修养和专业胜任能力作为选拔和聘用员工的重要标准,切实加强员工培训和继续教育,不断提升员工素质。

第十八条　企业应当加强文化建设,培育积极向上的价值观和社会责任感,倡导诚实守信、爱岗敬业、开拓创新和团队协作精神,树立现代管理理念,强化风险意识。

董事、监事、经理及其他高级管理人员应当在企业文化建设中发挥主导作用。

企业员工应当遵守员工行为守则,认真履行岗位职责。

第十九条　企业应当加强法制教育,增强董事、监事、经理及其他高级管理人员和员工的法制观念,严格依法决策、依法办事、依法监督,建立健全法律顾问制度和重大法律纠纷案件备案制度。

第三章　风险评估

第二十条　企业应当根据设定的控制目标,全面系统持续地收集相关信息,结合实际情况,及时进行风险评估。

第二十一条　企业开展风险评估,应当准确识别与实现控制目标相关的内部风险和外部风险,确定相应的风险承受度。

风险承受度是企业能够承担的风险限度,包括整体风险承受能力和业务层面的可接受风险水平。

第二十二条　企业识别内部风险,应当关注下列因素:

(一)董事、监事、经理及其他高级管理人员的职业操守、员工专业胜任能力等人力资源因素。

(二)组织机构、经营方式、资产管理、业务流程等管理因素。

(三)研究开发、技术投入、信息技术运用等自主创新因素。

(四)财务状况、经营成果、现金流量等财务因素。

(五)营运安全、员工健康、环境保护等安全环保因素。

(六)其他有关内部风险因素。

第二十三条　企业识别外部风险,应当关注下列因素:

(一)经济形势、产业政策、融资环境、市场竞争、资源供给等经济因素。

(二)法律法规、监管要求等法律因素。

(三)安全稳定、文化传统、社会信用、教育水平、消费者行为等社会因素。

(四)技术进步、工艺改进等科学技术因素。

(五)自然灾害、环境状况等自然环境因素。

(六)其他有关外部风险因素。

第二十四条　企业应当采用定性与定量相结合的方法,按照风险发生的可能性及其影响程度等,对识别的风险进行分析和排序,确定关注重点和优先控制的风险。

企业进行风险分析,应当充分吸收专业人员,组成风险分析团队,按照严格规范的程序开展工作,确保风险分析结果的准确性。

第二十五条　企业应当根据风险分析的结果,结合风险承受度,权衡风险与收益,确定风险应对策略。

企业应当合理分析、准确掌握董事、经理及其他高级管理人员、关键岗位员工的风险偏好,采取适当的控制措施,避免因个人风险偏好给企业经营带来重大损失。

第二十六条　企业应当综合运用风险规避、风险降低、风险分担和风险承受等风险应对策略,实现对风险的有效控制。

风险规避是企业对超出风险承受度的风险,通过放弃或者停止与该风险相关的业务活动以避免和减轻损失的策略。

风险降低是企业在权衡成本效益之后,准备采取适当的控制措施降低风险或者减轻损失,将风险控制在风险承受度之内的策略。

风险分担是企业准备借助他人力量,采取业务分包、购买保险等方式和适当的控制措施,将风险控制在风险承受度之内的策略。

风险承受是企业对风险承受度之内的风险,在权衡成本效益之后,不准备采取控制措施降低风险或者减轻损失的策略。

第二十七条 企业应当结合不同发展阶段和业务拓展情况,持续收集与风险变化相关的信息,进行风险识别和风险分析,及时调整风险应对策略。

第四章 控制活动

第二十八条 企业应当结合风险评估结果,通过手工控制与自动控制、预防性控制与发现性控制相结合的方法,运用相应的控制措施,将风险控制在可承受限度之内。

控制措施一般包括:不相容职务分离控制、授权审批控制、会计系统控制、财产保护控制、预算控制、运营分析控制和绩效考评控制等。

第二十九条 不相容职务分离控制要求企业全面系统地分析、梳理业务流程中所涉及的不相容职务,实施相应的分离措施,形成各司其职、各负其责、相互制约的工作机制。

第三十条 授权审批控制要求企业根据常规授权和特别授权的规定,明确各岗位办理业务和事项的权限范围、审批程序和相应责任。

企业应当编制常规授权的权限指引,规范特别授权的范围、权限、程序和责任,严格控制特别授权。常规授权是指企业在日常经营管理活动中按照既定的职责和程序进行的授权。特别授权是指企业在特殊情况、特定条件下进行的授权。

企业各级管理人员应当在授权范围内行使职权和承担责任。

企业对于重大的业务和事项,应当实行集体决策审批或者联签制度,任何个人不得单独进行决策或者擅自改变集体决策。

第三十一条 会计系统控制要求企业严格执行国家统一的会计准则制度,加强会计基础工作,明确会计凭证、会计账簿和财务会计报告的处理程序,保证会计资料真实完整。

企业应当依法设置会计机构,配备会计从业人员。从事会计工作的人员,必须取得会计从业资格证书。会计机构负责人应当具备会计师以上专业技术职务资格。

大中型企业应当设置总会计师。设置总会计师的企业,不得设置与其职权重叠的副职。

第三十二条 财产保护控制要求企业建立财产日常管理制度和定期清查制度,采取财产记录、实物保管、定期盘点、账实核对等措施,确保财产安全。

企业应当严格限制未经授权的人员接触和处置财产。

第三十三条 预算控制要求企业实施全面预算管理制度,明确各责任单位在预算管理中的职责权限,规范预算的编制、审定、下达和执行程序,强化预算约束。

第三十四条 运营分析控制要求企业建立运营情况分析制度,经理层应当综合运用生产、购销、投资、筹资、财务等方面的信息，通过因素分析、对比分析、趋势分析等方法，定期开展运营情况分析，发现存在的问题，及时查明原因并加以改进。

第三十五条 绩效考评控制要求企业建立和实施绩效考评制度，科学设置考核指标体系，对企业内部各责任单位和全体员工的业绩进行定期考核和客观评价，将考评结果作为确定员工薪酬以及职务晋升、评优、降级、调岗、辞退等的依据。

第三十六条 企业应当根据内部控制目标，结合风险应对策略，综合运用控制措施，对各种业务和事项实施有效控制。

第三十七条 企业应当建立重大风险预警机制和突发事件应急处理机制，明确风险预警标准，对可能发生的重大风险或突发事件，制定应急预案，明确责任人员、规范处置程序，确保突发事件得到及时妥善处理。

第五章 信息与沟通

第三十八条 企业应当建立信息与沟通制度，明确内部控制相关信息的收集、处理和传递程序，确保信息及时流通，促进内部控制有效运行。

第三十九条 企业应当对收集的各种内部信息和外部信息进行合理筛选、核对、整合，提高信息的有用性。

企业可以通过财务会计资料、经营管理资料、调研报告、专项信息、内部刊物、办公网络等渠道，获取内部信息。

企业可以通过行业协会组织、社会中介机构、业务往来单位、市场调查、来信来访、网络媒体以及有关监管部门等渠道，获取外部信息。

第四十条 企业应当将内部控制相关信息在企业内部各管理级次、责任单位、业务环节之间以及企业与外部投资者、债权人、客户、供应商、中介机构和监管部门等有关方面之间进行沟通和反馈。信息沟通过程中发现的问题，应当及时报告并加以解决。

重要信息应当及时传递给董事会、监事会和经理层。

第四十一条 企业应当利用信息技术促进信息的集成与共享，充分发挥信息技术在信息与沟通中的作用。

企业应当加强对信息系统开发与维护、访问与变更、数据输入与输出、文件储存与保管、网络安全等方面的控制，保证信息系统安全稳定运行。

第四十二条 企业应当建立反舞弊机制，坚持惩防并举、重在预防的原则，明确反舞弊工作的重点领域、关键环节和有关机构在反舞弊工作中的职责权限，规范舞弊案件的举报、调查、处理、报告和补救程序。

企业至少应当将下列情形作为反舞弊工作的重点：

（一）未经授权或者采取其他不法方式侵占、挪用企业资产，牟取不当利益。

（二）在财务会计报告和信息披露等方面存在的虚假记载、误导性陈述或者重大遗漏等。

（三）董事、监事、经理及其他高级管理人员滥用职权。

（四）相关机构或人员串通舞弊。

第四十三条 企业应当建立举报投诉制度和举报人保护制度，设置举报专线，明确举报投诉处理程序、办理时限和办结要求，确保举报、投诉成为企业有效掌握信息的重要途径。

举报投诉制度和举报人保护制度应当及时传达至全体员工。

第六章 内部监督

第四十四条 企业应当根据本规范及其配套办法,制定内部控制监督制度,明确内部审计机构(或经授权的其他监督机构)和其他内部机构在内部监督中的职责权限,规范内部监督的程序、方法和要求。

内部监督分为日常监督和专项监督。日常监督是指企业对建立与实施内部控制的情况进行常规、持续的监督检查;专项监督是指在企业发展战略、组织结构、经营活动、业务流程、关键岗位员工等发生较大调整或变化的情况下,对内部控制的某一或者某些方面进行有针对性的监督检查。

专项监督的范围和频率应当根据风险评估结果以及日常监督的有效性等予以确定。

第四十五条 企业应当制定内部控制缺陷认定标准,对监督过程中发现的内部控制缺陷,应当分析缺陷的性质和产生的原因,提出整改方案,采取适当的形式及时向董事会、监事会或者经理层报告。

内部控制缺陷包括设计缺陷和运行缺陷。企业应当跟踪内部控制缺陷整改情况,并就内部监督中发现的重大缺陷,追究相关责任单位或者责任人的责任。

第四十六条 企业应当结合内部监督情况,定期对内部控制的有效性进行自我评价,出具内部控制自我评价报告。

内部控制自我评价的方式、范围、程序和频率,由企业根据经营业务调整、经营环境变化、业务发展状况、实际风险水平等自行确定。

国家有关法律法规另有规定的,从其规定。

第四十七条 企业应当以书面或者其他适当的形式,妥善保存内部控制建立与实施过程中的相关记录或者资料,确保内部控制建立与实施过程的可验证性。

第七章 附　则

第四十八条 本规范由财政部会同国务院其他有关部门解释。

第四十九条 本规范的配套办法由财政部会同国务院其他有关部门另行制定。

第五十条 本规范自2009年7月1日起实施。